Tony Parker

Leben um Leben

TONY PARKER

LEBEN UM LEBEN

12 GESPRÄCHE MIT MÖRDERN

AUS DEM ENGLISCHEN
VON STEFAN WELZ

GUSTAV KIEPENHEUER
LEIPZIG

Originaltitel: Life after life

ISBN 3-378-00524-6

Erste Auflage
Gesamtgestaltung: Dietmar Kunz
Schrift: Serifa Light
Gesamtherstellung: Offizin Andersen Nexö Leipzig GmbH,
Graphischer Großbetrieb
Printed in Germany

ERSTES GESPRÄCH

DANNY MORGAN
KEIN PROBLEM

Er klopfte forsch an die halboffene Tür und trat lebhaft und überzeugt wirkend in das spärlich möblierte Gästezimmer im obersten Stock des alten viktorianischen Hauses, in dem sich die Büros der örtlichen Behörde für Bewährungsfragen im Strafvollzug befanden. Klein, jung, blondbärtig, braune Augen; seine agile Erscheinung wurde noch durch eine grüne Bomberjacke betont, die er über einem sauberen, weißen T-Shirt trug; dazu Jeans. Seine Hand war ausgestreckt, bereit zum Händeschütteln; er lächelte fortwährend, blinzelte und nickte mit dem Kopf.

Hallo, Wie geht's? Tut mir leid, daß ich spät dran bin, aber das sind die Busse; sind nie so ganz zuverlässig am Nachmittag. Schön Sie zu sehen, ist mir eine Freude.

Er sprach fast mit Stakkato, aber im gleichbleibenden Tonfall: die Stimme blieb unverändert, während seine Blicke im Zimmer umherschweiften und die zwei alten Bürosessel, den Tisch, das leere Wandregal, den unbenutzten Aktenschrank und, an der Wand, den NACRO-Kalender vom vergangenen Jahr wahrnahmen.

Welchen hätten Sie denn gern; mir ist es auch egal; mir ist beides recht. Soll ich in dem hier sitzen? Nicht gerade das, was man eine noble Umgebung nennen würde, oder? Wenigstens ist es warm, und das ist schon was. Macht es Ihnen etwas aus, wenn ich meine Jacke ausziehe? Ich bin noch nie hier oben auf dem Boden gewesen; normalerweise ist es Terrys Büro in der ersten Etage. Er hat gesagt, es wäre das Beste, wir würden hier oben außer Reichweite sein und niemand würde uns stören. Also gut, wenn es für Sie in Ordnung ist, ist es das auch für mich. Ich weiß nicht, der Sessel, auf dem Sie sitzen, sieht mir viel wackeliger aus als der hier. Wollen wir tauschen? Nein gut, wenn Sie damit leben können, kann ich es auch.

Nun zum Treffen mit Ihnen; von mir aus gibt es da kein Problem, absolut kein Problem. Das heißt, es paßt mir Montag, Dienstag nächste Woche, wann Sie wollen. Hauptsache, es ist Ihnen recht. Das geht natürlich nur, bis ich mir einen Job besorgt habe, dann müßte ich sehen, wie es mit meiner Zeit ist und es entsprechend einrichten. Gut, ich sollte dazu sagen, daß das in zwei oder drei Wochen sein würde. Das heißt, so lange wird Terry brauchen, um etwas für mich zu finden, wie er sagt. Eigentlich habe ich noch ein Interview mit jemandem, am späten Nachmittag, nach Ihnen, gleich hier um die Ecke: Ich glaube, es ist in Baker's Van Driver oder so etwas ähnliches. Nein, da gibt es kein Problem. Er sagte, sie haben gemeint, ich könnte jederzeit bis sechs Uhr hingehen, sogar noch ein bißchen später. Bevor wir anfangen – hat Terry etwas davon gesagt, ob es vielleicht eine Möglichkeit gibt, daß wir eine Tasse Tee bekommen? Gut, ich werde etwas später zu seinem Büro runtergehen und ihn fragen, ja? Also dann, ich bin jetzt soweit, um loszulegen, wenn Sie auch soweit sind.

Nein, ich habe bereits über alles Nötige nachgedacht. Von mir aus gibt es kein Problem, mit Ihnen zu sprechen, aber auch gar keins. Terry hat mir erklärt, die Sache ist die, daß Sie mit zwölf oder fünfzehn Leuten sprechen, die alle jemanden umgebracht haben, und dann werden Sie es in ein

Buch schreiben, mit veränderten Namen und was noch so dazugehört. Er sagt, daß Sie sehr verläßlich sind, und das ist ausreichend für mich. Ich fühle mich vollkommen gut dabei. Er ist ein anständiger Kerl, der Terry, wenn er sagt, daß etwas okay ist, dann ist es auch von mir aus okay, verstehen Sie, wie ich das meine? Beraten, helfen und sich deiner annehmen, das ist das, wozu dein Bewährungshelfer da ist, wie man so sagt, nicht wahr? Ich sag es Ihnen ganz offen, als ich ihn das erste Mal traf, dachte ich, daß er irgendwie ein Arschloch ist, aber er ist es nicht, er ist ein anständiger Kerl. Ich muß jede Woche zu ihm, am Anfang, aber nach einer Weile, wenn er mit mir zufrieden ist, könnte es weniger werden.

Er versteht meine Situation zu Hause und das alles, deshalb hat er auch gesagt, wir könnten das hier für unsere Gespräche nutzen. Ach, hat er Ihnen das nicht erzählt? Entschuldigung, es ist mein Fehler, ich dachte, er hat Sie mit Informationen über meinen gesamten Hintergrund und alles vollgestopft. Tja, was es ist, verstehen Sie, es ist, daß ich darüber nachdenke, wie es meine Mutter und mein Vater aufnehmen würden, wenn sie wüßten, daß ich zu jemand über all das spreche. Es ist das eine Thema, das wir zu Hause nie ansprechen, verstehen Sie; wir alle glauben, daß es auch besser so ist; ich meine, nicht darüber zu reden. Sie wissen, daß ich herkomme und Terry treffe, das heißt, sie wissen, daß ich das tun muß, weil ich aufgrund einer behördlichen Genehmigung draußen bin und alles, was noch so dazu gehört. Aber ich sage ihnen nichts von unseren Gesprächen; sie glauben, daß ich bloß komme, um mit Terry zu reden.

Ich meine, verstehen Sie mich nicht falsch, ich habe nichts, was ich vor ihnen zu verbergen hätte. Sie sind sehr gut zu mir gewesen, und deshalb will ich nichts tun, was sie aufregen könnte, verstehen Sie? Die Leute kommen auf komische Gedanken: wenn sie wüßten, daß ich mit Ihnen gesprochen habe, würden sie vielleicht annehmen, ich hätte versucht, etwas zu verheimlichen; und deshalb ist es besser, wenn sie es nicht wissen. Ich meine, nur jetzt am Anfang; ich werde ja sehen, wie es läuft. Ich sage nicht, daß ich es ihnen nicht schließlich doch erzählen werde oder, vielleicht sogar schon sehr bald, aber nicht sofort, nicht solange sie sich noch nicht an den Gedanken gewöhnt haben.

Ich meine den Gedanken, daß sie mich wieder zu Hause haben. Es ist gerade erst vier Wochen her, seit ich aus dem Gefängnis gekommen bin, und deshalb brauchen die Dinge Zeit, um sich zu setzen, nicht wahr? Das ist doch nur natürlich, oder nicht? Deshalb sind sie auch in eine andere Gegend verzogen, um dort zu leben und so, bereit für meine Rückkehr, eine Art Vorstellung vom völlig neuen Anfang. Ich kann das von ihrer Warte aus verstehen, sie wollen nicht, daß sie sofort damit anfangen müssen, jedem zu erzählen, daß ihr Sohn gerade nach Hause gekommen ist, nachdem er sechs Jahre für den Mord an seinem Großvater abgesessen hat, nicht wahr?

Ja, ich habe das gemacht, was Sie mir vergangene Woche gesagt haben und habe noch etwas mehr darüber nachgedacht, wie es mir Schwierigkeiten bereiten oder mich aufregen könnte und solche Dinge. Trotzdem fühle ich immer noch dasselbe. Ich würde gern damit fortfahren und es machen, das heißt, falls Sie denken, daß es hilfreich sein könnte. Na ja, ich meine, eine Hilfe bei dem, was Sie tun und eine Hilfe für andere Leute, um Ihnen zu helfen, Menschen zu verstehen, die Menschen umbringen. Hilfe auch für mich? Oh ja, das würde es auch sein, ganz bestimmt. Terry sagt, daß es das sein würde: Ich respektiere seine Meinung. Sie verstehen, daß es nicht etwas ist, worüber man mit jedem reden kann, nicht wahr? Ich meine, ich versuche freundlich zu den Leuten zu sein und all diese Dinge, aber es ist nichts von der Art, womit du in der Kneipe auf jemanden zugehst und sagst: Wie geht's, mein Name ist

Danny Morgan, ich bin ein Mörder, nicht wahr? Nein, stimmt, das kannst du bestimmt nicht.

Also machen Sie heute den Anfang; dann wollen wir mal; an welcher Stelle möchten Sie, daß ich beginne? Nein, ist mir gleich, wie immer Sie wollen, Sie sind der Boß. Wir werden es genau so machen, wie Sie sagen. Wenn Sie mich persönlich fragen, was ich davon halte, dann denke ich, ich nehme an, daß es am besten sein würde, mit dem Anfang zu beginnen, nicht wahr; eine Art von Vorwärtsarbeiten und die Dinge von dort aufnehmen. Gut, dann werde ich es so machen.

Also ich nehme mal an, das Erste, was ich zu sagen habe ist, daß mein Name Danny Morgan ist, was Sie ja bereits wissen. Ich bin einundzwanzig Jahre alt, und morgen sind es genau fünf Wochen, seit ich aus dem Gefängnis raus bin. Momentan wohne ich hier in Blackburn mit meiner Mutter und meinem Vater, in deren Haus, das sie kurz vor Weihnachten bezogen haben, um hier zu leben. Ich bin siebeneinhalb Jahre im Gefängnis gewesen, was eine lange Zeit ist, besonders für jemand in meinem Alter; aber ich habe mich draußen wieder gut eingelebt, zumindest nach Meinung meines Bewährungshelfers Terry, und ich sehe es auch so. Ich bin niemals zuvor in meinem Leben wegen irgend etwas im Gefängnis gewesen, und ich werde niemals wieder ins Gefängnis zurückgehen, weil ich keiner bin, den man als einen von der kriminellen Sorte bezeichnen könnte.

Ja, das ist richtig, vielleicht sollten wir das zu Beginn klarstellen? Stimmt, also ich beging mein Verbrechen als ich vierzehn Jahre alt war, gerade geworden, um genau zu sein, und so jung kannst du zu keiner Gefängnisstrafe verurteilt werden, deshalb bekam ich, was man HMP nennt. Das bedeutet, dazu verurteilt zu sein, sich auf unbestimmte Zeit in Gewahrsam zu befinden; es gibt dafür keine festgelegte Dauer; es ist so lange, bis sie entscheiden, daß sie dich wieder herauslassen. Es hängt davon ab, wann du nicht mehr länger als eine Gefahr für das Gemeinwesen angesehen wirst, vermute ich. Was in meinem Fall geschah, war, daß ich zuerst in eine Erziehungsanstalt für junge Straftäter, mit dem Namen St. Andrews, geschickt wurde; und dann, nach einigen Jahren, als ich alt genug war, schickte man mich in eine Besserungsanstalt oder Obhutszentrum für Jugendliche, wie man es jetzt nennt. Das ist einem richtigen Gefängnis schon ähnlicher, und dann bin ich von dort entlassen worden. Ich habe das Obhutszentrum mehr gemocht als die Erziehungsanstalt St. Andrews, weil es dort so schien, als hätte es mehr Sinn: St. Andrews war bloß eine Art psychatrische Anstalt; alles was du getan hast, war herumsitzen und reden.

Ich bin jetzt etwas vornweg gerannt. Ich habe gesagt, daß ich versuchen würde, die Dinge mehr oder weniger in ihrer Reihenfolge zu belassen, nicht wahr? Könnten Sie mir eine Frage stellen, etwas, das mich an die richtige Stelle zurückführt?

So weit gleich? Tja, da gibt es wirklich nicht viel, woran ich mich aus meiner Kindheit erinnern kann. Ich nehme an, Sie müßten sagen, daß es lediglich eine von der gewöhnlichen Sorte war; keineswegs etwas Besonderes. Ich hatte zwei Schwestern, also eigentlich Stiefschwestern, weil meine Mutter und mein Vater vorher verheiratet gewesen waren; und ich glaube, ich erinnere mich daran, daß ich alle diese gewöhnlichen Dinge wie Masern und Windpocken hatte und alles, was noch dazu gehört. Eine ganz gewöhnliche Sorte von Kind, ein bißchen klein für mein Alter, was ich ja immer noch bin. Ich konnte Schule nicht besonders leiden, das war in Birkenhead; mein Vater war Monteur, ich glaube, auf der Schiffswerft. Früher habe ich Süßigkeiten aus den Geschäften gestohlen, aber ich meine, das machen doch alle Kinder, nicht wahr? In dieser Hinsicht habe ich mich nicht von irgend jemand anderem unterschieden. Ach so, trotzdem gab es da einmal etwas; ich erinnere mich daran, daß mich die Polizei geschnappt hat, weil ich eine Matte oder sowas aus einem Auto gestohlen hatte, und ich wurde vor Gericht gestellt und bekam eine Verwarnung ausgesprochen, Bewährung, das ist alles. Aber es war nichts Bedeutendes, wenn Sie wissen, was ich meine. Die meisten Kinder drehen kleine Dinger: einige werden geschnappt und einige nicht, das ist alles, worauf es hinausläuft, wirklich.

Im großen und ganzen würde ich sagen, daß wir meistens eine normale Familie gewesen sind. Wir hatten nicht soviel Geld, wir lebten in einer von diesen Häuserreihen, Rücken-an-Rücken-Häuser, wie sie genannt werden. Es waren Sozialwohnungen. Das Haus, das wir hatten, war nahe am Ende der Reihe; meine Schwester, die dann verheiratet war, hatte ein anderes, ein paar Türen weiter unten, und gleich dort lebte mein Großvater. Man könnte sagen, daß wir eine Art familiäre Gemeinschaft waren, alle ziemlich eng beieinander. Mein Großvater? Er lebte allein; seine Frau starb ein paar Jahre eher, glaube ich. Ich weiß nicht viel über sie. Er würde so um die neunundsechzig oder siebzig sein, nehme ich an. Ich hatte ihn gern; er war ein netter Mann. Früher nahm er mich immer mit auf die Fähre, rüber nach New Brighton und solche Sachen. Er war ein freundlicher Mann, hatte weißes Haar um den Hinterkopf und ein fröhliches Gesicht. Es war eine Schande, was da geschehen ist, ich war sehr traurig darüber, danach. Ich selbst würde das, was geschah, in erster Linie einen Unfall nennen, wirklich, Unfall in dem Sinn, daß ich nicht beabsichtigte, ihn zu toten. Ich fühlte mich deshalb schlecht.

Es war ein Freitagnachmittag nach der Schule. Ich wollte mein Taschengeld oder etwas mehr Taschengeld; ich bin jetzt nicht so sicher, was es war. Aber meine Mutter wollte es mir nicht geben, also dachte ich, wenn ich bei ihm vorbeigehe und es ihm erzähle, mein Großvater würde es mir geben. Aber er wollte nicht, und wir hatten deshalb einen großen Krach. Er saß an seinem Küchentisch, und auf dem Tisch war eine Schere, und ich verlor die Beherrschung und nahm sie und stach ihm damit einige Male in den Hals, etwa dort.

Dann stürzte ich aus seinem Haus und rannte weg.

Das letzte Mal ging es ums Traurigsein. Also ich habe etwas mehr darüber nachgedacht, ja. So wie ich jetzt über die Dinge denke, ist, daß es geschehen ist; es ist aus und vorbei, und es hat jetzt nicht viel Sinn, weiter darauf herumzureiten. Ich glaube, das ist die richtige Art, die Dinge zu sehen. Es tut mir leid, daß er tot ist, weil ich ihn gern hatte, aber so ist es nun; er ist nicht mehr, und wie ich schon gesagt habe, ich sehe es so, daß es wie ein Unfall gewesen ist, etwas, das jedem hätte passieren können.

Entschuldigung, ich glaube, ich verstehe Sie nicht ganz, wie meinen Sie die Frage: Was hätte jedem passieren können? Ach, ich verstehe, was meine ich denn mit dem, was jedem hätte passieren können, das Umbringen oder das Umgebrachtwerden? Beides denke ich. Ich meine, die auf dem Tisch liegende Schere, die hätte nicht sein brauchen; es hätte ein Löffel oder so etwas sein können. Oder es hätte nicht sein brauchen, sie an der Stelle in seinen Hals zu stechen, wo es gewesen ist, es hätte ebensogut seine Schulter oder seine Brust oder irgendwo hier sein können, wo es nicht den gleichen Schaden hätte anrichten können. Oder es hätte auch nicht sein brauchen, nehme ich mal an, wenn ich nicht kurz vorher eine ganze Büchse Bier getrunken hätte. Das hat für mich völlig ausgereicht. Ich war vierzehn und konnte nichts vertragen; ein Halber und ich war unterm Tisch. Also, wenn ich weniger zu trinken gehabt hätte oder wenn ich sogar mehr zu trinken gehabt hätte und nicht in der Lage gewesen wäre, ich würde es, wie auch immer, wahrscheinlich nicht getan haben. Ja, oder wenn er mir das Taschengeld gegeben hätte, man könnte sagen, auch das ist ebenso richtig. Ich würde nicht sagen, daß ich ein hitziger Charakter war, normalerweise nicht. Ich meine, das ist eine Sache, die sie mir in St. Andrews beigebracht haben: Wie kann man sich in den Griff bekommen.

Egal. Ich werde jetzt mal in richtiger Folge weitererzählen. Das letzte Mal haben wir dort aufgehört, wo ich aus dem Haus rannte. Also, ich rannte aus dem Haus, weil ich sehr, sehr erschrocken war. Ich rannte, als ob mir einer einen hinten reindrängeln will.

Ich meine, ich wußte, daß ich in Schwierigkeiten kommen werde; ich meine, das war offensichtlich, nicht wahr? Ich wußte natürlich nicht, daß er tot war, aber ich konnte an der Art und Weise, in der er runterfiel, sehen, daß er furchtbar verletzt gewesen sein mußte. Also rannte und rannte ich. Ganz in der Nähe der Häuser, wo ich lebte, gab es einige Felder, und dann, als ob er sich jenseits davon befinden würde, gab es ein wenig Wald, und da rannte ich hinein. Später begann es zu dunkeln, aber es war Sommer, und es war nicht sehr kalt; und ich wollte nicht nach Hause gehen, also legte ich mich unter einer Hecke bei einem Feld schlafen. Es war gleich auf der anderen Seite einer Mauer zu einem Kirchhof, eigentlich einem Friedhof. Es war kein richtiges Versteck oder so etwas; ich glaube, ich stand größtenteils unter Schockeinwirkung, wie man es nennt, nicht wahr? Eine von den Sachen, die ich mir nie erklären konnte, ist, warum ist die Polizei nicht gekommen, um mich zu suchen; sie hätten mich ganz leicht gefunden. Aber sie haben es nicht getan, und sie haben mich nicht abgeholt bis zum nächsten Morgen, als ich einen Feldweg entlang gelaufen bin. Dieser Polizeiwagen hielt, und die Bullen sagten: »Komm schon, Sohn«, und sie setzten mich in das Auto und brachten mich zur Polizeiwache und das war's.

Sie ließen meine Mutter holen, und sie kam, und ich gab ihnen sofort ein Geständnis von dem, was ich getan hatte, und sie schrieben es auf, und ich unterschrieb es. In der Art, wie sie es aufschrieben, klang alles sehr emotionslos, aber es war nicht wirklich so. Ich erinnere mich, daß meine Mutter nicht viel zu mir sagte, aber sie sah sehr schockiert aus von dem Ganzen.

Ich wurde in ein Untersuchungsgefängnis überführt und in Haft genommen, um den Prozeß zu erwarten. Ich wurde sehr, sehr ungeduldig, weil sie mich fortwährend vor Gericht stellten, vertagten und mich dann wieder in Untersuchungshaft brachten, und ich wollte, daß es vorangeht und daß ich es hinter mir habe. Es dauerte Monate, mein Fall wurde einundzwanzig Mal in einundzwanzig Wochen vertagt, das sind fast sechs Monate. Mein Vater und meine Mutter kamen ziemlich regelmäßig, um mich zu besuchen, und manchmal kamen auch meine Schwestern. Nur, es gab nie viel zu erzählen. Ich konnte mir nie irgend etwas ausdenken, das ich sagen konnte, und sie konnten es auch nicht; wir alle hatten ganz schön die Nase voll von dieser Warterei. Meine Eltern schickten mir einige von diesen Modellen zum Basteln, Sie kennen diese Plastikmodelle von Autos und Flugzeugen und solchen Dingen, und das war ein Zeitvertreib. Wenn du in Untersuchungshaft bist, mußt du nicht arbeiten, aber nach einer Weile meldete ich mich freiwillig, um in den Lagerräumen zu helfen, es war einfach etwas zu tun.

Jedenfalls am Ende wurde ich schließlich vor Gericht gestellt und für schuldig befunden. Ich meine, ich war schuldig, nicht wahr? Darüber konnte es doch wirklich keinen Streit geben. Im Untersuchungsgefängnis hatte mir jeder gesagt, daß ich HMP bekomme; es konnte kein anderes Urteil geben, und das ist auch, was ich bekommen habe. Die meisten Leute vermuteten, wenn ich sie gefragt habe, daß ich wahrscheinlich sieben ode acht Jahre abzusitzen hätte, und das war es, worauf ich mich innerlich einstellte. Dann, nach dem Gerichtsverfahren, ging es zurück ins Untersuchungsgefängnis zu den Einstufungstests, während die sich überlegten, was sie mit mir anfangen sollen. Dazu brauchten sie fast ein weiteres Jahr; dann wurde mir schließlich mitgeteilt, daß ich in die Erziehungsanstalt St. Andrews kommen werde, die speziell für junge Menschen mit solcherart Verbrechen wie meins eingerichtet war.

Um Ihnen gegenüber ehrlich zu sein, ich dachte, daß es ein ziemlich mieser Ort sei. Jeden Tag Gruppentreffen und Leute, die dich befragen; jeder stellt dir andauernd dumme Fragen. Warum hast du das und das auf dem Gruppentreffen gesagt? war eine davon; und die andere war, wenn du gerade mal dagesessen und den Mund gehalten hast: Warum hast du nichts auf dem Gruppentreffen gesagt? Es reichte aus, um dich verrückt zu machen: viele von den Leuten dort waren es, vor allem das Personal.

Warum hast du deinen Großvater umgebracht? Ja, sie haben mir diese Frage andauernd gestellt. Ich wußte es doch nicht, nicht wahr? ich vermutete, daß es das war, weshalb sie mich dorthin schickten, es herauszufinden. Aber ich konnte es ihnen nicht sagen, und sie konnten es mir nicht sagen, also wurde die Frage niemals beantwortet.

Ja, ich werde für Sie nochmal auf die Dinge der letzten Woche zurückkommen, selbstverständlich. Sie wissen doch, wie ich schon sagte, ich mache das, um zu versuchen, Ihnen behilflich zu sein: alles was Sie nicht verstehen und was ich noch einmal erklären soll. Ich bin ausgesprochen froh darüber, es zu versuchen und einen Gefallen zu tun. Nein, ist mir eine Freude.

Also dann: diese Erziehungsanstalt St. Andrews, warum glaube ich nicht, daß es zu irgendetwas gut gewesen ist; und die Besserungsanstalt, und warum ich dachte, daß sie besser war. Lassen Sie mal sehen, ob ich es ein bißchen deutlicher machen kann.

Um Ihnen gegenüber ganz ehrlich zu sein, ich glaube St. Andrews war für mich totale Zeitverschwendung. Die Art, wie ich die Angelegenheit betrachtete, was geschehen war, war nun mal geschehen, es war aus und vorbei, und alles, was ich wollte war, vorwärtsgehen und meine Zeit dafür absitzen und dann rauskommen, all das hinter mir und vergessen, und mein Leben fortsetzen. Ich glaube, es gab dort sechsundzwanzig oder achtundzwanzig Kids, Jungen und Mädchen zusammen, im Alter von etwa dreizehn bis siebzehn. Sie haben nicht alle Totschlag begangen; ich glaube, es gab nur drei oder vier von uns, die es getan hatten: aber die meisten von ihnen hatten ziemlich schwerwiegendes Zeug begangen, Brandstiftungen oder Vergewaltigungen, Messerstechereien, versuchte Vergiftungen und derartige Dinge.

Verstehen Sie mich jetzt? Ich bin einer von der Sorte Mensch, der, wenn er einmal in einer Situation ist, ein Job, eine Gefängnisstrafe oder was auch immer es ist, der gern damit zurechtkommen möchte, zum besten seiner Fähigkeiten, und der weder Zirkus macht, noch jemandem eine verpassen möchte. Ich bin gern mit Leuten befreundet, ich zeige gern ein Lächeln in meinem Gesicht und habe gern Spaß, mit wem auch immer ich gerade zusammen bin. Nehmen sie mich mit in eine Kneipe, und ich werde mit jedem, der dort ist, zurechtkommen: es spielt keine Rolle, ob sie in meinem Alter sind, ein paar Jahre jünger oder um vieles älter; Sie wissen, wie ich es meine? ›Hallo Danny, wie geht's dir, na, was macht das Leben mit dir? Ah ja, mir geht's gut, Kumpel, alles ist prima, keinerlei Probleme, wie ist es mit dir?‹

Das ist so, wie ich gern sein möchte, nett, unkompliziert und angenehm, einfach so. Obwohl ich es von mir selbst sage, ich bin ein umgänglicher Mensch und jemand, mit dem es sehr einfach ist, zurechtzukommen. Wen immer Sie fragen, alle würden Ihnen das sagen: mein Vater, meine Mutter, meine Schwestern, jeder. Wenn Sie die Beurteilungen mögen, nächste Woche bringe ich Ihnen welche über mich, von den Lehreinrichtungen, die ich besucht habe; die können Sie in Ruhe lesen. Man sagt, daß ich gern etwas ausprobiere und liebenswürdig bin und freundlich und hilfsbereit; ich versuche nicht bei den Leuten Streit vom Zaun zu brechen oder derartige Dinge. Das Leben ist zu kurz, das ist, was ich sage: wenn die Leute mich so nehmen, wie ich bin, werde ich niemandem Ärger bereiten; ich werde höflich und gut gelaunt sein und anständig von morgens bis abends.

Nur in St. Andrews wollten sie das nicht. Alle hatten ihre Probleme, und alles, was sie damit tun wollten, war, über sie zu reden. Das war es auch, wozu das Personal jeden bringen wollte. Sie versuchten andauernd, mit dir zu streiten oder dich aufzuregen: Ich meine nicht in einer böswilligen Art und Weise, sie waren nicht grausam oder irgendwie in dieser Richtung. Aber sie waren die ganze Zeit, wie kann ich das sagen – – ich nehme an, die einzige Formulierung dafür ist, dich und die anderen zu ermuntern, die Beherrschung zu verlieren und zu brüllen und zu schreien und all diese Dinge. Es war etwa so, je mehr jeder mit jedem herumstritt, desto glücklicher waren sie, verstehen Sie mich? Und danach würde eine große Untersuchung dazu erfolgen müssen. Es würde etwas von der Sorte sein wie: Nun kommt alle mit, an diesem Morgen werden wir darüber sprechen, warum Tina gestern Gregory Arschloch genannt hat. Du bis jetzt still, Gregory, und läßt uns alle von Tina erfahren, warum sie dich Arschloch genannt hat? Okay, du bist jetzt immer noch still, Gregory, laß uns zuerst von allen anderen hören, ob sie glauben, daß es richtig gewesen ist, daß Tina Gregory ein Arschloch genannt hat. Ist er ein Arschloch? Gut, hat nicht irgend jemand etwas zu sagen? Also okay, gut, laß es uns jetzt von deiner Seite aus hören, Gregory; du hast die Meinungen der anderen gehört, was ist deine: glaubst du, daß du ein Arschloch bist?

Sie brachten es fertig, daß so etwas den ganzen Morgen dauerte, ja sogar den ganzen Tag lang. Ich konnte nie verstehen, wozu das gut war; und entweder verlor ich gewöhnlich die Beherrschung oder ich schaltete einfach ab. Totale Zeitverschwendung, furchtbare Atmosphäre, großer Krach um gar nichts; das ist, was es gewesen ist, es war wirklich entsetzlich. Jeder pflegte zu sagen, wenn du nicht verrückt warst, als du reingekommen bist, dann würdest du es werden, bevor sie dich rauslassen; das war eine Sache, die absolut stimmte.

Also, Sie können sich vorstellen, was fast drei Jahre von dieser Art bedeuten, und daß es für mich eine Erleichterung war, in eine Besserungsanstalt überführt zu werden. Sie wurde nach klaren Richtlinien geleitet, es war mehr oder weniger genau wie in einem gewöhnlichen Gefängnis. Nebenbei bemerkt, ich sollte es nicht andauernd als Besserungsanstalt bezeichnen, der Name ist jetzt Obhutszentrum für Jugendliche. Obwohl die meisten Leute, die drin sind, tatsächlich noch immer die alte Bezeichnung benutzen. Egal, dort hast du genau gewußt, wo du warst: Regeln und Normen festgelegt, und die waren einfach und klar und nicht durcheinander. Du bist zu einer bestimmten Zeit aufgestanden, dann bist du zu deinem Wohntrakt oder zu deiner Zelle zurückgegangen, dann bist du zur Arbeit gegangen, dann Essen, dann Übungen, wieder Arbeit, dann Teestunde, abendliches Beisammensein und Fernsehen, und dann, am Ende des Tages, warst du breit. Immer genau dasselbe, jeden Tag, mit Ausnahme von etwas mehr Spielraum an den Wochenenden, sagen wir mal. Wenn du keinen Stunk gemacht hast und mit deiner Arbeit zurechtgekommen bist und dich nicht auf Auseinandersetzungen eingelassen hast, dann ist dir auch keiner auf die Nerven gegangen; wenn Du aber aus der Reihe getanzt bist und die Regeln verletzt hast, dann wußtest du, was mit dir geschehen würde. Du hast deine Bestrafung erhalten, und wenn die vorbei war, dann war das auch der Schluß vom Ganzen.

Die Besserungsanstalt, in der ich gewesen bin, war kein

Erholungsheim, nichts dergleichen, in Wirklichkeit stand sie in dem Ruf, eine von den härteren zu sein. Hart, aber gerecht, Sie wissen, was ich meine? Eine ganze Menge körperlicher Übungen und Marschieren, aber ich habe das richtig genossen. Ich mochte die Leute, die es geleitet haben, sie waren geradlinige Leute: du machst uns keinen Ärger, und wir werden dir keinen machen. Ich würde sagen, es war wirklich in Ordnung, wirklich, es war in Ordnung.

Also, das beste an der Besserungsanstalt, von der ich Ihnen erzählt habe, war, daß ich eindeutig meinen Termin bekam. Wenn du wegen Schwerverbrechen oder HMP sitzt, dann ist das wirklich alles, woran du vom ersten Tag an denkst. Sie wissen, wie ich es meine: Wann werden sie mir meinen Entlassungstermin geben? Es gibt keinen Tag, keine Nacht, in der du nicht daran denkst, denn das ist der Tag, an dem es aufhört, ein unendliches Urteil zu sein und zu einem endlichen wird. Es spielt keine Rolle, wie weit weg es noch ist, du hast ein Ziel, worauf du deinen Blick richten kannst, etwas, das du abstreichst, in jeder Minute, die vorübergeht. In meinem Fall, glaube ich, war es noch fast ein ganzes, langes Jahr hin, als sie ihn mir gaben; aber von da an wußte ich auf einmal, daß alles, was ich tat, darauf ausgerichtet war.

Sie schickten mich zu zwei von diesen Kursen, die sie Arbeitsvorbereitungskurse nannten; die waren ganz gut. Einer davon war eine Art Training gesellschaftlicher Normen, etwas in dieser Richtung, wobei sie dir Alltagserfahrungen vermitteln und wie du damit klarkommen kannst, wie du dich zu verhalten hast und so. Der andere war mehr richtige Arbeit, einfache Jobs, sagen wir sowas wie Küchengehilfe oder Paketversand; also wenn du dann wirklich rauskommst, dann bist du keiner von denen, die von nichts eine Ahnung haben. In St. Andrews bin ich nur ein paar Mal für einen Tag draußen gewesen, allerdings mußtest du immer einen vom Personal dabeihaben, eins zu eins. Aber das hier waren Kurse mit Übernachtung außerhalb, ich glaube, einer ging drei Tage und der andere eine Woche. Du gehst allein hin und kommst allein zurück, so daß du beispielsweise Erfahrung bei der Busbenutzung sammelst oder bei der Bahn. Ach so, und als Krönung des Ganzen habe ich noch etwas selbst gemacht: Ich habe Geld gespart von meiner Arbeit, während ich drin war, und schließlich hatte ich genug zusammen, um Fahrstunden bezahlen zu können, also haben sie mich auch dazu rausgelassen. Ich habe es gut gepackt; ich habe wirklich hart studiert und geübt, und ich habe gleich beim ersten Mal bestanden. Der schlimmste Augenblick für mich während des gesamten vergangenen Jahres in der Besserungsanstalt? Das war zweifellos, als ich einen gehoben hatte und sie daraufhin meine Kurzurlaube aussetzten. Es war meine eigene Schuld, ich hatte etwas ganz Blödes angestellt, was das Ganze verursacht hat. Gegen Ende deiner Zeit lassen sie dich für ein paar Stunden raus oder auch für einen halben Tag, sogar allein; ich ging raus, und ich habe ihnen ja erzählt, daß ich nichts vertrage. Was tat ich also trotzdem: ich ging in eine Kneipe, betrank mich und kam zu spät zurück. Das war das Ende meiner Privilegien; sie setzten meinen Entlassungstermin aus und sagten, ich hätte zu lernen, wie man Verantwortung trägt. Ich hatte Glück, sie stellten ihn nur acht Wochen zurück, also war es nicht so schlimm, wie es vielleicht hätte sein können. Aber es hat mich gewaltig aufgeregt. Daran zu denken, daß ich so nah dran war, und dann sah es aus, als ob ich alles verschleudert hätte, ich sage Ihnen, es hat mich wirklich aufgeregt. Das ganze gute Benehmen und all das, ich habe mich furchtbar gefühlt. Doch das ist jetzt Vergangenheit.

Ach ja, das erinnert mich an etwas, diese Beurteilungen, von denen ich Ihnen erzählt hatte, die ich bekam, als ich die Kurse besuchte; ich habe mal nachgeschaut, als ich gestern Abend nach Hause kam: ich habe eine gefunden, von der ich noch eine Kopie habe; ich habe sie mitgebracht. Sie meinen, laut vorlesen? Ja, sicher. Es trägt den Namen der Ausbildungseinrichtung hier ganz oben, darunter steht mein Name. ›Danny Morgan hat erfolgreich seinen Kurs bei uns absolviert, und er ist in jeder Hinsicht ein ausgezeichneter Auszubildender gewesen. Er ist ein sehr anständiger und geduldiger junger Mann, sehr freundlich und hilfsbereit und immer willens, andere zu unterstützen. Wir sind davon überzeugt, daß er auch in Zukunft seinen richtigen Weg finden wird und wünschen ihm viel Glück und Erfolg. Unterschrieben, E. Morrison, Manager.‹ Etwas Derartiges zu bekommen, war gar nicht so schlecht, nicht wahr? Ich meine, es ist nicht genau das, was man vielleicht eine Arbeitsempfehlung nennen würde, aber man weiß nie, wann es einem von Nutzen sein kann. Man muß ein bißchen aufpassen, wem man es zeigt, das ist alles.

Na ja, Sie verstehen, es ist von einer Ausbildungseinrichtung, nicht wahr? Das heißt, überall, wo du dich nach einem Job erkundigst, sagst du ihnen, sobald du das vorgezeigt hast, daß du lange Zeit nicht beschäftigt gewesen bist. Dann fragen sie dich natürlich warum: in meinem Fall müßte ich sagen, daß ich im Gefängnis war, dann fragen sie wofür, und dann fängt es an, peinlich zu werden. Ich weiß, daß man es offiziell dem zukünftigen Arbeitgeber mitzuteilen hat, wenn man wegen einem Schwerverbrechen eingesessen hat, aber ich meine, eine Menge hängt auch von der Art Job ab, um den es geht. Wenn es, sagen wir mal, ein Milchmann ist oder etwas in dieser Richtung; ich glaube nicht, daß es eine Rolle spielt, daß du ihnen sofort davon erzählst: du könntest ein paar Wochen arbeiten, bevor du es ansprichst, damit sie zuerst sehen, daß du ein guter Arbeiter bist, Sie wissen, wie ich es meine?

Manchmal gingen wir zur Abwechslung zu einem Tee-Ausschank auf der anderen Seite der Straße. Er war mit engen Sitzbänken und dunkelroten plastbeschichteten Tischen ausgestattet, und wir setzten uns immer in den hinteren Teil, von wo aus er jeden anderen Gast sehen konnte, der hereintrat. Wenn nötig, senkte er seine Stimme oder sprach bloß noch über belanglose Dinge.

Ich würde sagen, es ist etwas, dessen du dir immer sehr bewußt bist, in deinen Gedanken. Nicht nur erfahrungsmäßig, sondern immer auch sozial: wenn du damit zu jemandem hausieren gehst, und ihm erzählst, daß du im Gefängnis gewesen bist und wofür, wie wird der es auffassen, wenn du das machst? Wann immer es möglich ist, vermeide ich es; ich meine, meine Familie weiß davon, und Terry weiß es, und Sie wissen es, aber das sind soweit alle. Ach ja, und dieser Manager von der Ausbildungseinrichtung, offensichtlich mußte er davon gewußt haben, weil er wußte, daß ich von der Besserungsanstalt dorthin kam. Ich glaube aber nicht, daß es die anderen wußten, sie waren lediglich andere Langzeitarbeitslose.

Es gab da auch ein Mädchen, und wir waren ein bißchen befreundet, wir schreiben uns jetzt immer noch. Nichts Ernsthaftes, aber sie war ein nettes Mädchen. Eines Tages dachte ich, gut, in Ordnung, ich werde es ihr sagen, und ich habe es auch getan. Nicht alles, ich erzählte ihr, daß ich im Gefängnis wäre, aber ich sagte nicht warum. Sie fragte mich wofür, also sagte ich, daß ich es ihr eines Tages erzählen werde, wenn wir uns ein bißchen besser kennen. In dieser Art blieb es. Ich glaube, Frauen mögen trotzdem, wenn ein Bursche ein wenig geheimnisvoll ist, nicht wahr?

Dieses Ob-oder-ob-nicht-Erzählen ist kein Problem, es ist mehr etwas von dem, was man vielleicht ein wenig ›sich sorgen‹ nennt. Ich glaube, wenn ich einen Job habe, dann werde ich mich selbstsicherer fühlen, aber vorläufig werde ich mich an mich selbst halten.

Ja, das werde ich bestimmt; ich werde darüber bis zum nächsten Mal nachdenken. – Mein Vater, also ich nenne ihn nur so, aber er ist nicht mein richtiger Vater, meine Mutter hat ihn bloß vor einigen Jahren geheiratet. Sie und mein richtiger Vater sind geschieden, und es gibt nicht sehr viel, was ich Ihnen über ihn erzählen kann, es war schon vor einer ganzen Weile, nicht lange, nachdem ich gerade reingekommen bin. Ich glaube, das hat die Dinge zwischen den beiden klarer gemacht, sie sind etliche Zeit vorher schon nicht glücklich gewesen, andauernd Streit oder Schweigen, Sie wissen, was ich meine? Ernie, mein Stiefvater, ist ein netter Kerl, er und ich, wir sind prima miteinander ausgekommen. Ich glaube, meine Mutter ist glücklicher mit ihm, als sie vorher war. Wie jede Frau sieht sie immer gleich schwarz, aber viele Frauen sind ja so. Sie sorgt sich um jede Kleinigkeit. Wir kommen miteinander aus, ich meine, wir streiten nicht ständig oder so, aber manchmal muß ich einfach irgendwie versuchen, sie aufzuheitern. Ich bin mehr einer von der Sorte, der seinen Kopf von solchen Dingen freihält und sich nicht darüber Sorgen macht. Ich sage ihr, daß ich nicht denke, daß man ständig deprimiert herumlaufen sollte. Klar, jeder hat Dinge, die ihn dann und wann runterdrücken, aber nach meiner Ansicht sollte man versuchen, es nicht zu zeigen.

Nein, sie und ich, wir reden niemals darüber, wir haben das nie getan, nicht darüber, daß es ihr Vater war, den ich umgebracht habe. Ich glaube nicht, daß wir es jemals in dieser Weise gesehen haben: Ich habe es nie getan, und ich glaube, sie auch nicht. Sie verstehen, das ist jetzt alles Vergangenheit, so sehe ich es und soweit ich weiß, sieht sie es genauso. Ich meine, sie hat es mir gegenüber nie erwähnt oder so. Um Ihnen die Wahrheit zu sagen, ich grüble nie viel darüber herum, und ich nehme auch nicht an, daß sie das macht.

Egal, Sie haben mich beim letzten Mal gebeten, darüber nachzudenken, wie ich die Dinge in der Zukunft sehen würde; also soll ich Ihnen das erzählen? Was ich dazu sagen würde ist, daß ich recht optimistisch bin. Der Grund dafür ist vor allem, daß ich jung bin, und das ist ein wichtiger

Punkt zu meinem Vorteil. Einundzwanzig ist nichts, auf das ganze Leben gerechnet, nicht wahr, also alles liegt noch vor mir. Ich bin freundlich, fröhlich und umgänglich, und das ist ein weiterer guter Punkt.

Was ich gelernt habe während der Zeit, in der ich drin war, war nichts. Ja, ich antworte tatsächlich ein bißchen schnell. Komisch, jemand sagte das mal in St. Andrews zu mir. Aber mein wichtigster Gedanke jetzt ist, daß mit jedem Tag, der vergeht, es mehr und mehr verblaßt; Schritt für Schritt bringe ich das Gefängnis vollkommen hinter mich. Ich meine, ich sage damit nicht, daß ich es vergessen würde, weil man es offenbar nicht kann, nein, nichts in dieser Richtung; aber man will nicht dauernd so etwas in seinem Kopf haben.

Könnte es wieder geschehen, Sie meinen, daß ich es wieder tue, jemand anderen töten? Also das ist eine sehr widerliche Frage, nicht wahr? Ich meine nicht, daß es widerlich ist, daß Sie mich fragen, aber es ist eine widerliche Sache, darüber nachzudenken. Aber ich weiß, ich brauche nicht lange über diese Frage nachzugrübeln, weil ich weiß, daß die Antwort ein ganz klares Nein ist. Nein, ich bin sicher, ich könnte es nicht, völlig sicher. Ich kann mir nicht vorstellen, daß das irgendeine Art Problem in der Zukunft darstellt. Der Grund, warum ich sagen kann, daß ich so sicher bin, ist, daß ich mich selbst kenne, und ich bin erwachsen geworden, wissen Sie. Ich würde nicht sagen, daß ich wirklich reif gewesen bin oder so, aber ich fühle, daß ich mich nun tatsächlich richtig selber kenne, und ich weiß, daß es unmöglich jemals wieder geschehen könnte.

Nein, ich quäle mich nicht damit herum, das ist sinnlos. Ich habe mein ganzes Leben vor mir, und ich habe viel Zeit davon eingebüßt. Also jetzt möchte ich mit der Zukunft zurechtkommen, daß sie zur besten Art Zukunft wird, die ich nur daraus machen kann.

Ja, ich nehme an, daß das vielleicht auch eine Heirat mit

einschließt, ich weiß nicht; ich habe bis jetzt noch nicht viel daran gedacht, weil ich nicht so viel Gelegenheit gehabt habe, Mädchen kennenzulernen. Ich hätte gern einen Job und mein eigenes Haus und ein Auto, am besten ein weißes. Na ja, und eine andere Sache, die ich schon immer haben wollte, ist ein weißer Anzug; ich habe mir immer einen schmucken weißen Anzug vorgestellt, ich weiß nicht warum. Welche Art Job? Also, was ich in der Welt am liebsten sein möchte, ist ein professioneller Billardspieler: Steve Davies, etwas in der Richtung. Der ist so unglaublich: pling plong, pling plong, pling plong, um den ganzen Tisch herum, eine nach der anderen, genau so. Phantastisch. Und ein sehr feiner Kerl, so daß jeder sagt: der perfekte Gentleman.

Im Ernst? Noch ernsthafter als das, meinen Sie? In Ordnung, ich werde es Ihnen erzählen. Ich glaube nicht, daß Sie annehmen werden, daß das ernsthafter klingt, aber es ist so. Im vergangenen Jahr habe ich oft darüber nachgedacht. Was ich wirklich gern sein möchte, ist entweder Polizist oder ein Gefängniswärter, was von beiden, ist mir egal. Ich bin total gegen Raub und Verbrechen und solche Dinge, und ich glaube, daß es ein wirklich anständiger und nützlicher Job ist mitzuhelfen, daß es aufhört, daß solche Dinge geschehen. Eine Menge Leute haben die Vorstellung, daß Leute, die Schwerverbrechen begehen, entweder gefühllos sind oder eine Schraube locker haben. Ich könnte Ihnen etwas anderes beweisen und auch, daß ich grundsätzlich ein ehrlicher Mensch bin, dem die Leute vertrauen und auf den sie sich verlassen können. Daher glaube ich, daß wenn du jung bist und etwas Gutes wie dieses dein Lebensziel ist, dann zeigt das, daß du in Zukunft keine Probleme haben wirst. Absolut kein Problem.

Gut, ja, nein, ich danke Ihnen auch. Es war mir eine Freude.

EDGAR JOHNSON
SO ZIEMLICH DIE GANZE GESCHICHTE

Ein älterer weißhaariger Mann, groß und mit langen Beinen; er saß in einem alten Sessel im Wohnzimmer seiner Sozialwohnung; seine Füße, an denen er Hauspantoffeln trug, waren in Richtung des kleinen Kohlefeuers ausgestreckt, das im Kamin brannte. Von Zeit zu Zeit drehte er sich eine streichholzdünne Zigarette zwischen seinen Fingern, wobei er den Tabak aus einer Dose nahm, die auf seinem Schoß ruhte. Goldgerahmte Brille, blaßblaue Augen, seine Stimme sanft und ruhig; oft gab es langes Schweigen, wenn er seine Stirn in Falten legte und versuchte, seine Gedanken zu ordnen.

Sicher werden Sie verstehen, für einen alten Mann von achtundsiebzig Jahren, der auf die neunundsiebzig zugeht, und das Ganze hat sich schon vor langer Zeit ereignet und überhaupt – ja, es ist nicht gerade einfach für mich, jede kleine Einzelheit in jedem Augenblick von dem, was da geschah, zu erinnern. Die genaue Reihenfolge der Dinge und so weiter – ich habe jetzt ein sehr schlechtes Gedächtnis für Jahreszahlen. Wenn man älter wird, entdeckt man, daß man sich nicht mehr an etwas erinnern kann, das gerade mal im vergangenen Jahr geschehen ist oder manchmal gerade in der vergangenen Woche, wissen Sie. Ist schon ein seltsames Ding, der menschliche Verstand; er spielt einem Streiche: an eine Sache erinnert man sich mit absoluter Klarheit, an jede Kleinigkeit, und doch gibt es keinen Grund, warum man sich gerade daran erinnern sollte; nicht alles ist von so großer Bedeutung. Aber eine andere Sache, die einem wirklich weiterhelfen würde – man kann kaum irgend etwas davon ins Gedächtnis zurückrufen.

Jetzt sind es fünfzehn Jahre, seit ich aus dem Gefängnis bin. Das würde heißen, daß ich zu der Zeit, als ich rausgekommen bin, um die vierundfünfzig war. Nein, Moment mal, was sage ich denn da? Ich war nicht vierundfünfzig, ich war vierundsechzig: nun, das ist ein Beispiel dafür, was ich Ihnen gerade erzählt habe, sofort werden die Dinge verkehrt und geraten durcheinander. Also: wenn ich vierundsechzig war, als ich aus dem Gefängnis gekommen bin, und ich war zwölf Jahre drin, dann bedeutet das, daß ich so um die zweiundfünfzig war, als ich ins Gefängnis kam; ich kann mich nicht mehr so genau daran erinnern. Ich bin niemals vorher wegen irgend etwas im Gefängnis gewesen, und ich war auch seitdem niemals wieder im Gefängnis: ich hatte nur diese eine Haftstrafe, das ist alles.

Ich könnte Ihnen nicht genau sagen, wann ich geboren worden bin. Meine Geburtsurkunde ist irgendwo in einer der Kisten oben auf dem Kleiderschrank. Ist schon ein Weilchen her, seit ich überhaupt eine Gelegenheit hatte, sie zu nutzen; trotzdem könnte ich sie für Sie heraussuchen, falls Sie es wünschen. Nein, wie Sie sagen, es ist nicht wirklich wichtig. Schätzungsweise, würde ich sagen, müßte ich 1910 oder 1912 geboren sein, etwa um diese Zeit herum. Und auch hinsichtlich meines Geburtsortes kann ich Ihnen nichts Genaues sagen: Es war wohl nur ein winzig kleines Dorf inmitten der Grafschaft Norfolk, das sich bis in das Gebiet von King's Lynn hinzog oder bis kurz davor. Ich glaube, ich entsinne mich, daß King's Lynn für mich als Kind der einzige nächstgelegene große Ort war, den es überhaupt gab. Nach King's Lynn zu gehen, das hatte immer etwas von einem Ereignis. Ich erinnere mich an ein- oder zweimal, als ich noch sehr jung war und mit meinen Brüdern und Schwestern dorthin ging, mit dem Pferd und dem Wagen meines Vaters; beides hat er vom Bauern geliehen, wo er arbeitete.

Er war bloß ein gewöhnlicher Landarbeiter, und wir alle lebten in einem von diesen kleinen Landhäuschen, die der Bauer für seine Arbeiter hatte; gebundene Häuschen nannte man sie, weil sie an den Arbeitsplatz gebunden waren. Wenn man seine Arbeit verlor, dann verlor man gleichzeitig sein Heim. Ich kann mich nicht erinnern, wie oft uns das geschehen ist, aber ich weiß, daß es das gegeben haben muß. Zwei oder drei Male, glaube ich, weil ich mich an verschiedene Orte erinnere, in denen wir gelebt haben, auch wenn ich jetzt nicht die Namen nennen könnte.

Wie viele Brüder und Schwestern ich hatte, leider kann ich Ihnen das alles nicht mit Bestimmtheit sagen. Ich war der erste, der älteste, und ich dachte immer, daß es deshalb gewesen ist, weshalb ich es am schwersten gehabt hatte. Von mir wurde einfach mehr erwartet; ob als Mädchen für alles, beim Kartoffelschälen oder bei Besorgungen und ähnlichem. Das war auch der Grund, warum ich mein Zuhause frühzeitig verlassen habe, als ich zwölf oder höchstens dreizehn Jahre alt war. Es war nicht so sehr, weil ich unglücklich war – meine Eltern waren nicht brutal oder daß sie mich schlugen, nichts dergleichen – aber es schien mir, daß ich niemals eine gerechte Chance auf ein eigenes Leben haben würde. Es war immer nur sehr wenig Geld im Haus, und von mir wurde erwartet, mich umzutun und all die anfallende Arbeit für andere Leute zu verrichten. Das Geld, das ich dafür erhielt, mußte ich alles nach Hause bringen und meiner Mutter geben, um mitzuhelfen, die anderen zu ernähren und zu kleiden. Ich erinnere mich an das Gefühl, daß ich niemals in meinem Leben irgend etwas für mich haben würde, wenn ich nicht für mich selbst eintrete. Also erzählte ich eines Tages meinen Eltern, daß ich mich dranmachen werde, mein eigenes Leben zu führen. Ich kann mich nicht daran erinnern, daß sie darüber besonders aufgebracht gewesen wären; zu der Zeit dürften sie wohl fünf oder sechs andere gehabt haben, um die sie sich zu kümmern hatten, und so haben sie es wahrscheinlich in dem Sinn gesehen, daß ein hungriger Mund weniger da sein würde, der zu stopfen ist. Ich wollte meine Unabhängigkeit, das wäre wohl das richtige Wort dafür.

Ich ging nach Grantham in der Grafschaft Lincolnshire, um vielleicht damit anzufangen, dann zog ich weiter, hoch nach Yorkshire. Es war in Yorkshire, wo ich seitdem, so oder so, den größten Teil meines restlichen Lebens verbracht habe, bis auf diese vergangenen paar Jahre, die ich nun schon im Süden lebe, hier in Portsmouth. Es hört sich wohl so an, als ob ich so etwas wie ein Wandervogel gewesen bin; ich nehme an, daß es in gewisser Weise stimmt – ich war einer. Aber es hat auch ziemlich lange Zeiten gegeben, in denen ich an einem Ort geblieben bin. Wo ich auch immer war, ich könnte nicht behaupten, daß ich woandershin weiterziehen wollte, bevor es mal für länger wurde; es ist eben so, wie es sich ergeben hat, das ist alles.

Was meine allererste Arbeit anbelangt, nachdem ich von zu Hause weg war, ich könnte Ihnen nicht genau sagen, was es gewesen ist, wirklich. Es wird wohl eine Art von Landarbeit gewesen sein, soviel kann ich sagen: Das war die einzige Art von Arbeit, die ich kannte, und ich war auch ein großer, gesunder Kerl, und kräftig. Ich war sicher nicht so einer, der nicht an hartes Arbeiten, und das auch stundenlang, gewöhnt war; ich bin immer so gewesen. Ich habe vielleicht nicht so viel von der Schule mitbekommen, aber ich hatte niemals Probleme, eine Arbeit zu finden. Ich glaube, daß ich wohl meistens gehackt und geerntet habe, jeweils abhängig von der Jahreszeit. Eine andere Sache, auf die ich mich verstand, war, daß ich ziemlich geschickt im Umgang mit Maschinen war. Ich war immer technisch begabt, wie man das so nennt. Wenn ein Traktor oder ein Lieferauto oder etwas kaputt ging, konnte ich es normalerweise wieder in Ordnung bringen, ohne daß es irgendwo in einer Werkstatt aufgebockt werden mußte und nicht einsatzfähig war. Das war eine sehr nützliche Fähigkeit, die ich hatte: Es gab Zeiten, in denen ich auf einen Bauernhof ging, und da gab es irgendeine kaputte Maschine oder etwas anderes, und ich sagte zu ihnen, daß ich es für sie wieder reparieren kann. Wenn ich es dann schaffte, dachten sie oft, daß ich ein recht brauchbarer Kerl sei, den man doch auf dem Hof haben könnte, und sie behielten mich für eine Weile da. Ich habe sie gewöhnlich um mein Essen gebeten, um einen Schlafplatz in der Scheune oder irgendwo und lediglich um ein bißchen Taschengeld.

Zu der Zeit, es wird wohl gut bis in meine zwanziger Jahre hinein gewesen sein, habe ich fast jede Art von Arbeit gemacht, die Sie sich nur vorstellen können. Gärtner in einem großen Hotel an der Küste, unweit von Scarborough, war ein Job, an den ich mich erinnere; Werkstattmechaniker, ich glaube, es war in Hull; ein- oder zweimal war ich mit auf den Fischerbooten, aber ich interessierte mich nicht groß dafür; Fahrer eines Möbellieferwagens; eine ganz schöne Latte von Dingen. Alles, worauf es mir ankam war, daß es Arbeit im Freien war: ich konnte nie den Gedanken ertragen, in einem Büro oder in einem Laden zu sein oder etwas dergleichen. Eine andere Sache, die ich ebenfalls nicht so sehr mochte, waren die Städte. Ich war ein Junge vom Land, dort geboren und aufgewachsen, und was ich gern hatte, war draußen an der frischen Luft zu sein und nicht so einen Job zu haben, an dem ich festgebunden bin.

Mit den Frauen war es dasselbe. Ich hatte anscheinend ein Auge für sie, und umgekehrt, sie schienen sehr oft auch ein Auge für mich zu haben. Ich glaube, für die meisten von ihnen war ich ein gutaussehender junger Mann, immer zu einer kleinen Romanze aufgelegt. Ja, es stimmte, ich war so; und es war auch nicht etwas, an das so schwer heranzukommen war, wie ich fand. Ich war gern in Gesellschaft von Frauen, besonders wenn sie hübsch waren; ich bevorzugte entschieden mehr die Gesellschaft von Frauen als von Männern. Heute kann ich auf sehr glückliche Zeiten zurückblicken, die ich mit Mädchen und jungen Frauen hatte, so ist es wirklich. Aber natürlich kann ich auch auf sehr unglückliche Zeiten zurückblicken, die ich in meinem späteren Leben mit Frauen durchmachte. Doch das ist eine andere Geschichte, die ich Ihnen zu gegebener Zeit erzählen werde.

Dann, ich spreche jetzt von der Zeit, als ich in meinen Zwanzigern war, gab es eine Menge Spaß; doch nur so lange, wie eine Sache so lief, wie ich es wollte. Das hieß, daß ich es niemals zu ernst werden ließ. Ich pflegte das immer gleich am Anfang völlig klarzustellen. Sehr oft war es so gewesen, und es schien fast unvermeidlich zu sein, daß Fragen wie fester Wohnsitz oder sogar Heirat in den Gesprächen auftauchten. Natürlich von deren Seite, nicht von meiner; und sobald das geschah, war's das gewesen, ich verschwand wie der Blitz. Ich hatte diese große Angst, eingefangen zu werden, einer in die Falle zu gehen, wie man so sagt. Und es war nicht nur mir, sondern auch ihnen zuliebe: ich wußte, daß ich gern mal ein Auge riskierte, wie man so sagt, und ich wußte aus meiner Erfahrung, daß eine Menge Frauen das auch taten. Also sah ich es in der Art, daß ich vielleicht durchaus eine heiraten könnte und mich mit ihr auch zusammen niederlassen könnte, daß es aber dann, schon nach kurzer Zeit, ganz bestimmt so sein würde, daß ich mich mit einer anderen einlasse. Es war zwangsläufig so, es konnte einfach nicht sein, daß es nicht dazu kam; und keine verheiratete Frau wird darauf vorbereitet sein, sich damit abzufinden. Ich habe das immer gewußt; und am Ende ist es genau so gekommen, wissen Sie.

Ich glaube, ich werde heute wirklich ein bißchen zu schnell müde; Sie wissen ja, daß meine Stimme anfängt zu versagen. Wollen wir an dieser Stelle Schluß machen für heute, und ich mache uns dann eine anständige Tasse Tee?

Ehe ist immer etwas gewesen, das ich ausprobieren und doch vermeiden wollte, aber wir haben ja alle diese guten Vorsätze und halten uns dann nicht daran. Am Ende, als ich dann doch geheiratet hatte – ich kann mich nicht genau daran erinnern, wie alt ich gewesen bin – aber ich glaube, ich war vielleicht achtundzwanzig oder neunundzwanzig. Und es ist genau so gekommen, wie ich es mir vorgestellt hatte, und es klappte nicht. Meine Frau hieß Kathleen; sie war ein ganzes Ende jünger als ich; ich glaube, sie war nicht viel älter als zwanzig und sehr unreif. Sie hatte nicht die leiseste Vorstellung davon, was sie im Leben überhaupt wollte. Ich sei alles, was sie wolle, sagte sie zu mir. Also stimmte ich zu guter Letzt zu, und wir heirateten. Alles in allem war es ein ganz gewaltiger Fehler, denn ich glaube, es hielt wohl nur etwa zwei Jahre oder so, und dann lebten wir uns auseinander.

Zu der Zeit hatte der Krieg begonnen und ich dachte, daß ich einberufen werde als alleinstehender Mann oder zumindest als eine Art Alleinstehender, denn obwohl wir nicht geschieden waren, lebten wir getrennt. Aber ich arbeitete nicht in einer Fabrik, sondern in einem großen Reparaturdepot für Militärfahrzeuge. Und das war kriegswichtige Produktion, also brauchte ich nicht in die Armee zu gehen. Meine Fertigkeiten mit Transportern und Lastwagen und dergleichen Dingen, nehme ich an, war von größerem Nutzen als das Soldatsein und das Herummarschieren. Also blieb ich bei dieser Arbeit, während des ganzen Krieges. Der einzige Haken an der Sache war, daß ich die ganze Zeit an diesem einen Ort bleiben mußte, im Depot, das sich etwas außerhalb von Leeds befand.

Dann, am Ende des Krieges, heiratete ich zum zweiten Mal. Joan war der Name meiner Frau. Eigentlich war sie der Grund, weshalb meine erste Ehe in die Brüche ging. Sie ist eine Freundin meiner ersten Frau Kathleen gewesen, und dank ihrer trafen wir uns. Schon nach kurzer Zeit hatten wir es uns einfach angetan, und das war es, was Kathleen verletzt hat und was sie bewegte, mich zu verlassen. Joan und ich heirateten nicht gleich, weil wir nicht konnten; ich war noch nicht geschieden; also lebten wir einfach zusammen, mehr oder weniger den ganzen Krieg hindurch, und dann, als es vorbei war, wurde ich geschieden, und wir heirateten. Joan war während des Krieges nicht in den Streitkräften gewesen, aber sie verrichtete diese oder jene Art von Kriegsarbeit, ich entsinne mich nicht genau was. Aber dadurch kam es, daß wir nicht immer zusammen waren; das ist es auch, was uns wahrscheinlich so lange Zeit zusammengehalten hat, jedenfalls erkläre ich es mir so.

Aber dann, als der Krieg zu Ende war und ihr Job zu Ende war und meiner auch, wie ich schon sagte, das war der Grund, weshalb wir uns für eine feste Ehe entschieden, und wir haben dann auch geheiratet. Wir hatten beide etwas Geld gespart, nicht gerade viel, aber doch ausreichend, und wir kauften eine kleine Autowerkstatt und eine Tankstelle mit dazugehörigem Wohnhaus. Ich glaube, es war an der Straße in Richtung Witby oder irgendwo in der Gegend. Allerdings war es ein sehr abgelegener Fleck, an einer Kreuzung in der Nähe eines Dorfes. Wir haben einen schlimmen Fehler gemacht, weil es einfach überhaupt nichts einbrachte. Benzin war immer noch vom Krieg her rationiert, und der Verkauf war stark eingeschränkt worden, und dann war es ein Ort, wo nicht viele Leute ihre Autos zum Reparieren hinbrachten. Wenn da mal was nicht in Ordnung war, dann haben sie es eher in der Stadt machen lassen, wo man es einfacher hinbringen und abholen konnte.

Die andere Sache, die ebenso oder noch schlimmer danebenging, war, daß sich Joan, da sie jeden Tag dort war, sehr einsam fühlte, und so fing sie auch an, recht argwöhnisch und auch eifersüchtig zu werden. Es brauchte nur mal eine junge Autofahrerin zu kommen, um zu tanken oder weil etwas mit ihrem Auto nicht in Ordnung war: Wir fingen an, uns zu unterhalten und vielleicht einen Spaß über etwas zu machen, und schon beobachtete Joan alles vom Küchenfenster aus. Und dann, sobald die junge Frau weg war, gab es einen mordsmäßigen Krach. Und wenn dieselbe junge Frau in der darauffolgenden Woche vielleicht wieder wegen irgend etwas in die Werkstatt gekommen ist, also Sie können sich wohl vorstellen, was dann für Anschuldigungen durch die Luft schwirrten. Es war nichts dran, alles war völlig harmlos vom Anfang bis zum Ende, aber Joan hat es niemals so aufgefaßt.

Sie verstehen, das war kein Zustand zwischen Leuten, die miteinander verheiratet waren. So konnte es nicht weitergehen; also setzten wir uns eines Abends zusammen und sprachen darüber. Wir hatten keine Kinder zu berücksichtigen oder irgend etwas, und wir entschlossen uns, daß es das Beste wäre, wenn wir uns trennen würden und unsere eigenen Wege gingen, das Haus und das Geschäft, durch das wir fortlaufend Geld verloren, verkaufen und das, was übrig blieb, aufteilen. Es blieb freundlich. Sie entschied, daß sie zurückgehen würde, um drüben auf der anderen Seite von Leeds mit ihrer Mutter zusammenzuleben, und ich wollte wieder meine Reisen aufnehmen und dorthin gehen, wohin Lust und Laune mich führen würden.

Also das war es, was wir taten, und ich bin jetzt nicht sicher, für wieviel Jahre es gewesen ist; aber es war wohl für gut ein paar Jahre, daran erinnere ich mich doch. Soweit es mich betraf, ging alles glatt; ich hatte niemals Schwierigkeiten, Arbeit zu finden, und ich lebte meistens in möblierten Zimmern oder in Pensionen. Ich erinnere mich, daß ich einmal als Kranführer auf einer Baustelle war; das war ein sehr guter Verdienst, und ein anderes Mal arbeitete ich in einem Tagebau; ich habe alle möglichen Dinge gemacht. Wenn ich eine Arbeit mochte und der Lohn stimmte, blieb ich, wenn nicht, und der Lohn war mies, zog ich weiter.

Joan und ich stimmten darin überein, daß es keine Notwendigkeit gab, sich scheiden zu lassen; wir beide waren uns sicher, daß wir uns nicht wieder neu verheiraten wollten. Wir verblieben aber so, daß, wenn einer von uns beiden es doch wollte, der andere unverzüglich einer Scheidung zustimmen würde. Und in dieser Weise lief es eine ganze Weile, und wir hatten nicht einmal mehr Kontakt zueinander. Doch dann, eines Tages, ich kann mich jetzt nicht genau daran erinnern, wo ich gearbeitet habe, ich glaube aber, daß es zu der Zeit war, als ich in einer Firma für Landwirtschaftsmaschinen gewesen bin – also damals, ich dachte, ich träume, tauchte sie plötzlich dort auf und fragte mich, ob wir uns nach meiner Arbeit treffen und miteinander reden könnten.

Mein erster Gedanke war, daß sie gekommen wäre, um mich zu bitten, ob wir uns nicht scheiden lassen können, damit sie sich wieder mit jemandem neu verheiraten kann. Aber kein Stück davon; sie war gekommen, um mir zu sagen, daß sie mich vemißt, ihr gefiel es nicht, ohne mich zu leben und ob wir nicht wieder zusammenkommen und noch einen Versuch machen könnten. Da hätten Sie mich mit dem kleinen Finger umschubsen können.

Sie verstehen, wenn ich vernünftig gewesen wäre, würde ich ihr natürlich auf der Stelle gesagt haben, daß das eine völlig verrückte Idee ist und daß das sicherlich nicht gut geht. Aber ich wollte nicht ihre Gefühle verletzen, indem ich es gleich so sagte: also erklärte ich, was ich tun wolle, sei, darüber nachzudenken, und wir vereinbarten, daß wir ein paar Tage später noch einmal darüber sprechen wollten. Sie antwortete: In Ordnung, sie würde wiederkommen. Sie sagte, was sie mir anzubieten habe, sei ein recht hübsches eigenes Haus, das sie gekauft habe und daß ihr Bruder vor ein paar Jahren seine eigene Speditionsfirma mit Fernverbindungen aufgemacht hätte, die gut lief, und daß er willens wäre, mir dort einen Job anzubieten.

Zu der Zeit ergab sich gerade, daß ich in der Landwirtschaftsmaschinenfirma nicht mehr so recht froh war. In diesem Sinne überdachte ich alles; und als wir unser nächstes Treffen hatten, war ich immer noch recht im Zweifel über die ganze Sache. Sie konnte sehen, wie ich zögerte, aber Frauen haben eine bestimmte Art, mit diesen Dingen umzugehen, und letztendlich habe ich mich von ihr überreden lassen.

Ja, so war das, und es war wirklich ein sehr schwerwiegender Fehler, der schlimmste, den ich je in meinem Leben gemacht habe. Ich bin umgezogen, um in ihrem Haus zu leben, und die erste Sache, mit der ich mich abfinden mußte, war der Rest ihrer Familie, mit Ausnahme des einen Bruders, der mir einen Job gab. Sie verhielten sich alle feindselig mir gegenüber. Sie sind mir gegenüber immer schon feindselig gewesen, seit ich sie getroffen hatte; zuerst, weil ich mit ihr zusammengelebt habe, ohne sie zu heiraten, dann, als ich sie heiratete, versuchten alle es ihr auszureden, und zuletzt, als wir uns getrennt hatten, hatten sie keine Zeit mehr für mich, ganz egal was es war. Als wir dann wieder zusammen waren, ignorierten sie uns völlig. Ich glaube, Joan ging hin und wieder zu ihrer Mutter; wenn sie aber nach Hause kam, konnte ich immer gleich sagen, wo sie gewesen war, weil sie dann dauernd wieder mit all diesen Verdächtigungs- und Eifersuchtsgeschichten anfing. So ging es weiter und weiter, und es wurde schlimmer und schlimmer. Es hat Zeiten gegeben, da sie sogar am helllichten Tag auf der Straße mit mir herumgestritten hat, mich anschrie und mich mit ihren Fäusten bearbeitete. Wenn ich nur ein höfliches Wort zu irgendeiner Frau in einem Laden sagte, die ich flüchtig kannte, oder ich scherzte ein wenig mit einer Kellnerin in einem Café oder etwas in dieser Art; es war genau wie vorher, ein Krach nach dem anderen, Streit, Streit, nichts als Streit.

Um die Angelegenheit noch schlimmer zu machen; wir waren gerade ein knappes Jahr wieder zusammen, möchte ich meinen, und da wurde ihr Bruder krank, derjenige, für den ich arbeitete. Er hatte eine sehr schwere Krankheit, von der man annahm, daß er daran sterben würde, und er mußte für etliche Wochen ins Krankenhaus gehen, ich bin mir nicht ganz sicher, ob es am Ende nicht sogar zwei oder drei Monate waren. Ich blieb übrig und mußte die Speditionsfirma leiten, und das bedeutete sehr lange Arbeitszeit und manchmal sogar, daß ich nicht zu Hause sein konnte. Und eine andere Sache war, daß die Frau meines Schwagers, sie hieß Rita, jede Nacht ins Krankenhaus gehen mußte, um ihren Mann zu besuchen, also habe ich sie mit dem Auto oder dem Lieferwagen gefahren, um ihr zu helfen.

Natürlich dauerte es nicht lange, bis Joan auf die Idee kam, daß da etwas zwischen uns sei. Ich erinnere mich an eine Begebenheit, als sie an ihrem Haus vorbeigelaufen ist und ein neues Nachthemd oder Unterwäsche auf der Wäscheleine gesehen hat, beschuldigte sie mich, daß ich es für sie gekauft hätte. Und ein anderes Mal, ja, das war wirklich meine eigene Schuld: Es war blöd, das zu sagen, aber ich wollte Joan ärgern, und ich sagte, Rita sei besser im Bett als sie.

Also: die Dinge verschlechterten sich mal wieder arg, und damit kommen wir nun auch zu der bewußten Nacht, in der alles geschehen ist. Das liegt jetzt natürlich fast dreißig Jahre zurück, und in meinem Gedächtnis bin ich mir doch nicht mehr über jede kleine Einzelheit im klaren. Sie können sich denken, Joan und ich hatten gerade eine weitere unserer nahezu täglichen Streitereien gehabt; und ich glaube, es war so um den Juli herum und ein schöner Abend. Ein Gedanke, mit dem wir uns hin und wieder trugen, war, in ein anderes Haus umzuziehen, irgendwohin, nicht so nah bei ihren Eltern, und dort zu leben. Es gab da eins, auf das wir ein Auge geworfen hatten, direkt oben bei den Mooren. ›Warum fahren wir nicht dorthin an so einem besonderen Abend und schauen es uns noch einmal an?‹, habe ich vorgeschlagen, um uns beiden eine Atempause zu gönnen. Ich hatte einen eigenen Lieferwagen, den ich auf Arbeit benutzte, und wir entschlossen uns, die Fahrt damit zu machen.

Wir sind zu den Mooren gefahren, auf einer ruhigen, kurvenreichen Landstraße, die wir kannten, eine Art Nebenstraße, und an einer Stelle schlängelte sie sich an einer Art Kliffrand entlang, ähnlich einer Schlucht, mit ein paar Bäumen unten im Grund. Genau in dem Moment, da wir uns dieser Stelle näherten, hat Joan plötzlich angefangen, wieder auf mich wegen Rita loszugehen; sie hatte ihre Handtasche in der Hand, und sie begann, mich damit zu schlagen. Irgendwie hob ich meinen Arm hoch, etwa so, sehen Sie, um mich zu schützen; und ich kann mich gar nicht so genau erinnern, ob ich ihr wirklich einen kleinen Schubser rückwärts gegeben hatte oder nicht. Und dieser Lieferwagen, verstehen Sie, der hatte keine Türen, die sich nach außen hin öffneten, sondern solche Schiebetüren, die etwa so nach hinten und vorne gehen, und auch eine Sitzbank, nicht die gewöhnlichen einfachen Autositze. Ich weiß nicht, ob Sie mit dieser Art von Lieferwagen vertraut sind, aber manchmal, was sehr oft mit diesen Türen passiert, vor allem, wenn sie alt sind, bewegen sie sich ziemlich oft vor und zurück, während man fährt. Also, in diesem Fall, war das eben mehr oder weniger genau das, was geschehen ist: gerade in diesem Moment habe ich ihr einen kleinen Schubs gegeben, die Tür war aufgegangen, und sie ist rückwärts herausgefallen. Heraus aus dem Lieferwagen, über den Rand der Straße und dann das Kliff hinunter in ein Wäldchen hinein, am Fuß des Kliffs.

Natürlich stoppte ich den Lieferwagen, sobald ich das sicher konnte und bin zurückgefahren und kletterte das Kliff hinunter, um sie zu finden. Als ich sie fand, konnte ich sehen, daß sie schwer verletzt war: Sie atmete nicht mehr und nichts, doch ich wußte nicht, ob sie tot war oder nicht. Ich habe sie hochgetragen und dann am Straßenrand niedergelegt, direkt hinten an meinem Wagen. Gerade in diesem Moment ist jemand im Auto vorbeigekommen und hat angehalten und gefragt, ob er helfen könne; also habe ich ihn gebeten, er solle bitte bis zum nächsten Haus, an das er kommt, weiterfahren, und er solle von dort um Hilfe telefonieren, weil sich ein Unfall ereignet hat. Ich bin jetzt nicht sicher, wie lange es gedauert hat, bis der Krankenwagen kam, und dann haben sie sie mit ins Krankenhaus genommen. Ich bin nicht mitgefahren, weil ich nicht sicher war, was ich dabei so richtig tun sollte. Ich habe gedacht, das Beste wäre vielleicht, wenn ich zum Haus ihres Bruders gehen, wo meine Schwägerin war, und ihr erzählen würde, was geschehen ist. Eine kurze Weile später kam die Polizei: Sie bestätigten mir, daß sie tot war, aber sie stellten mir keine Fragen, nichts; sie sagten bloß, daß sie meinen Lieferwagen zur Untersuchung mitnehmen wollen.

Ich blieb in dieser Nacht bei meiner Schwägerin, und am nächsten Tag dachte ich, daß es besser wäre, zu einem Rechtsanwalt zu gehen. Auf dessen Rat hin ging ich nicht zum Begräbnis meiner Frau; in Anbetracht all der Feindseligkeiten ihrer Verwandten mir gegenüber, und ich glaube, es war etwas später am selben Tag, oder es war vielleicht der darauffolgende Morgen, ich kann mich jetzt nicht so genau daran erinnern, auf Absprache kam die Polizei in das Büro des Rechtsanwalts und nahm eine Erklärung von mir auf, und dann sperrten sie mich ein und beschuldigten mich des Mordes an ihr.

Das ist dann mal wieder so weit, wie ich für heute gehen kann, also wollen wir morgen weitermachen? Jederzeit nach zwei Uhr, wenn Ihnen das recht ist?

Eine kleine Frau in mittleren Jahren in leuchtend grünen Hosen und einem kurzen schwarzen Wintermantel erschien unerwartet während unseres Gesprächs am folgenden Nachmittag. Sie ließ sich selbst durch die Vordertür in das Haus ein und kam dann in das Zimmer, wo sie innehielt. Sie stand schwankend da, ein wenig unsicher und blinzelte. ›Ich bin die Sandra‹, sagte sie, ihre Worte leicht verschluckend: ›Sandra is' mein Name, ich freu' mich, Ihre Bekanntschaft zu machen.‹

Edgar stand ohne Hast auf und nahm sie bei der Hand. ›Ich glaube, du legst dich besser etwas hin, Liebling, und machst ein Nickerchen für eine Weile‹, sagte er sanft. ›Komm jetzt bitte.‹ Er führte sie hinaus.

Sie ist bloß eine Nachbarin, die manchmal vorbeikommt, sie wird uns nicht stören.

Gestern habe ich Ihnen erzählt, wie ich verhaftet wurde. Also: nachdem sie mich angeklagt hatten, wurde ich von der Polizei ins Gefängnis abgeführt, ich wurde in Untersuchungshaft genommen, um mein Gerichtsverfahren zu erwarten. Ich vergesse, wie lange es gewesen ist, mehr als sieben Monate, das weiß ich, und es war Sommer und sehr heiß. Es kamen nicht viele Leute, um mich zu besuchen; ich glaube, meine Schwägerin einmal, aber sonst niemand weiter. Dann endlich, ich denke, es war entweder unmittelbar vor oder kurz nach Weihnachten, wurde ich vor Gericht gestellt und mein Verfahren wurde eröffnet. Ich war mir sicher, daß ich davonkommen würde, aber die Polizei hat alles übertrieben, wirklich, sie drehten es so, daß alles sehr finster klang. Sie sagten, ich hätte alles bedacht geplant, und was ich getan hätte, war, daß ich ihr mit einem Gegenstand auf den Kopf geschlagen habe. Ich hätte die Tür präpariert, so daß es ausgesehen hat, als ob sie ordnungsgemäß schließen würde, und ich hätte sie am Rande des Kliffs aus dem Lieferwagen gestoßen, so daß es schien, als ob sie durch einen Unfall herausgefallen sei. Und sie sagten, ich sei hinuntergeklettert und hätte sie wieder hoch auf das Kliff gebracht, und ich hätte sie am Hinterrad des Lieferwagens hingelegt, und ich sei gerade dabei gewesen zurückzufahren, um sie zu überrollen, als dieser Mann im Auto vorbeigekommen ist.

Es war absurd, es war alles völlig absurd. Die Polizei brachte Zeugen, die aussagten, sie wüßten, daß wir sehr viel miteinander gestritten haben, und es gab überhaupt keinen, der auf meiner Seite stand, nicht einen einzigen. Ein anderer Verteidiger hätte vielleicht mehr für mich getan; und schließlich der Richter, der war der Schlimmste von allen. Andauernd beteiligte er sich an dem Kreuzverhör, und er hat sogar meinen Rechtsanwalt unterbrochen, als der versuchte, einige Fakten zu meinen Gunsten vorzubringen. Ich glaube, das Verfahren dauerte etwa drei Tage, soweit ich mich erinnere; und ich wurde für schuldig befunden; und der Richter erklärte vor der Urteilsverkündung: ›Die Geschworenen haben Ihre List durchschaut.‹

So war das. Ich wurde zu lebenslanger Haft verurteilt; und ich kann Ihnen sagen, ich war sehr verbittert darüber. Ich beabsichtigte, Berufung einzulegen, um zu versuchen, ob man das Urteil nicht auf fahrlässige Tötung oder wenigstens Totschlag oder etwas dergleichen herunterdrücken konnte. Als ich aber mit meinem Anwalt darüber sprach, sagte er, daß er nicht glaube, daß irgendeine Hoffnung besteht, es sei denn, wir könnten neue Zeugen beibringen, was ich aber nicht konnte. Meine Schwägerin Rita kam einoder zweimal, um mich zu sehen, und sie sagte, sie glaube, das Beste für mich wäre, die Strafe anzutreten. Ich erwartete, daß es wahrscheinlich sieben Jahre sein würden oder möglicherweise acht Jahre, allerhöchstens, und wir haben geglaubt, wir würden dann darüber nachdenken können, einen neuen Anfang zu machen. Ich habe aber zehn Jahre abgesessen, und zu der Zeit hatten wir mehr oder weniger den Kontakt zueinander verloren. Ich bereitete niemand Ärger im Gefängnis, ich bin für mich geblieben. Ich glaube, ich war zu verschiedenen Zeiten mal in Armley, mal in Leeds, dann mal in Hull, in Leicester und dann hier unten in Portsmouth, von wo ich entlassen wurde.

Hatte ich ursprünglich zwölf Jahre zu Ihnen gesagt? Ja, doch, das ist richtig, es waren zwölf, ich saß zehn und dann noch zwei weitere Jahre zusätzlich. Bloß, was ich zwei Jahre zusätzlich nenne, das war eigentlich das, was als Widerruf bezeichnet wird. Wie ich vermute, wissen Sie, daß wenn man aus einer lebenslangen Haftstrafe entlassen wird, ist man sie noch nicht los; man wird nur rausgelassen, wenn sie es so entscheiden; und dann ist es auf Bewährung mit einem Bewährungshelfer und die ganze Zeit unter seiner Aufsicht. Und ich glaube, es war Lincoln, von wo ich das erste Mal nach zehn Jahren rausgekommen bin. Als ich also raus war, stand ich unter Aufsicht eines sehr jungen Bewährungshelfers, er war nicht viel mehr als ein Junge, wirklich. Soweit ich es beurteilen kann, hatte er niemals vorher einen Lebenslänglichen zu beaufsichtigen, seine einzigen Erfahrungen hatte er im Umgang mit jungen Kerlen gesammelt. Er machte den Eindruck, daß er in meinem Fall Angst hatte, tief aus dem Innersten heraus, und daß er keine Ahnung hatte, wie er damit umgehen sollte.

Ich war völlig in Ordnung, als ich rauskam, aber nach einer langen Haftstrafe, verstehen Sie, braucht man Zeit, sich einzugewöhnen. Ich habe nicht getrunken oder so etwas, und nach ein paar Wochen habe ich mir irgendeinen Job besorgt. Dann traf ich eine Frau, und ich hatte nichts, wo ich leben konnte, also zog ich zu ihr, vorübergehend, wie wir vereinbarten. Wir hatten ein- oder zweimal Streit, nichts

Ernstes, es war nicht mehr als eine Kabbelei, das ist alles; aber dieser Bewährungshelfer fand das heraus, und er sagte, ich hätte sie geschlagen; was er tat, war nichts Eiligeres, als mich wieder ins Gefängnis zurückzubringen. Ich meine, es war lächerlich, wissen Sie, er hat völlig überreagiert. Aber so ist das nun mal, auf eine bloße Behauptung hin kann man wieder ins Gefängnis gesteckt werden, und das war es, was mir geschehen ist. Ich bin nur zwei oder drei Monate draußen gewesen. Ich kann mich nicht genau daran erinnern, vielleicht war es auch ein bißchen länger: aber ich war wieder drin, und danach waren es zwei weitere Jahre, bevor sie entschieden haben, mich wieder rauszulassen.

Ich ging nicht gern wieder zurück, aber zu der Zeit war ich in gewisser Weise an das Gefängnis gewöhnt, und so empfand ich das alles nicht als furchtbaren Schock. Trotzdem, ich war sehr froh, als sie mir sagten, daß ich für einen zweiten Versuch reif sei. Zu dieser Zeit bin ich hierher geschickt worden, in das Gefängnis in Portsmouth. Ich bin hier entlassen worden, und hier bin ich seitdem geblieben. Und es sind fünfzehn Jahre, die ich nun in Freiheit bin, und mit allem ist es seitdem ganz prima vorangegangen. Zur Zeit habe ich einen sehr netten jungen Bewährungshelfer, Ian, der mich betreut: Er kümmert sich seit fünf oder sechs Jahren oder möglicherweise schon etwas länger um mich, ich könnte es Ihnen nicht genau sagen. Und vor ihm war ein anderer guter, ein Mann, mit Namen Mr. Drake. Er war sehr, sehr gut.

Also: nunmehr ist das Gefängnis nur noch eine böse Erinnerung in der fernen Vergangenheit für mich. Die Sache, die mir am meisten geholfen hat, es völlig aus meinem Gedächtnis auszulöschen, war die, daß ich glücklich war, eine Frau namens Grace zu treffen, als ich schließlich rausgekommen bin, nicht lange nach meiner Entlassung, etwa vier Jahre oder so. Sie wird zu der Zeit wohl fünfundfünfzig gewesen sein oder sechsundfünfzig, und sie war eine verwitwete Frau, deren Mann einige Jahre zuvor verschieden war. Zwischen uns schien es sofort gefunkt zu haben. Und so haben wir schon nach sehr kurzer Zeit geheiratet. Ich habe sie eigentlich nie getroffen, aber ich glaube, sie hatte, ja ich denke, es waren zwei erwachsene Kinder, die verheiratet waren und oben im Norden wohnten, Manchester oder irgendwo in der Drehe.

Grace und ich, wir hatten acht sehr glückliche Jahre zusammen, ja, die hatten wir wirklich. Sie war wohl die sanfteste und freundlichste Person, die zu treffen man sich überhaupt erhoffen konnte. Einmal oder zweimal habe ich wirklich das Verlangen gespürt, ihr etwas über mich zu erzählen, meine Vergangenheit und all das, was dazugehört; aber das Komische an der Sache war, wissen Sie, daß sie es niemals wissen wollte. Ich versuchte es ein- oder zweimal; ich erinnere mich, daß ich zu ihr sagte: ›Weißt du, Grace, du weißt wirklich überhaupt nichts über mich.‹ Aber sie sagte gewöhnlich zu mir: ›Edgar‹, sagte sie, ›ich will nichts darüber wissen, was in der Vergangenheit war, ich bin so glücklich darüber, wie wir miteinander sind, daß ich nicht will, daß irgend etwas in der Welt es verdirbt.‹ Sie starb, es werden jetzt zwei Jahre im nächsten Monat. In meinen Gedanken habe ich mir oft gesagt, daß sie es vielleicht gewußt hat, wissen Sie, daß sie diese Krankheit bekommen würde, die sie hatte, und daß sie das Beste aus der Zeit machen wollte, die ihr noch verblieb. Sie war eine sehr freundliche Person. Das ist ihre Wohnung gewesen, und das sind alles ihre Möbel, und wir haben hier all die Jahre gelebt, und als sie dann von mir gegangen ist, bin ich geblieben.

Ich kann mir nicht vorstellen, daß ich mich noch ein weiteres Mal veheiraten werde, nein. Die junge Frau, die vorhin hergekommen ist, Sie haben sie getroffen, Sandra, sie ist nicht mehr als ein Freund, wirklich, sie ist nur vorübergehend hier. Sie hat ein paar Zimmer in diesen alten Häusern, die Sie wahrscheinlich bemerkt haben, unten am Ende der Straße, die werden abgebrochen. Die gehören der Stadt, und wenn die für sie irgendwo anders einen Platz finden, wird sie umziehen, denke ich. Ich habe ihr gesagt, daß sie für eine Weile bleiben könnte, wenn sie es will; ich nehme an, Sie haben bemerkt, daß sie doch dieses oder jenes Problem hat, hin und wieder trinkt sie ein bißchen zuviel.

Trotzdem ist sie eine nette Person, und ich möchte sagen, mehr als irgend etwas anderes braucht sie jemanden, der sich um sie kümmert.

Sie weiß nichts von meiner Vergangenheit, und sie ist auch wieder eine, bei der es überhaupt nicht so scheint, als ob sie es wissen wollte. Sie weiß nicht, wer Sie sind und warum Sie hierhergekommen sind: Ich habe ihr gesagt, daß Sie mit mir über meine Kriegserinnerungen sprechen, für ein Buch, an dem Sie gerade schreiben, und daß Sie es vorziehen würden, wenn wir das unter uns bereden. Übrigens, falls Sie Ian, meinen Bewährungshelfer, irgendwann treffen sollten, wäre ich froh, wenn Sie sie ihm gegenüber nicht erwähnen. Es führt womöglich nur zu Fragen und solchen Dingen, und ich möchte sie nicht aufregen.

Das wär's dann also, das ist der Schluß von all dem, was es über mich zu erzählen gibt, es sei denn, daß da noch etwas ist, das Sie wissen wollen. Es gibt nichts weiter, woran ich mich erinnern kann: Ich glaube, was ich gesagt habe, ist so ziemlich die ganze Geschichte.

Sie war es offensichtlich nicht. Nach behutsamer, stufenweiser Lockerung der Schärfe der Aufsicht, in den meisten Fällen nach ungefähr vier Jahren, erwägt der Bewährungshelfer, die Erlaubnis des Innenministeriums einzuholen, um die meisten Bedingungen der Bewährung eines zu lebenslanger Haft Verurteilten auszusetzen. Es war höchst ungewöhnlich zu erfahren, daß Edgar Johnson fast fünfzehn Jahre nach seiner Entlassung noch immer unter aktiver Aufsicht stand.

Ich fragte ihn, ob ich wiederkommen und ihn in der folgenden Woche zu einem weiteren Gespräch treffen könnte.

Also komischerweise habe ich mich das auch schon selbst gefragt, wissen Sie, aber anscheinend ist es irgendwie nie zur Sprache gekommen. Sie haben völlig recht, es ist ungewöhnlich, daß jemand noch so lange nach seiner Entlassung seinen Bewährungshelfer trifft, wie ich es tue; normalerweise gilt es so für etwa vier Jahre. Verwundert es Sie, wenn ich mich nicht darüber beklage, in keinster Weise? Ich bin völlig zufrieden, Ian auch weiterhin jeden Monat zu treffen, wie ich es tue, oder auch irgend jemand anderen in dieser Angelegenheit, völlig zufrieden. Eigentlich, wissen Sie, um ehrlich zu sein, ich denke mir, ich ziehe es vor, in dieser Art und Weise zu meinem Besten weiterzumachen. Dann habe ich auch das Gefühl, daß da immer jemand ist, mit dem ich reden kann, wenn ich will; sie werden mir weiterhelfen, wie sie es bisher getan haben.

Was es gewesen ist, sehen Sie, ist, daß hin wieder – und bitte halten Sie fest, es ist nur hin und wieder – also es hat da ein oder zwei kleine, was man vielleicht als kleine Schwulitäten oder ein paar Schwierigkeiten bezeichnet, gegeben. Überhaupt nichts Ernstes; aber es ist immer dasselbe, wenn man ein Lebenslänglicher auf Bewährung ist, dann ist man ausgesprochen wehrlos gegenüber den kleinsten Dingen jeglicher Art. Einmal ist es so weit gegangen, daß ich wieder ins Gefängnis zurückgebracht wurde, nachdem ich das erste Mal rausgekommen war, da ist es nur allzu natürlich, daß dann manchmal die Dinge ernster erscheinen können als sie in Wirklichkeit sind. Das erste Mal war wirklich alles eine Menge Ärger um nichts, aber vielleicht können Sie sehen, wie die Polizei darüber urteilt.

Ich nehme an, ich war seit drei Jahren draußen, nachdem ich meine zwei zusätzlichen abgesessen hatte, oder es waren vielleicht vier, ich kann mich nicht so richtig daran erinnern. Da war diese junge Frau, die ich kannte; sie lebte irgendwo am anderen Ende der Stadt, und eine Zeitlang waren wir richtig befreundet miteinander. Doch was ich nicht wußte, war, daß sie einen Freund hatte, bevor ich auftauchte, und das war ein Schwarzer. Eines Abends, ich kam gerade zurück zu ihrer Wohnung, und ich hörte dieses furchtbare Schreien und Zetern, das vor sich ging. Also öffnete ich die Tür; da stand dieser Schwarze, den ich nie zuvor in meinem Leben gesehen hatte, und aus dem, was ich ganz spontan wahrnehmen konnte, erschien es mir wirklich so, daß er im Begriff war, sie anzufallen. Da stand eine Flasche auf dem Tisch, ich glaube, es war eine Bierflasche oder etwas ähnliches, und ich ging hin und nahm sie, um sie damit zu verteidigen. Dann stürzte er irgendwie auf mich zu, und ich ließ die Flasche fallen, und sie zerbrach. Ich hob die Flaschenscherbe wieder auf, und er stürzte sich irgendwie ein weiteres Mal auf mich, und die Scherbe streifte sein Gesicht. Es war nichts Ernstes, nur einige kleine Kratzer, nichts, was ihn wirklich hätte verletzt haben können. Aber die Frau schrie und zeterte immer noch; und jemand rief die Polizei; und am Ende lief es darauf hinaus, daß ich vor Gericht gestellt wurde, und ich wurde wegen vorsätzlicher Körperverletzung angeklagt. Können Sie sich das vorstellen?

Es war völlig übertrieben und stand in keinem Verhältnis, aber klar, ich, als ein zu lebenslänglicher Haft Verurteilter, auf Bewährung, habe wirklich im Rampenlicht gestanden und einen gefährdeten Stand gehabt. Dieser Mr. Drake, von dem ich Ihnen erzählt habe, der Bewährungshelfer, der so gut war, er hielt vor Gericht ein großes Plädoyer darüber, wie ich versucht habe, ein völlig neues Leben anzufangen. Am Ende gelang es ihm, sie zum Einlenken zu bewegen, und sie sagten mir, daß sie mich nicht ins Gefängnis zurückschicken, sondern mir eine weitere Chance geben; und alles, was ich bekam, war eine Verwarnung.

Das war das erste. Und ich glaube, im strengen Sinn ist die Regel so, daß man vier ganze Jahre völlig frei und ohne jegliche Art von Ärger sein muß, egal was, bevor sie in Erwägung ziehen, die Bewährungsbedingungen zu lockern. Für mich, wissen Sie, waren es bis dahin nur drei Jahre gewesen, das hieß also, daß sie vier weitere ganze Jahre in Betracht ziehen mußten.

Die zweite Begebenheit war wirklich ein sehr, sehr unglücklicher Umstand, ganz bestimmt war es das. Es wird wohl so gerade vier Jahre danach gewesen sein oder vielleicht etwas später, ich erinnere mich jetzt nicht daran. Eine andere junge Frau, mit der ich eine Beziehung angefangen hatte, nichts Ernsthaftes, und es ging noch nicht sehr lange, aber eines Abends hatten sie und ich einen Streit über etwas Alltägliches oder so, und sie rannte aus der Wohnung, in der ich zu dieser Zeit lebte. Ich hatte keine Ahnung, wohin sie gehen würde, ich dachte, vielleicht zu ihrer Schwester, die irgendwo weiter unten lebte. Aber zu meiner Überraschung mußte ich als nächstes erfahren, daß die Polizei an meine Tür klopfte.

Sie traten ein und begannen, die Wohnung zu durchsuchen. Sie wollten mir nicht sagen, wonach sie suchten; sie tun das nie; aber dann kam einer von ihnen, etwas in seiner Hand haltend, zurück ins Zimmer, und er sagte: ›Was ist das?‹ Es war eine Art Luftdruckpistole, aber keine große oder neue; es war eine, die ich eines Tages auf dem Markt gekauft hatte, etwa sechs Monate zuvor, ich dachte, daß vielleicht einer von meinen jungen Neffen sie zu Weihnachten oder als Geburtstagsgeschenk gern haben würde. Ich steckte sie weg in eine Kommode oder in den Schlafzimmerschrank, glaube ich, und ich hatte es völlig vergessen, ich erinnerte mich nicht einmal, daß sie überhaupt da war. Und dieses Mädchen – es kann nur aus reiner Gehässigkeit gewesen sein, das ist der einzige Grund – ging nach dem Krach zur Polizei und erzählte denen, daß ich eine Pistole besäße und daß ich sie damit bedroht hätte. Es stimmte einfach nicht, ganz und gar nicht.

Natürlich wußte die Polizei, was sie nicht wußte, nämlich daß ich ein Lebenslänglicher auf Bewährung war; und klar, wenn man das ist, ist eine der Bedingungen, daß man keine Pistolen oder Stichwaffen oder Waffen anderer Art besitzen darf. Es war kaum das, was man hätte eine Waffe nennen können, wahrscheinlich konnte damit niemand verletzt werden, selbst wenn man direkt damit zielen würde. Egal, es war nun so: Ich kam wieder vor Gericht, und ich glaube, diesmal war es wegen Gewaltandrohung. Ich kann mich nicht an den genauen Inhalt der Anklage erinnern. Zu der Zeit war Ian da, er war mein Bewährungshelfer, und er war es, der kam und vor Gericht für mich aussagte. Er sagte, daß ich langsam ein alter Mann werden würde, der ich ja war, und er hätte den Eindruck, daß es gute Aussicht gäbe, daß ich zur Ruhe komme. Ich erinnere mich, daß er sagte, daß es wirklich sehr, sehr traurig wäre, wenn ich in meinem Alter wieder ins Gefängnis gesteckt werden sollte. Ich glaube, er sagte auch, daß er zu einer fortgesetzten, intensiven Aufsicht über mich bereit sei; ich glaube, so waren seine Worte.

So ist es nun, wie es seitdem geschlichtet ist, ich muß ihn etwa alle drei Monate oder so sehen. Und bis jetzt wenigstens glaube ich nicht, daß ich ihm einen Grund gegeben habe, seine Worte zu bedauern.

Soll ich uns eine anständige Tasse Tee machen?

DRITTES GESPRÄCH

CAROL BOWEN

DOCH TRÄNEN ZÄHLEN NICHT, ODER?

Askham Grange, ein ehemaliges viktorianisches Herrenhaus, ist ein offenes Frauengefängnis wenige Meilen außerhalb von York. Es hat offene Tore, einen kurzen Einfahrtsweg und einen von Bäumen gesäumten Ententeich. Die Unterkünfte der Gefangenen und die Arbeitsräume befinden sich auf der Rückseite. Im Inneren des Vorderhauses sind die Büros der Verwaltung und lange Korridore mit Parkettfußböden. Am Ende eines dieser Korridore ist ein holzgetäfelter Raum mit hoher Decke; darin schwere, polierte Tische und lederbespannte Sessel, gelegentlich wird er für Zusammenkünfte des Personals genutzt, doch gewöhnlich steht er leer.

Sie saß unterhalb des Fensters auf einer gepolsterten Couch mit verblichenem Brokatstoff: klein, stämmig gebaut, blonde Haare und braune Augen, ihre dünne Stimme hallte manchmal nach.

Ich bin sehr schüchtern, was Sie vielleicht nicht vermuten werden, aber ich bin so. Hier zu sitzen und zu reden ist gut, aber wenn wir draußen wären, würde ich Angst haben, völlig nervös sein, meine Finger würden zittern, und ich könnte nicht richtig sprechen, meine Stimme würde wie eingeschnürt in meiner Kehle sitzen. Eine von den Aufseherinnen hat mich vor ein paar Wochen in ihrem Wagen mitgenommen, wir sind nach York gefahren und haben uns Geschäfte und Sachen angesehen und eine Tasse Tee in einer Snack Bar getrunken. Ich war überzeugt, daß mich jeder angestarrt hat, ich dachte, daß jeder gewußt hat, von wo ich kam. Jean, Mrs. Read, das ist die Aufseherin, sagte, daß sich alle so fühlen, wenn sie das erste Mal nach draußen gehen. Darüber mache ich mir Sorgen, weil meine Tochter mich in zwei Wochen mit ihrem Freund besuchen kommt. Es wäre furchtbar, wenn ich mich danebenbenehme, nur weil ich zu schüchtern bin, richtig zu sprechen. Es ist lächerlich für jemand in meinem Alter.

Ich bin leider einundvierzig. Ja, ich sage leider, weil das die besten Jahre im Leben einer Frau sind, oder nicht? Zwischen dreißig und vierzig: für mich verloren, und ich werde sie niemals wiederbekommen. Mehr als zehn Jahre im Gefängnis vergeudet. Oh ja, vielleicht bin ich nicht zu alt, um nochmal anzufangen, wenn ich herauskomme; das wird im Januar in einem Jahr sein. Sehen Sie, wenn ich sonst schon nichts weiter für mich tun kann, so kann ich aber doch wenigstens wieder mit dem Anfang beginnen, nicht? Ich habe keine Ahnung, was ich mache; ich hoffe, ich werde Arbeit als Kellnerin oder hinter der Theke bekommen oder so etwas. Ich bin kein ehrgeiziger Mensch, ich bin auch nicht sehr klug, deshalb wird es nicht viele Möglichkeiten geben. Ich werde vielleicht wieder heiraten, oder? Das wäre ein Spaß. Nicht im Ernst, nein, ich scherze nur: Das ist eine Sache, von der ich absolut überzeugt bin, bestimmt. Keine Männer mehr für mich, ich habe genug Männer gehabt. Ich werde mich niemals wieder so zum Trottel machen, das ist eine Sache, die sicher ist.

Ich wurde in Birmingham geboren und schon bald danach adoptiert, als ich drei Wochen alt war, denke ich. Ich kenne überhaupt nicht die näheren Umstände. Etwas, das ich nie gehabt habe, ist das Gefühl, das manche Leute kennen, nämlich, wenn sie ein bestimmtes Alter erreichen, dann wollen sie etwas über sich herausfinden und wer ihre Eltern waren. Das war bei mir nie so. Soweit es mich betroffen hat, waren die Leute, die mich großgezogen haben, auch meine Eltern, besonders meine Mam, wie ich sie nannte. Ich halte sie immer noch dafür, sie war die einzige Mutter, die ich hatte. Sie war ein sehr liebenswürdiger Mensch, ich erinnere mich an sie mit wirklicher Liebe und Zuneigung. Sie hatte langes, gewelltes braunes Haar und braune Augen und schmuste und spielte stets mit mir. Es schien so, als ob sie immer gelacht und gelächelt hat, die ganze Zeit.

Doch so ist das nun einmal, die Dinge geschehen, nicht wahr, und als ich sieben war, ist sie gestorben. Ich weiß nicht woran, ich erinnere mich, daß sie sehr schnell ins Krankenhaus mußte, und sie lebte nur noch etwa eine Woche. Ich wurde zu meiner Großmutter geschickt, um dort zu leben, das war die Mutter meiner Mutter. Sie hatte noch mehr Kinder, und sie waren viel älter als ich, sie waren wie Tantchens. Da gibt es nicht viel mehr, woran ich mich bei ihnen erinnere. Sie muß eine gute Frau gewesen sein, weil sie mich aufgenommen hat, aber nichts aus dieser Zeit hat einen großen Eindruck auf mich gemacht. Vielleicht war ich zu traurig, um an anderes zu denken, als daran, wie sehr ich meine Mutter vermißte und wünschte, daß sie wieder zurückkommen könnte. Sie sind so, die Kinder, nicht wahr? Die Dinge geschehen um sie herum, aber sie wissen nie so richtig, was vor sich geht.

Wie lange ich bei meiner Großmutter gewesen bin; ich habe keine Ahnung. Mein Gefühl ist, wenn ich darauf zurückblicke, daß es nicht lange gewesen sein kann. Ich denke, es war vielleicht ein Jahr. Woran ich mich aber richtig erinnern kann, ist, daß mein Vater, das heißt der Mann, den ich meinen Vater nannte, zum Haus meiner Großmutter gekommen ist und mir gesagt hat, daß er ein neues Haus hat und daß ich mitgehen und wieder mit ihm leben werde. Und die andere Sache, die er mir erzählt hat, war, daß ich eine neue Mutter und eine Schwester haben und daß wir alle als eine Familie zusammenleben würden.

Es war in Bristol, er hatte dort einen Job. Und er hatte eine neue Frau oder, ich denke, sie war seine Frau, vielleicht haben sie nur zusammengelebt, am Anfang. Meine Erinnerung, die ich an sie habe, ist, daß sie viel älter war als meine Mutter. Das kam vielleicht auch daher, weil sie viel weniger fröhlich und lustig gewesen ist. Ihr Name war Shirley. Gleich von Anfang an haßte ich sie, und sie haßte mich. Sie hatte ihre eigene Tochter, ihr Name war Lucy. Sie war älter als ich, etwa zwölf, als ich das erste Mal dorthin gekommen bin. Wir konnten uns auch nicht leiden.

Mir wurde gesagt, daß es zwischen uns keine Unterschiede geben wird; und mir wurde ebenso gesagt, daß ich Shirley ›meine Mutter‹ nennen soll. Ich wollte es nicht tun, weil sie es nicht war: Für mich war meine Mutter gestorben, und niemand würde sie ersetzen. Wenn man erwachsen wird und zurückschaut, sieht man die Dinge in einem anderen Licht, und ich kann jetzt verstehen, daß ich es Shirley nicht gerade leicht gemacht habe. Egal, sie war auch nicht gerade nett zu mir; sie hat sich niemals richtig darum bemüht, mich zu verstehen oder warum ich frech gewesen bin oder ungehorsam. Sie war auch sehr penibel; die kleinste Kleinigkeit unordentlich oder nicht am richtigen Platz liegengelassen, und sie gab mir einen Schlag auf den Po. Sie schickte mich ohne Tee ins Bett, wenn ich zu spät von der Schule nach Hause kam oder weil ich schmutzige Sachen im Bad liegengelassen hatte und dergleichen mehr. Sie war hitzig, und ich war es auch, gewöhnlich haben wir uns regelrecht angeschrien. Einmal steckte ich ihr die Zunge heraus, und sie ist losgerannt und hat einen Löffel mit Senf genommen und mir damit die Zunge bestrichen. Ein anderes

Mal beschimpfte ich sie, ich war wirklich wütend. Ich sagte zu ihr, daß ich sie verdammt nochmal umbringen werde. Daraufhin ging sie mit den Fäusten auf mich los, ich glaube, ich mußte zwei volle Tage in meinem Zimmer bleiben. Mein Vater unterstützte sie stets; ich glaube nicht, daß er irgend etwas anderes hätte tun können, wenn man es richtig betrachtet. Lucy hat auch niemals Partei für mich ergriffen, und sie hat ihrer Mutter immer Märchen erzählt. So sagte sie, ich hätte Sachen angestellt, die sie selbst gemacht hatte, um zu versuchen, keinen Ärger zu bekommen.

Ich war nicht gut in der Schule, und ich habe auch immer geschwänzt, also war das eine weitere Sache, wofür ich regelmäßig bestraft worden bin. Als ich dann elf war, ist es so weit gegangen, daß Shirley und mein Vater gesagt haben, sie könnten mich nicht mehr länger unter Kontrolle halten. Als ich einmal mit einem Mädchen aus meiner Schulklasse eine ganze Nacht von zu Hause weggeblieben bin, war es das schließlich. Wir hatten nichts Schlimmes getan, lediglich übernachtet, in einem alten Schuppen, den wir schon kannten, im Garten von irgend jemand: es war das Abenteuer, und nichts ist passiert. Aber sie haben Leute von der Fürsorge kommen lassen, damit die nach mir sehen. Die Frau war sehr nett; ich erinnere mich, sie fragte mich, ob ich lieber in einem Kinderheim außerhalb von Bristol leben will. Ich sagte ja, ich will, viel lieber will ich das, also war es das, wohin ich gegangen bin. Ich war damals neun, denke ich; nein, zehn.

Dort war ich viel glücklicher; und die Hausmutter war wirklich sympathisch. Insgesamt gab es dort ungefähr vierzehn Kinder, von ganz klein, die nicht viel mehr als Babys waren, bis hin zu etwa Fünfzehnjährigen. Ich habe das Leben dort wirklich gern gehabt, besonders, wenn ich beim Baden der Kleinen helfen durfte und ihnen ihren Tee gegeben habe. Ich hatte eine besondere Freundin, sie war eines von den älteren Mädchen, ihr Name war Peggy, und man sagte von ihr, daß sie nichts taugt, aber ich hatte sie gern. Sie war vierzehn, und mir ist sie als sehr abenteuerlustig und erwachsen erschienen. Einmal in der Woche war mir erlaubt, zu meinen Eltern zum Tee zu gehen, und eines Tages sagten sie mir, daß sie für zwei Wochen in den Urlaub fahren und mich deshalb nicht am nächsten Wochenende bei sich haben können. Als ich Peggy davon erzählte, erklärte sie: Warum gehen wir nicht zu dem Haus, während sie weg sind, und brechen ein und sehen nach, ob es nicht irgend etwas gibt, was wir klauen können, vielleicht Geld oder Schmuck. Das haben wir dann auch gemacht; am folgenden Sonnabendnachmittag sind wir eingebrochen und haben einige Ringe und eine Uhr gestohlen, das haben wir dann zu einem Laden gebracht, den Peggy kannte, der kaufte gebrauchte Sachen auf. Wir hatten keine Ahnung vom Wert der Dinge, die wir mitnahmen, aber sie waren viel mehr wert, als wir dafür bekommen haben. Allerdings hatten uns irgendwelche Nachbarn gesehen, als wir in das Haus eingebrochen sind, und sie haben die Polizei gerufen.

Peggy und ich machten uns auf nach Weston-super-Mare. Dort haben wir zwei Tage verbracht, indem wir in einem Freizeitpark herumstromerten, und wir haben in einem der Unterstände geschlafen, oben, ganz am Ende der Promenade. Dann hat uns die Polizei aufgegriffen. Im Ergebnis des Ganzen wurde ich in ein Erziehungsheim in die Midlands geschickt. Es war nicht schlecht, es war mehr oder weniger vollkommen offen, genauso wie es hier ist: eigentlich wie ein Mädcheninternat, und man konnte ohne Aufsicht weggehen, solange man zu der Zeit zurück war, die sie einem gesagt hatten.

Ich bin zweimal von dort weggelaufen, ein Mal für sechs Wochen und das zweite Mal für zehn Wochen, so daß ich danach in eine von den geschlossenen Unterkünften kam, wie sie es genannt haben. Das erste Mal als ich weglief, bin ich bei einem Mädchen aus London geblieben, die auch selbst im Erziehungsheim gewesen ist und ein paar Wochen zuvor entlassen worden war. Sie lebte zusammen mit einem Mann in einer Wohnung in Clapham, und sie hat mich dort untergebracht. Am Ende ging ich freiwillig in das Erziehungsheim zurück und habe aufgegeben. In der ersten Zeit haben sie mir weniger Freiheiten gelassen, aber ich war nicht vollkommen eingesperrt, so konnte ich zum zweiten Mal ausreißen.

Das Mädchen, das in der Wohnung in Clapham war, ist sonntags den ganzen Tag weggegangen, ich denke, um ihre Mutter zu treffen, irgendwo im Norden von London. Also ist der Kerl, mit dem sie zusammenlebte, mit mir ins Bett gestiegen und hat es mir beigebracht. Ich war elf; mir wurde immer gesagt, daß es beim ersten Mal weh tut, aber es hat nicht weh getan. Als ich das zweite Mal weggelaufen bin, bin ich zu einem Italiener in Blackheath gegangen, und wir lebten gemeinsam in einem Zimmer in dem Haus, das ihm gehörte und in dem er möblierte Zimmer vermietete. Ich sagte ihm, daß ich älter bin, als ich eigentlich war, und er war ein netter Mann und behandelte mich gut; ich führte den Haushalt, machte sauber und kochte ihm einige Mahlzeiten.

Er war der erste Mann, mit dem ich zusammengelebt habe. Seitdem hat es andere gegeben, wenn man sie alle zusammenzählt, etliche. Aber in den meisten Fällen hat es eine ganze Weile gehalten, zwei oder drei Jahre. Wenn ich mit einem Mann zusammenlebe, dann gehe ich während dieser Zeit mit keinem anderen, ich war immer fair in dieser Beziehung. Ich bin keine Prostituierte, ich bin nie eine gewesen; ich gehe nur mit Männern, die ich auch gern habe, und wenn sie mit mir zusammenbleiben wollen, und wollen, daß ich mich um sie kümmere, dann bin ich auch bereit dazu, oder ich war es. Als ich in Holloway in Untersuchungshaft saß, sagte eine von den Wohlfahrtsleuten, daß ich eine professionelle Lebensgemeinschafterin sei; ich würde sagen, das stimmt. Wenn mir jemand Liebe und Zuneigung gibt und nett zu mir ist, dann führe ich ihm das Haus, und er kann dafür mit mir schlafen, wann immer er will.

Danach habe ich nicht mit dem Italiener zusammengelebt, sondern mit einem Mann, den ich kennengelernt hatte, als ich aus dem Erziehungsheim kam; ich habe fast zwei Jahre mit ihm zusammengelebt. Als ich siebzehn war, habe ich ein Kind von ihm bekommen, es war ein kleines Mädchen. Ihr Name war Stella, was soviel wie ›Stern‹ bedeutet. Ich habe sie zur Adoption freigegeben, als sie drei Wochen alt war; ich habe sie seitdem nie wieder gesehen oder etwas von ihr gehört.

Sie ist diejenige, die mich in zwei Wochen besuchen kommt. Sie wird jetzt dreiundzwanzig sein. Was geschehen ist, ist, daß ich vor ein paar Monaten einen Brief erhalten habe, worin stand, daß sie versucht hat, mich aufzufinden. Sie fragten mich, ob ich zustimme, daß ihr mein Name mitgeteilt wird und wo ich bin. Ich dachte, gut, sie ist erwachsen, und ich würde sie gern sehen, wenn sie mich sehen will, also sagte ich ›Ja‹. Ich dachte, daß ich vielleicht nichts weiter darüber hören würde, aber letzten Monat hat sie mir geschrieben und gesagt, sie würde mich gemeinsam mit ihrem Freund besuchen kommen.

Ich stelle mir vor, daß ich sehr schüchtern sein werde, aber heute ist es mit dem Erzählen gar nicht so schlecht gegangen, vielleicht wird das eine Hilfe für mich sein. Drücken wir mal die Daumen.

Nachdem mein Kind Stella geboren war, sagte ihr Vater, daß er nichts davon wissen will, er wollte nicht länger mit mir zu tun haben. Ich denke, der nächste Mann nach ihm war ein amerikanischer Soldat von einer dieser Armeebasen in East Anglia. Er war entweder ein Lieutenant oder ein Captain; ich habe ihn eines Abends in einer Kneipe getroffen, und er war sehr einsam, wie es viele von diesen Amerikanern sind. Er war verheiratet, und er hatte auch ein paar Kinder; er war sehr stolz auf sie, und er hat mir Fotos von ihnen gezeigt. Seine Frau ist nicht mit ihm nach England herübergekommen, ich denke, sie lebten getrennt, bevor er herkam. Seine Heimat war irgendwo im Süden, ich glaube, er sagte Missouri oder irgendwo dort. Am Anfang sprach er oft zu mir, daß er sich die Scheidungsunterlagen besorgen wird und alles, und wir würden heiraten und dann würde er mich mitnehmen, zurück nach Amerika, und zusammen würden wir ein neues Leben beginnen.

Es war die übliche Geschichte, man hört viel dergleichen zwischen Amerikanern und britischen Mädchen. Ich habe nie geglaubt, was er gesagt hat. Aber ich hatte auch nichts dagegen; ich denke, daß er es manchmal fast selbst geglaubt hat. Und es machte keinen Unterschied, ich habe mit ihm zusammengelebt. Versprechen hin, Versprechen her. Solange er höflich war und mich anständig behandelte, was er auch immer tat. Wir waren fast an die zwei Jahre zusammen; da sagte er eines Abends, daß er ehrlich zu mir sein müßte, er hätte eine andere kennengelernt, und sie sei Amerikanerin wie er, und er glaube, daß sie besser zueinander passen würden.

Ich muß gestehen, daß ich danach wirklich eine Zeit hatte, in der ich für eine Weile ziemlich durcheinander war. Ich habe ein oder zwei Jobs gehabt, etwa Glühlampen verpacken in einem Werk im Norden von London, Arbeit in einem Werk, wo Radioteile hergestellt wurden und etwas Gelegenheitsarbeit als Kellnerin. Manchmal war ich immer noch mit Männern zusammen, aber ich bin nie auf den Strich gegangen oder ein Callgirl gewesen; ich war keine, die für Geld und ein bißchen Spaß und dergleichen zu haben war. Was ich am meisten wollte, war Freundschaft, Gesellschaft, jemand, mit dem ich zusammen sein konnte; und ich war vollkommen zufrieden, wenn ich bloß vor dem Fernseher gesessen oder gekocht oder gebügelt habe, ich wollte nicht in teure Restaurants oder Clubs eingeladen werden. So habe ich alles in allem ein paar Jahre weitergemacht, den größten Teil meiner zwanziger hindurch. Manchmal gab es einen Mann, und wir haben uns eingerichtet und eine Weile zusammengelebt. Ich habe angefangen zu denken, daß es das vielleicht gewesen ist, es hätte wohl eines Tages sogar zu einer Heirat kommen können, dann würde es für einige Monate so gehen, dann würde er wieder weg sein, mit irgendeiner anderen. Ich würde dann wieder ein paar Monate allein sein, bis ein anderer einsamer Mann vorbeikommt, und dann würde ich das alles wieder durchmachen.

Ich habe nie richtig verstanden, was mit mir los war. Ich bin immer treu gewesen, ich bin eine gute Köchin, ich bin nie streitsüchtig, und ich habe einen guten, sauberen Haushalt geführt. Mein Sternbild ist Jungfrau, und man sagt, daß die immer gepflegt, sauber und ordentlich sind, nicht wahr; Aber ich habe anscheinend überhaupt kein Glück mit Männern gehabt. Manchmal habe ich daran zurückgedacht, und ich dachte, war es, weil ich so langweilig und gewöhnlich und nicht aufregend war? Ich denke auch nicht, daß ich jemals besonders gut im Bett gewesen bin; ich meine, ich nehme an, daß das sehr wichtig ist für einen Mann.

Schließlich endete ich seltsamerweise wieder in Bristol. Mein Vater und meine Stiefmutter lebten nicht mehr dort, aber ich hatte eine Tante, die ich gewöhnlich besuchte, die Schwester der Frau, die ich als meine Mutter angesehen habe. Sie hatte selbst eine schwere Zeit durchgemacht, so oder so, geschieden und wieder verheiratet und das alles; und sie und der neue Mann, den sie geheiratet hatte, waren im Gaststättengewerbe tätig, ein Restaurant und ein Club. Sie haben mir angeboten, daß ich für sie als Kellnerin und am Ausschank arbeite, und ich habe angenommen.

Zu der Zeit war ich fast dreißig; und ich muß gestehen,

weil es stimmt, um ehrlich zu sein, ich habe zu viel getrunken. Nichts Hochprozentiges oder Bier, das Zeug wurde Barley Wine genannt, ein Drink, der ganz schön stark ist. Ich war keine hilflose Alkoholikerin, aber ich habe seitdem darüber nachgedacht, und ich denke, daß ich auf dem besten Weg war, eine zu werden. Meine Tante war toleranter in bezug auf Unpünktlichkeit und so, als es manch anderer Arbeitgeber gewesen wäre. In einer Hinsicht hatte ich dort Glück, aber andererseits hätte jemand, der strenger gewesen wäre, mich vielleicht herausreißen können.

Doch alles in allem habe ich kein gutes Leben gelebt. Ich hatte dort, wo das Restaurant war, ein möbliertes Zimmer, aber ich habe zu viel Zeit in den verschiedenen Kneipen der Stadt verbracht. Ich hatte keinen festen Freund; es hätte vielleicht etwas geändert, wenn ich einen gehabt hätte. Aber ich fing an, weniger wählerisch zu werden, als ich es vorher war; ich muß ehrlich sein und auch das zugeben. Ich habe mich mit einem Dänen von einem der Boote getroffen, die gewöhnlich hereingekommen sind, und er war derjenige, der dem, was ich unter einem Freund verstand, am nächsten gekommen ist. Aber es war eine Art Hin-und-Her, ich habe ihn getroffen und bin mit ihm zusammen gewesen, wenn sein Boot da war, und dann war er wieder für einige Wochen fort.

Eines Abends erzählte mir ein Mädchen, mit dem ich befreundet war und das in einer Kneipe in der Stadt arbeitete, daß ein holländisches Boot eingelaufen ist. Sie sagte, daß etliche von diesen holländischen Seeleuten am späten Abend in die Kneipe auf einen Drink kommen, und sie fragte mich, ob auch ich kommen würde. Ich bin dort gegen neun Uhr vorbeigegangen, und da waren drei oder vier von den holländischen Seemännern in der Kneipe, alle sehr lustig und beim Trinken. Als Ausschankschluß war, fragten zwei von ihnen meine Freundin und mich, ob wir Lust hätten, mit ihnen zu den Docks auf ihr Boot zu gehen. Wir sagten ›Ja‹, und so haben wir alle zusammen ein Taxi genommen und sind losgefahren.

Als wir dort angekommen sind – wie es passiert ist, weiß ich nicht –, aber keiner von uns hatte Geld bei sich, um den Taxifahrer zu bezahlen. Er sagte, er werde am Kai bleiben, bis er es bekommen würde. Der Holländer, mit dem ich zusammen war, sprach so gut wie gar kein Englisch, aber er schien zu sagen oder ich dachte, daß er es sagte, er hätte englisches Geld in seiner Kajüte und wir würden gehen und es holen. Es gab da nur eine Art schmalen Laufsteg zwischen dem Dock und dem Boot, und er hat damit angefangen, mich hinüber zu ziehen. Meine Freundin und ihr Freund, der andere Holländer, sind beim Taxi geblieben und haben auf uns gewartet. Dann, auf halbem Weg auf dem Laufsteg, haben wir, der Holländer, der eine Menge getrunken hatte und ich ebenso, es gemeinsam fertiggebracht, meine Handtasche zur Schiffsseite hin ins Wasser fallen zu lassen. Aber schließlich sind wir rübergekommen, und wir sind ein Stückchen auf dem Deck des Bootes entlanggegangen; dann sind wir in einen kleinen Korridor abgebogen. Einige Türen weiter war seine Kajüte, und als wir dort entlanggingen, war eine der anderen Türen offen, drinnen hat Licht gebrannt. Ich konnte erkennen, daß es die Küche des Schiffs war, ich denke, sie nennen es die Kombüse.

Als wir in die Kajüte des Mannes kamen, hat er damit angefangen, Hemd und Hose auszuziehen, und er versuchte, mich auf seine Koje zu zerren. Ich weiß, ich war betrunken, aber ich war nicht so betrunken, daß ich bereit gewesen wäre zu tun, was er wollte, dort und in dieser Art und Weise. Ich hatte nicht den Taxifahrer vergessen und auch nicht die anderen beiden, die auf der Kaiseite warteten. Ich fing an, ihn anzuschreien ›Geld, Geld!‹, ich meinte für das Taxi. Er begann zurückzuschreien: daß ich eine Hure und ein Flittchen sei, und er würde mir hinterher Geld geben, aber nicht vorher.

Ich kann nur sagen, daß ich niemals etwas derartiges in meinem Leben getan habe, nicht einmal so etwas, wie jemand zu schlagen. Ich habe mich umgedreht und bin zur Kombüse gegangen, bin aber wieder zu der Kajüte zurückgekommen. Als ich hereinkam, lag er lediglich in seinen Unterhosen auf dem Rücken in seiner Koje, und seine Augen waren geschlossen, und er schnarchte. Doch er hat nur vorgetäuscht, daß er schläft; als ich mich über ihn beugte, um nach ihm zu sehen, öffnete er plötzlich seine Augen und grapschte nach mir. Ich habe das Messer hinter meinem Rücken vorgenommen, wo ich es gehalten hatte, und habe auf ihn eingestochen. Ich war vollkommen kalt; ich habe weiter auf ihn eingestochen, sechsmal insgesamt, fünfmal in seine Brust und einmal in seinen Hals.

Er gab keinerlei Geräusch von sich, er schnappte bloß nach Luft, das war alles, und er hat dagelegen, mit starrem Blick. Auf einem Regal bei seiner Koje lag seine Brieftasche. Ich habe etwas Geld herausgenommen, zwei Fünf-Pfund-Noten waren es, glaube ich. Dann bin ich zurück auf das Bootsdeck gelaufen und habe das Messer über Bord gleiten lassen und bin über den Steg zurück zum Taxi gegangen. Ich war nicht betrunken: was ich getan hatte, hat mich vollkommen nüchtern werden lassen. Es war nur noch der Fahrer da, ich weiß nicht, wohin meine Freundin und ihr Typ gegangen waren. Ich habe ihm die Fünf-Pfund-Noten gegeben und ihn gebeten, mich zu einem Motel zu bringen, wo ich später den Dänen treffen wollte. Als ich dort angekommen war, bin ich in unser Zimmer gegangen, und er war bereits im Bett und hat geschlafen. Ich habe mich ausgezogen und zu ihm ins Bett gelegt, und ich habe ihn gebeten, mich zu lieben, aber er hat fest geschlafen.

Es tut mir leid. Wirklich. Es tut mir so leid.

Es tut mir leid wegen gestern. Ich danke Ihnen, daß Sie mir die Zigaretten dagelassen haben. Ich habe lange nicht mehr darüber gesprochen. Jemand hat mir gesagt, daß ich es tun sollte, öfter darüber sprechen und weinen. Doch Tränen zählen nicht, oder? Man kann niemand wieder lebendig machen. Es ist furchtbar, nicht? Ich weiß nicht einmal, wer er war. Er hatte wahrscheinlich eine Frau und womöglich auch Kinder, und eines Tages mußte jemand zu ihr gehen und ihr sagen, daß er ermordet aufgefunden wurde auf dem Boot, auf dem er arbeitete, daß er in Unterhosen auf seiner Koje gelegen hat, erstochen von einer englischen Prostituierten in Bristol.

Doch heute werde ich nicht wieder deswegen weinen. Ich muß jetzt mehr über die Zukunft nachdenken, nicht? Meine Tochter wird in der nächsten Woche kommen, das ist etwas, weshalb ich sehr aufgeregt bin. Ich habe nicht gedacht, daß ich es sein würde, wissen Sie, es ist komisch: ich habe zu mir selbst gesagt, ich werde ruhig und gelassen sein, nicht zuviel Bedeutung hineinlegen. Es wird keine sehr angenehme Erfahrung für sie sein, oder vielleicht doch? Dein ganzes Leben lang weißt du nicht, wer deine Mutter ist oder irgend etwas über sie, dann, wenn du es endlich herausgefunden hast, sitzt sie im Gefängnis und verbüßt eine lebenslange Haftstrafe wegen Mord. Ich denke doch, daß ihr Freund sich deswegen sicherlich auch ziemlich eigenartig fühlen wird. Ich hoffe, ihm fällt hinterher nicht ein, daß er nichts mehr mit ihr zu tun haben will. In ihrem Brief hat sie mir nicht viel von ihm erzählt; alles, was sie schrieb, war, daß sie im Juni heiraten werden, sie hofft, daß ich ihn leiden kann, sie ist sicher, daß ich ihn gern haben werde. Ich hoffe, daß er ein netter, freundlicher Mensch ist; ich denke doch, daß sie so einen verdient hat.

Ich weiß nicht, wieviel ich ihr über meinen Fall erzählen soll, über meinen Prozeß und alles. Ich nehme an, das Beste wird sein, abzuwarten und zu sehen, was sie wissen will. Ich frage mich, ob sie so ein Mensch sein wird, zu dem ich hin und wieder Verbindung haben kann, Weihnachts- und Geburtstagskarten und dergleichen. Ich bin so gewesen, daß ich von meiner eigenen Mutter überhaupt nichts wissen wollte. Sie hatte mich gehabt, und sie hat mich weggegeben, so habe ich es gesehen; ich wollte nicht wissen warum oder wofür, ob sie vielleicht in Schwierigkeiten war oder irgend etwas anderes. Meine Tochter ist also nicht wie ich, wird sie so sein?

Eine Sache, die ich mir überlegt habe, ist, daß ich ihr nicht eine Unmenge von Fragen, alle auf einmal, stellen werde. Wenn sie es ist, die mir die Fragen stellt, dann werde ich jede einzelne so umfassend und ehrlich beantworten, wie ich kann. Ich werde nach keinerlei Rechtfertigung für mich suchen, nicht eine. Wenn sie das will, dann ist es für sie, nicht für mich. Und ihr Leben, ich überlasse es ihr, mir zu erzählen, was sie will und wann sie es will; ich habe kein Recht, ihr irgendwelche Fragen zu stellen. Dasselbe ist es damit, ob sie in Verbindung bleiben will oder nicht, sie wird diejenige sein müssen, die das entscheidet. Ich bin nicht mit ihr in Verbindung geblieben, also bin ich auch nicht diejenige, die es zu entscheiden hat, oder? Ich könnte gut verstehen, wenn sie das nicht will.

Was aber sehr schön wäre, wenn es sich ergeben würde, ist, wenn sie etwas sagt, das mir das Gefühl gibt, daß sie mich vielleicht eines Tages als eine wirkliche Bezugsperson für sie ansehen könnte. Wenn so etwas passiert, das würde mich sehr freuen. Ich kann nicht sagen, wie das aussehen soll; ich bin nicht sonderlich klug, ich bin nicht sehr gut mit Worten. Vorige Woche habe ich versucht, einen Brief an eine Freundin zu schreiben, die erst seit kurzem wieder draußen ist. Aber ich konnte überhaupt nicht ausdrücken, was ich wollte, anscheinend wußte ich nicht, wie ich die Dinge in Worte fassen soll.

In Ordnung. Lassen Sie mich eine Minute nachdenken. Ich will sehen, ob ich einen Weg finde auszudrücken, was ich über meine Tochter zu sagen versucht habe, nämlich das Gefühl zu bekommen, eine wirkliche Bezugsperson in ihrem Leben zu sein. Ja, ich weiß, was vielleicht ein Beispiel sein könnte: sagen wir mal, wir würden uns unterhalten, sie sagt ein Wort, ein ganz gewöhnliches und natürliches, vielleicht bemerkt sie nicht einmal, daß sie es gesagt hat. Also, was es sein würde, wäre nur ein liebes Wort: zum Beispiel wenn sie mich einmal ›Mum‹ nennen würde. Nur einmal, ohne auch nur darüber nachzudenken. Ich bin sicher, daß sich das verrückt anhört, aber es kommt der Sache am nächsten.

Soll ich Ihnen erzählen, was ich von ihr wissen will, eine Sache vor allem. Sie werden womöglich denken, daß es verrückt ist. In meinem ganzen Leben, ich weiß nicht, woher ich das habe, aber ich habe immer Gitarrenmusik geliebt. Es gibt da jemand, der heißt Segovia, nicht? Ich bin nicht musikalisch, ich kann nicht singen oder irgend etwas selbst spielen, ich kenne nicht eine Note. Aber sobald ich ein schönes Musikstück auf der Gitarre gespielt höre, habe ich immer das Gefühl, daß ich das wirklich gern selbst können möchte. Es gibt da noch einen anderen, ich glaube, sein Name ist John Williams. Manchmal höre ich ihn im Radio, und es ist wunderschön, er ist der Beste, den es gibt. Wäre es nicht lustig, wenn meine Tochter das auch in sich haben würde? Ich frage mich, ob sie es hat. Man macht sich in Gedanken ein Bild von einem Menschen, nicht wahr? Doch man sollte das nicht tun, weil man sich nur selbst enttäuscht, wenn es dann nicht so ist. Sie hat mir ein kleines Foto von sich geschickt: so eins, das man vom Automaten bekommt, man zieht den Vorhang zu, steckt Geld rein und er fotografiert einen. Vom Bild her könnte ich nicht viel über sie sagen, sie schrieb, daß es kein sehr gutes Foto ist. Und sie hat überhaupt keine Vorstellung, wie ich aussehe. Vielleicht denkt sie, daß ich Vampirzähne habe und Hörner, die aus meinem Kopf wachsen.

Oje, das ist wohl genug jetzt, über mich und meine Tochter, nicht wahr? Ich sage mir dauernd, daß ich aufhören soll, daran zu denken, aber man kann nichts machen. Gestern zur Tee-Zeit, jeder war lustig und lachte, aber ich sah ein Mädchen an, die etwa im selben Alter wie Stella gewesen sein wird; ich habe gedacht, es wäre am besten, wenn ich schreiben und sagen würde, daß ich es mir überlegt habe und daß es vielleicht besser wäre, wenn sie doch nicht käme. Ich weiß nicht, was mich getrieben hat, so zu denken. Das Mädchen hat geflucht und benutzte eine Menge schlechter Wörter und dergleichen. Ich meine, ich habe das auch gemacht, es ist einfach, an solchen Plätzen so zu werden. Aber ich habe gedacht, ich könnte es nicht leiden, wenn Stella sich so aufführen würde; das ist nicht sehr vernünftig von mir, nicht wahr?

Oh, da ist die Aufforderung zum Tee, ist es schon so spät? Es tut mir leid, anscheinend habe ich heute kaum über irgend etwas gesprochen, außer daß meine Tochter kommt. Da waren Sachen, die ich über das Gefängnisleben erzählen wollte, aber anscheinend habe ich nicht viel darüber gesprochen. Das nächste Mal dann, ja?

Nein, ich habe es nicht gemacht, es war nur Panik. Ich habe es gelassen, wie es ist. Ich habe sie nicht ausgeladen, sie werden also am Sonntag kommen, übermorgen. Ich habe heute morgen einen Brief von ihr bekommen, der es nochmal bestätigt und worin steht, daß sie sich darauf freuen. Sie werden den ganzen Weg von London bis hier noch mit seinem Auto fahren, es ist ein langer Weg für sie, nicht wahr? Ich bin gespannt, was es für ein Auto ist, vielleicht hat er eine sehr gute Arbeit? Sie schrieb, daß er ein Inder ist, die arbeiten hart, nicht wahr? Doch nichts mehr von meiner Tochter diesmal, ich werde nicht darüber reden oder auch bloß daran denken. Drücken Sie mir nur die Daumen für Sonntag, ja?

Alles in allem hat das Gefängnis mein Leben in jeder Hinsicht verändert. Sie werden denken: Es ist seltsam, jemand das sagen zu hören, aber in gewisser Weise ist es die beste

Zeit meines Lebens gewesen, vor allem, seit ich hierher gekommen bin. Zuallererst war ich in Holloway, dann kam ich in den Frauenflügel in Durham, dann in das halboffene Gefängnis in Styal für drei Jahre, vor drei Jahren kam ich schließlich hierher. Es ist vollkommen offen, aber ich habe nichts Dummes angestellt, wie etwa weglaufen, als ich noch Kind im Erziehungsheim war. Ich bin dankbar für das, was für mich getan worden ist, ich habe mich die ganze Zeit hindurch ordentlich benommen, und es ist abgegolten, weil ich jetzt meinen Entlassungstermin weiß, auch wohin ich gehen werde und, in gewissem Maße, wie meine Zukunft aussehen wird.

Wie auch immer, es ist doch furchtbar, so etwas zu sagen, nicht wahr; es war einzig auf Kosten des Lebens von jemand anderem, daß ich letztlich mit meinem Leben klar gekommen bin. Er ist gestorben, ich habe ihn umgebracht, und das ist etwas, womit ich leben muß, damit, daß ich einen Mann ermordet habe. In der Art und Weise, wie ich gelebt habe – ich schätze, daß ich ohne weiteres so hätte enden können und daß ich diejenige gewesen wäre, die umgebracht wurde. So hört man es öfter, nicht wahr, Frauen gehen mit Männern, die sie nicht kennen und werden ermordet.

Es gibt zwei wichtige Dinge, die mir durch das Gefängnis klar geworden sind. Das erste ist: wenn das, was geschehen ist, nicht geschehen wäre – ich bin mir ziemlich sicher, daß ich als Alkoholiker geendet hätte, vielleicht wäre ich von dort noch tiefer gesunken. Drogen, Prostitution und was weiß ich, was alles danach. Wenn du im Gefängnis Probleme hast, gibt es immer Leute, zu denen du gehen und mit denen du reden kannst; ich weiß nicht, ob es dasselbe im Männergefängnis ist, aber ich kann mir vorstellen, daß es dort zu viele sind, um sich einzeln um sie zu kümmern. Aber im Frauengefängnis, irgend jemand hat immer Zeit, sich mit dir hinzusetzen, dir zuzuhören und zu versuchen, dir zu helfen, damit du mit den Dingen ins Reine kommst. Sie wollen dir helfen; sie versuchen es wirklich, und ich würde sagen, daß sie meistens gute Arbeit leisten. Ich denke aber, daß man ein gewisses Alter haben muß, bevor man davon profitieren kann. Es gibt viele von diesen jungen Mädchen, die hart sein wollen; und sie sind hart, einige von ihnen sehr, sehr hart. Ich denke, das ist traurig, sie wissen nicht, was sie sich selbst antun. Aber was es auch immer ist, es ist nicht gut. Ich glaube, man muß sich daran erinnern, daß sie selbst ein hartes Leben hatten, andernfalls würden sie nicht hier sein. Eine oder zwei von ihnen sprechen manchmal mit mir, weil ich eine ältere Frau bin; vielleicht ein bißchen mütterlich, und sie glauben, daß ich erfahrener bin als sie. Ich bin es nicht, in vielerlei Hinsicht bin ich genau so dumm, wie sie es sind. Ich wünschte, daß ich einigen von ihnen mehr helfen könnte, einige sind im Herzen anständige Mädchen. Ich habe keine Ausbildung für solche Dinge; man braucht eine Ausbildung, und um die zu bekommen, muß man geschickt und intelligent sein, was ich nicht bin.

Die andere Sache, die mir durch das Gefängnis klar geworden ist, ist eine sehr persönliche Sache. Ich bin dadurch wach geworden, so könnte man wohl sagen, das ist etwas, was ich mein ganzes Leben hindurch nie bemerkt habe, bis jetzt. Gewöhnlich dachte ich, daß etwas mit mir nicht stimmt, aber ich hatte keine Ahnung, was es war. Erst jetzt, sehr spät in meinem Leben, habe ich es herausgefunden. Vielleicht ist es noch zu zeitig, das schon mit Sicherheit zu sagen, aber ich habe ein Fenster aufgestoßen, vielleicht ist es sogar eine Tür.

Es hat angefangen, als ich in Styal war. Dort hatte man wirklich ein gewisses Maß an Freiheit: man lebt in Gruppen in verschiedenen Gebäuden, sie nennen sie Häuser. Am Abend geht man in die Gemeinschaftsräume und setzt sich vor den Fernseher oder spielt Karten oder legt eine Schallplatte auf. Normalerweise war es dort zu lebhaft und zu laut für mich, also bin ich immer in einen der Nebenräume gegangen und hab' mich am Kartenspiel beteiligt oder habe herumgesessen und mit den anderen geschwatzt. Ich war keine, die sich schnell mit jemand anfreunden konnte, ich denke, ich hatte den Ruf, hochnäsig zu sein, eine, die weder mit Leuten bekannt werden noch von Leuten gekannt sein wollte.

Es war mehr oder weniger immer dieselbe Gruppe von Leuten in dem Raum: sechs oder sieben, im großen und ganzen immer dieselben. Ich war dort bei weitem die Älteste. Eines Abends gegen neun Uhr oder so steckte eine der Aufseherinnen den Kopf zur Tür herein, um uns wie üblich zu sagen, daß Schlafenszeit sei; dann, als sie weggegangen war, haben wir, wie üblich, damit begonnen, die Karten beiseite zu legen und die Tische abzuräumen. Ich legte die Karten in einen Wandschrank; als ich mich umdrehte, war da ein Mädchen aus der Gruppe, sie war gekommen und stand hinter mir. Sie war sehr jung, etwa zwanzig, es war ein farbiges Mädchen und ihr Name war Barbara. Sie erregte keinerlei Aufmerksamkeit, ich denke, die anderen hatten den Raum verlassen und hatten nichts bemerkt. Sie legte die Arme um mich und küßte mich direkt auf den Mund, auf meine Lippen; sie flüsterte ›Gute Nacht, Carol, du Liebe‹, dann drehte sie sich um und ging hinaus.

Das Gefühl, das ich hatte, hat mich vollkommen umgehauen. Es kam so unerwartet, keine Frau hat jemals so etwas mit mir gemacht, ich stand einfach da, in meinem Kopf ein totales Durcheinander. Und was ich so überwältigend daran gefunden habe, war, daß ich mich nicht abgestoßen fühlte oder dachte, daß sie das nicht tun sollte: Ich habe es ungeheuer aufregend und aufrüttelnd gefunden, ich war erregt.

Am nächsten Abend waren wir wieder im gleichen Raum, dieselbe Gruppe, wir spielten Karten, genau in derselben Art und Weise. Barbara war vollkommen gleichgültig, sie schwatzte und lachte mit jeder, wie sie sonst auch immer getan hatte. Ich saß da und fühlte mich wie Wackelpeter, mein Magen drehte sich wie wild, ich konnte meinen Blick nicht von ihr abwenden. Nach einer Weile mußte ich die Karten hinlegen, ich konnte nicht mehr weiterspielen; ich sagte, daß ich mich nicht gut fühle, daß ich ins Bett gehen werde. Ich bin aufgestanden und hinausgegangen, und ich nehme an, daß ich gehofft habe, daß sie mir hinterherkommen würde, aber sie ist nicht gekommen. Ich glaube, sie hat nicht einmal den Kopf gehoben.

Ich fühlte mich so, als ob das, was geschehen war, ein Traum gewesen ist, ich hatte mir alles wohl nur eingebildet. Doch ein oder zwei Tage später habe ich herausgefunden, daß es nicht so war, es stimmte wirklich. So wurden wir ein Paar, wir hatten eine richtige Liebesbeziehung. Ich wußte, daß es nur von kurzer Dauer sein konnte, denn Barbara hatte nur noch wenige Wochen, bis ihre Strafe abgelaufen war und sie rauskommen würde. Als sie freigekommen ist, habe ich mir dadurch nicht das Herz brechen lassen; es war vor allem nur eine körperliche Liebesbeziehung, und sie hat mir Freude gebracht. Ich habe sie nie wieder gesehen oder von ihr gehört seitdem, aber es bedrückt mich nicht; ich werde ihr immer sehr, sehr dankbar sein für das, was sie getan hat, was bedeutet, daß sie mich aufgeweckt hat, sexuell.

Es war etwas, wovon ich nie eine Vorstellung hatte, daß es passieren oder daß es das überhaupt zwischen Frauen geben kann.

Ich habe immer gedacht, die Vorstellung, daß zwei Frauen miteinander schlafen, ist eine sehr eigenartige. Jetzt denke ich nicht mehr so, es ist überhaupt nicht eigenartig; was ich jetzt genau weiß, ist, daß ich niemals daran denken könnte, es wieder mit einem Mann zu machen. Ich habe es immer so empfunden, zumindest bei solchen, mit denen ich zusammen war, daß sie sich gar nicht um das Vorspiel bemüht haben, um einen ein bißchen anzumachen. Alles was sie wollten, war ihr eigener Höhepunkt, sobald sie ihn gehabt haben, war's das gewesen. Während mit einer Frau, so wie sie Freude daran haben, es ihr zu geben, so genießen sie auch, es zu bekommen. Ich kann jetzt sehr erregt und vollkommen hemmungslos beim Sex sein; in anderer Hinsicht bin ich überhaupt nicht so, normalerweise bin ich ein Mensch, der sehr, sehr scheu ist, wie ich schon sagte. Ich weiß nicht, ob Männer das verstehen, ich glaube, viele von ihnen denken, daß es eklig ist. Aber jetzt ist es mir egal, ob sie das verstehen oder nicht. Ich weiß, was ich vom Sex haben will und auch vom Leben, und ich werde bleiben wie ich bin, für immer.

Ja, es gibt einen besonderen Grund, das zu sagen. Ich hoffe, mit dem, was ich Ihnen erzählt habe, habe ich nicht den Eindruck erweckt, daß ich erst jetzt herausgefunden habe, was ich bin, nämlich eine Frau, die wie verrückt auf Sex aus ist. Das bin ich nicht. Ich habe zwei kurze Liebesbeziehungen gehabt, das ist alles. An solchen Orten hat man kaum die Möglichkeit für etwas anderes, aber ich meine damit nicht, weil hier keine Männer sind, sondern weil es hier dafür, wie es mit Barbara war, keine Chance für etwas länger Dauerndes gibt.

Sehen Sie, in dieser Hinsicht bin ich in einer sehr glücklichen Lage: denn was ich gehabt habe und immer noch habe, ist eine Beziehung, die schon lange dauert. Es geht bereits über ein Jahr, und es hält immer noch. Es gibt da eine andere Strafgefangene, die im vergangenen Sommer, am Anfang, reingekommen ist, und wir sind ineinander verliebt. Es ist sehr tief und wirklich ernsthaft, und wir beide fühlen dasselbe. Wir beide sind uns sicher, daß es viel mehr ist, als nur eine Liebesaffäre im Gefängnis, und es wird wirklich weitergehen. Man kann nicht sagen ein Leben lang, das kann man nie bei solchen Dingen sagen; egal, es bringt Unglück, so etwas zu sagen, das würde heißen, das Schicksal herauszufordern. Aber wir haben darüber gesprochen, immer wieder. Ich denke, uns ist klar geworden, was es bedeutet, und wir haben uns dafür entschieden, daß wir zusammenleben werden, wenn wir beide raus sind. Es ist nicht nur eine Bettgeschichte; das ist ein Teil davon, ein wichtiger Teil; aber wir reden auch miteinander, wir teilen, wir haben keine Geheimnisse voreinander, wir lieben uns und was noch wichtiger ist, wir haben uns auch gern.

Sie ist vor zwei Monaten raus. Sie hat bereits eine Sozialwohnung für uns gefunden, und wir schreiben uns jede Woche Briefe. Vergangenen Monat hat sie mir Blumen zu meinem Geburtstag geschickt, und wir beide sehen es gelassen und vernünftig. Es gibt Schwierigkeiten damit, wieviel man einander in Briefen sagen kann, wenn eine von beiden noch im Gefängnis ist; es wird wahrscheinlich auch Probleme geben, für sie eine Erlaubnis zu erhalten, daß sie herkommen und mich treffen kann, auf einen Besuch, man ist nicht begeistert, wenn ehemalige Gefangene das machen. Trotzdem, wir versuchen es, und wir sind beide froh darüber, und wir drücken die Daumen, daß es am Ende gut ausgeht.

›Es war sehr nett von Ihnen, daß Sie mir die Kassette geschickt haben, auf der John Williams diese wunderbare Musik spielt. Eins von den Mädchen hat einen Recorder, sie leiht ihn mir, so daß ich sie mir anhören kann. Es ist wunderbar. Vielen Dank. Der Besuch meiner Tochter ist richtig gut gelaufen, und ihr Breutigam (wenn das so richtig geschrieben ist) scheint ein angenehmer junger Mann zu sein, und beide mögen sich sehr. Sie hat gesagt, daß sie gern mit mir in Verbindung bleiben möchte, sie hat mir ihre Adresse gegeben, wo sie leben werden, wenn sie verheiratet sind. Es wird in London sein, so kann ich vielleicht irgendwann einmal hinfahren und sie treffen. Drücken Sie mir die Daumen. Nochmals vielen Dank, daß Sie mir die Kassette geschickt haben.

Mit freundlichen Grüßen, Carol.XX‹

VIERTES GESPRÄCH

PAUL ARROWSMITH
EIN VÖLLIG GEWÖHNLICHER DURCHSCHNITTSMENSCH

Er ist so ein völlig gewöhnlicher Durchschnittsmensch, sagte sein sein Bewährungshelfer; wenn man ihn trifft und mit ihm spricht, könnte man sich wahrscheinlich nicht vorstellen, daß da überhaupt irgendein Unterschied im Vergleich zu jemand anderem ist. Er ist ein Mörder, bloß auf Bewährung aus dem Gefängnis entlassen, nicht einmal ein Jahr bis jetzt. Wenn man das jemand erzählen würde, der neben ihm im Bus sitzt, er würde es nicht glauben, er würde lachen und sagen, daß man ihn auf den Arm nimmt.

Groß, gut gebaut, blasser Teint und kurzes blondes Haar, hellbraune Augen; er trug ein ausgeblichenes, blaugestreiftes T-Shirt, alte Jogging-Schuhe und geflickte Jeans. Im Büro saß er in einem Drehsessel, den er langsam hin und her drehte, während er sprach, seine Arme hielt er hoch, die Hände hinter dem Kopf verschränkt.

Am vergangenen Sonnabendmorgen bin ich, ich nehme an, gegen sieben Uhr, in dieser kleinen Dorfkneipe, in der wir gewesen sind, aufgewacht, Jennifer hat noch tief geschlafen. Ich hab' gedacht, daß ich sie besser nicht aufwecke, wegen der langen Fahrt hier herauf, die sie in der Nacht davor hatte machen müssen. Ich hab' mich angezogen und bin runtergegangen und niemand weiter war wach, es war keine Menschenseele in der Eingangshalle oder an der Bar zu sehen. Da habe ich die Eingangstür aufgeschlossen und bin rausgegangen, und draußen war alles frisch und klar in einem schönen, strahlenden Sonnenschein. Ich bin die Straße runtergelaufen, bis ich an eine kleine Brücke gekommen bin; ich bin rübergegangen und habe den Weg am Fluß entlang genommen. Durch einen Wald, in dem Vögel gesungen haben, über eine Weide, auf der Schafe gewesen sind, einen Berg hoch und auf der anderen Seite wieder herunter. Und dann bin ich ans Ufer gekommen, am Ende von Derwentwater, glaube ich: eine fantastische Sicht, ich habe nie in meinem Leben so etwas gesehen. Der Himmel war blau, es gab nicht eine Wolke, man konnte die Luft förmlich schmecken. Die war so klar und sauber, daß man dachte, man könnte sie beinahe trinken. Die Berge auf der anderen Seite vom See hatten verschiedene Farbtöne von Grün und Braun und Grau, und die spiegelten sich alle im Wasser, das glatt und still war und im Sonnenlicht glitzerte. Eins der schönsten Stückchen Landschaft, die ich je gesehen habe, genau wie im Bilderbuch, es war absolut fantastisch.

Aber ich fühlte mich einfach schlecht, und ich habe angefangen zu zittern und zu schwitzen. Weil ich plötzlich dachte, großer Gott, was werde ich bloß am Dienstag sagen? Und wie kann ich es sagen, ohne daß es klingt, als ob ich völlig kaltblütig und herzlos bin, wie kann ich denn in irgendeiner ruhigen oder distanzierten Art und Weise reden, wie auch immer, ohne daß es so scheint, als ob ich überhaupt keine menschlichen Gefühle habe.

Es hat mich das ganze Wochenende nicht losgelassen. Sowohl am Sonnabend als auch am Sonntag war das Wetter absolut toll, und wir sind viel herumgefahren. Jennifer hat an verschiedenen Plätzen angehalten, so daß wir aussteigen und spazierengehen konnten. Hin und wieder hat sie gesagt, wie schön es ist und daß es noch niemals zuvor so wunderbar ausgesehen hat. Ich war ein furchtbarer Reisebegleiter, ich habe in den ganzen zwei Tagen kaum ein Wort gesprochen. Sie weiß, daß ich schlimme Momente von Depressionen habe und versteht das, wie üblich hat sie also nicht um Erklärungen gebeten, wollte nichts von mir wissen und fragte nicht warum. Aber alles, woran ich denken konnte, war, wie der heutige Tag ständig nähergerückt ist. Ich habe immer wieder überlegt, großer Gott, wie in aller Welt werde ich die Worte finden.

Egal jetzt, egal, ist egal: jetzt sind wir hier, und heute ist heute. Ich wollte das doch vorher sagen, um es loszuwerden. Also dann, ja gut, lassen Sie uns anfangen.

Anfangen wo ich will? In Ordnung, ich bin fünfunddreißig, etwa sechs Fuß groß, setze ein bißchen um die Hüften herum an, ich habe blondes Haar und grün-braune Augen, ich trage ein altes T-Shirt und alte Jeans und ein Paar kaum vorzeigbare Laufschuhe. Ich bin Angestellter in einem Büro, und heute habe ich einen Tag frei. Wenn ich auf Arbeit bin, trage ich ein Kragenhemd und Schlips und Anzug, was ich hasse, denn ich bin nicht an solche Kleidung gewöhnt, und sobald ich kann, wenn ich heimkomme, ziehe ich mir bequemere alte Sachen an, wie die hier. Ich bin jetzt seit zwei Jahren aus dem Gefängnis; oder ich bin seit fünf Monaten raus, das hängt davon ab, was man unter Drin-Sein versteht. Vor zwei Jahren war ich noch im Gefängnis, aber für den Rest meiner Zeit bis zu meinem Entlassungstermin bin ich in ein Wohnheim zum Arbeitstraining gekommen. Ich bin jeden Tag vom Wohnheim zur Arbeit gegangen und dann am Abend zurück; dann, vor fünf Monaten hat man mich gänzlich rausgelassen, und ich bin vom Wohnheim in eine eigene Bude umgezogen.

Jetzt bin ich ins Stocken gekommen. Ich weiß nicht, ob dieses ganze Gefängnis- und Wohnheim-Zeug von irgendeinem großen Interesse ist, also werde ich etwas anderes versuchen. Arbeit. Dort, wo ich arbeite, bin ich Angestellter in einem Büro einer kleinen Maschinenbaufirma; es wird nicht sehr gut bezahlt, aber es ist leichte Arbeit, Papiere herumschieben, Rechnungen, ein paar Akten ordnen und ähnlicher Kram. Die Leute vom Gefängnis haben mir als erstes den Job besorgt, als ich das erste Mal ins Wohnheim verlegt wurde. Im Büro sind sechs Leute: der Manager, ein Mann, der etwa fünfzig und für alles verantwortlich ist, vier verheiratete Frauen, die Halbtagskräfte sind und ich selber. Wer von den Leuten, mit denen ich zusammenarbeite, weiß, woher ich komme und was meine Vergangenheit, daß ich ein Lebenslänglicher bin und so weiter – ich habe keine Ahnung. An manchen Tagen denke ich, daß keiner von ihnen etwas weiß, jeder ist lustig und freundlich und vollkommen natürlich; an anderen Tagen scheint eine Atmosphäre im Büro zu herrschen, die vielleicht etwas mit mir zu tun hat oder vielleicht auch nicht. Das ist einer der Langzeiteffekte, wenn man ein Lebenslänglicher ist: Wenn die kleinste Kleinigkeit daneben geht oder jemand ist dir gegenüber ein bißchen feindlich – dein erster Gedanke ist immer, daß es an dir liegt. Sie können das Kainsmal an deiner Stirn sehen. Oder ist es Abel? Nein, ich glaube, ich hatte es richtig beim ersten Mal, es ist Kain.

Großer Gott, was fasele ich denn da? Mein Bewährungshelfer hat einmal zu mir gesagt, daß ich redselig, aber nicht schwatzhaft bin. Jede Woche melde ich mich hier bei ihm. Außer meiner lebenslänglichen Haftstrafe habe ich kein früheres Verbrechensregister. Nein, um ganz korrekt zu sein, sollte ich sagen, daß ich doch eine Straftat begangen habe, aber sie ist kaum ernst zu nehmen, nur eine Jugendstraftat. Oder, um vielleicht noch korrekter zu sein, sollte ich sagen, daß nur ich derjenige bin, der sagt, daß es keine sehr ernsthafte gewesen ist: Jemand anderes wird es vielleicht anders sehen. Es war vor neunzehn Jahren, als ich sechzehn war. Wie viele Jugendliche in dem Alter war auch ich ein bißchen ein Rowdy, als ich mit Kumpels in einer Gang zusammen war. Wir alle waren in Motorräder vernarrt, und es gab nichts anderes als Motorräder, wenn ich gelebt, geträumt, geschlafen, gegessen, gedacht habe. Schließlich wurde ich geschnappt, wegen Fahren ohne Nummernschild, dann, eine Woche später, weil ich eins geklaut und ohne Zulassung oder Versicherung oder dergleichen gefahren habe, und ich endete für drei Monate in einer Jugendstrafanstalt, gefolgt von drei Jahren Bewährung. Der Bewährungshelfer war in Ordnung, und er setzte mir vernünftige Dinge in den Kopf: Er hat mich dazu gebracht, daß ich Fahrstunden genommen habe und daß ich meine Fahrprüfung mit einem Lieferwagen bestanden habe, dann brachte er mich in einem Lehrgang unter, damit ich mich zum Fernsehmechaniker qualifiziere, und danach hat er für mich einen Job in einem der Fernsehverleih-Geschäfte gefunden. Ich war ein jugendlicher Straftäter, der das Falsche an seiner Lebensweise eingesehen hatte, mir wurde eine Chance gegeben, ich habe zugegriffen und was Gutes daraus gemacht. Das war das Ende des jugendlichen Straftäters.

Gott, ich tue mich wirklich ganz schön schwer mit dem Ganzen. Egal: was ich versucht habe zu sagen, ist, daß abgesehen von dem einen Beispiel, das man in gewisser Hinsicht den gewöhnlichen Lauf der Dinge einer Jugendstraftat nennen kann, daß es nichts in meiner Vergangenheit gibt, was als Hinweis gelten könnte auf das, was noch kommen sollte. Ich habe einmal ein Buch gelesen, als ich noch im Gefängnis war – im Gefängnis hast du eine Menge Zeit zum Lesen – es handelte von Leuten, die Morde begangen haben, und darin wurde gesagt, daß es in fast jedem Fall eine Art Unvermeidlichkeit gab, die im früheren Leben begründet lag und die dann zu dem führte, was sie getan hatten. Man hat es kommen sehen. Ich glaube nicht, daß das in meinem Fall richtig war: Die Brutalität war nicht zu erahnen gewesen, könnte man vielleicht sagen, in keinster Weise. Deshalb war es auch, daß es wie ein Schock gekommen ist und weshalb es immer noch ein Schock bleibt, ich meine für mich. Jetzt, dreizehn Jahre danach, wenn ich darauf zurückblicke, ich kann es noch immer nicht begreifen. Es war wie etwas, das jemand anderem passiert, und ich sehe mich selbst fragen: ›Wie konnte er das bloß tun?‹ Erst dann wird mir bewußt, dieser ›er‹, auf den ich mich beziehe, bin ich. Es scheint nicht so, als ob ich es bin, es scheint immer, als ob es ›er‹ ist oder ›ihn‹ betrifft. Großer Gott, ich finde das so schwierig, es ergibt überhaupt keinen Sinn, nicht wahr? Ich werde mich setzen und einen Augenblick überlegen.

Ist egal, ist egal, gut ja, ich versuche es noch einmal. Ich werde es versuchen und von einer anderen Richtung darauf zugehen. Kindheit: Ich wurde in Swindon geboren, ich bin dort aufgewachsen und zur Schule gegangen.

Nein, das ist nicht gut. Komm schon, Paul, da mußt du durch: es ist vielleicht nicht so schlimm, wie du denkst, und du weißt nie, hinterher ist es vielleicht ein wenig besser. Tief Luft holen. Also okay, wir sind zwei Typen, sitzen irgendwo in einer Kneipe und haben einen ruhigen Drink und einen Schwatz zusammen. Wir kennen uns noch nicht lange. Ich frage Sie, was Sie so machen, und Sie erzählen mir ein bißchen über sich; dann fragen Sie mich, was ich so mache, Sie sagen, erzählen Sie ein bißchen über sich. Also sage ich, in Ordnung. Ganz zwanglos, sachlich, genau in der Art, wie Sie mir über sich erzählt haben. Und was sage ich daraufhin? Das hier.

Vor dreizehn Jahren, als ich dreiundzwanzig war, habe ich einen Mann mit einer Anlasserkurbel erschlagen. Er war niemand, den ich gekannt habe, es war nicht im Streit oder während einer Schlägerei; ich habe auch nie zuvor mit ihm gesprochen, und in Wirklichkeit hat er zu der Zeit in seinem Zimmer geschlafen, ein möbliertes Zimmer im ersten Stock, am anderen Ende des Flurs, wo ich meines hatte, in einer Pension in Northampton. Seinen Namen habe ich damals nicht gewußt, und ich weiß ihn jetzt immer noch nicht, und ich weiß nicht, wie alt er war, doch ich glaube, er war jemand, der etwa in meinem Alter war.

Und ich habe es getan, weil ich in meinem Zimmer einen Koffer aufbewahrte, den ich mit mir herumgeschleppt habe, mit meinem ganzen weltlichen Besitz darin. Es gab ein paar Sachen, ein paar zusammengewürfelte Stückchen an persönlicher Habe, Schuhe, einige Schraubenschlüssel und ein oder zwei Werkzeuge fürs Auto; das gewöhnliche Zeug, das sich bei vielen Arbeitern so ansammelt. Ich habe immer die ganze Woche lang als Gerüstbauer für eine große Gebäude- und Straßenbaugesellschaft in einer nahegelegenen Stadt gearbeitet, und Freitagabend bin ich auf ein paar Drinks ausgegangen, allein, wie ich es gewöhnlich getan habe. Vielleicht hatte ich ein paar zu viel. Doch das ist keine Entschuldigung: Wenn es so war, dann nicht zum ersten Mal, und ich erinnere mich daran, was ich getan habe, ich behaupte nicht, daß ich es nicht mehr könnte. Es wird so zehn Uhr gewesen sein, als ich zur Pension zuruckgegangen bin, oder vielleicht auch etwas später. Ich erinnere mich nicht an den Grund, aber ich wollte etwas aus dem Koffer holen, und ich habe ihn unter dem Bett hervorgezogen. Ich glaube, ich wollte mir den neuen verstellbaren Schraubenschlüssel ansehen, den ich gekauft hatte, und er war nicht drin. Sofort und auf der Stelle, ohne auch nur einen Augenblick darüber nachzudenken, war ich mir sicher, wer ihn genommen hatte: Es war der Bastard vom anderen Ende des Flurs. Soweit mir bekannt war, ist er niemals vorher in meinem Zimmer gewesen, und ich habe ihm niemals den Schlüssel gezeigt oder ihm davon erzählt. Aber das ist mir nicht in den Sinn gekommen: Ich habe nur sofort gewußt, daß er es war, der ihn genommen hatte.

Ich habe eine große Anlasserkurbel fürs Auto aus dem

Koffer genommen, bin über den Gang gelaufen und zu seiner Tür gegangen; sie war nicht verschlossen, und so drückte ich sie auf, schaltete sein Licht an und bin reingegangen. Er lag im Bett mit dem Rücken zu mir und hat fest geschlafen. Ich habe nichts gesagt, ich habe ihn nicht aufgeweckt und beschuldigt, mein Zeug geklaut zu haben oder dergleichen; ich habe ihn nur mit der Autokurbel auf den Kopf geschlagen, und ich habe ihn geschlagen und geschlagen. Ich weiß nicht, wieviele Male ich ihn insgesamt geschlagen habe, aber es waren viele Male; ich glaube, mehr als zwölfmal haben sie vor Gericht gesagt.

Dann ging ich den Gang entlang zur Toilette, und ich war todkrank. Das machte mich sofort vollkommen nüchtern. Ich hatte überall an meinen Händen und Armen Blut, und ich habe es abgewaschen, so gut ich konnte, dann bin ich zu meinem Zimmer zurückgegangen und habe meine Sachen gewechselt. Danach habe ich mich nur noch in einen Sessel fallen lassen und bin sofort eingeschlafen. Ich bin ständig aufgewacht und wieder eingeschlafen, und irgendwann in den frühen Morgenstunden bin ich wieder über den Gang zu seinem Zimmer gegangen, um mich zu vergewissern, daß ich das alles nicht nur geträumt habe. Ich hatte es nicht geträumt. Er war tot, sein Schädel war zertrümmert, alles war voll von Blut, sein Kopf und sein Gesicht und die Bettwäsche, und Blut war an die Wand gespritzt. Ich habe ein oder zwei Schubladen aus dem Kleiderschrank rausgezogen und Sachen auf den Fußboden geworfen, und ich habe einen Koffer aufgemacht und den Inhalt verstreut, ich nehme an, um den Anschein zu erwecken, daß ein Raubüberfall stattgefunden hat.

Ich bin nicht sicher, was ich anschließend während der ganzen restlichen Zeit am Morgen getan habe. Ich glaube, hauptsächlich lief ich benommen durch die Stadt. Ich erinnere mich, daß ich irgendwo ein Poster gesehen hatte, auf dem ein Fest angekündigt wurde, das an diesem Nachmittag in den Gärten eines Landhauses stattfinden sollte. Ich habe einige Glas Bier zu Mittag in einer Kneipe getrunken, bin wieder für eine Weile in der Stadt herumgewandert; dann bin ich losgegangen, zu dem Anwesen, wo das Fest war. Da waren all die Dinge, die immer da sind: Menschenmassen, Buden, Karussels, Sonderausstellungen, Ponyreiten, eine Dampfeisenbahn in Miniaturausführung, und es gab einen Heißluftballon, glaube ich. Die Sonne hat geschienen, jeder hat sich vergnügt, Eltern haben ihren Kindern Eis gekauft, alle lachten und unterhielten sich miteinander. Ich erinnere mich, eine der Hauptattraktionen war eine Gruppe von Leuten, die Tierfellkostüme anhatten, sie hatten lustige Gesichter und Hüte und tanzten herum. Ich glaube, sie wurden ›Die Wichte von Wimbledon‹ genannt. Ich stand in der Mitte einer ganzen Schar von Kindern und habe sie mir angesehen. Und plötzlich bemerkte ich, daß mein Gesicht ganz naß war, Tränen liefen mir die Wangen herunter, und es wollte nicht aufhören.

Ich habe gewußt, daß ich dort nicht länger bleiben konnte. Ich habe das Fest verlassen und bin zurück in die Stadt zur Pension gegangen und bin die Treppen zu meinem Zimmer hochgestiegen. Ich habe gedacht, ich seh da nochmal rein, und so bin ich über den Flur gegangen: Ich habe nur in das Zimmer von dem Typen geguckt, und alles war noch genau so, wie ich es verlassen hatte. Er lag noch immer blutbedeckt in seinem Bett, die Schubladen waren rausgezogen und die Sachen daraus lagen verstreut herum. Unten in der Eingangshalle war ein öffentliches Telefon, also bin ich heruntergegangen und habe die Polizei angerufen. Ich habe gesagt, daß ich gerade reingekommen bin, und es sieht so aus, als ob es einen Raubüberfall und einen Kampf im Zimmer gegenüber von meinem gegeben hat, und ich glaube, daß jemand furchtbar verletzt worden ist. Die Polizei hat mir gesagt, daß ich nichts anfassen soll, sie sagten mir, ich soll in mein Zimmer zurückgehen und auf sie warten.

Sie sind gekommen und haben mich zur Polizeiwache mitgenommen, und sie haben mich in ein Zimmer gesetzt und mir eine Tasse Tee gegeben, und dann haben sie mir einige Fragen gestellt. Zwei Polizisten in Zivil sind gekommen, und einer von ihnen hat mit normalem Tonfall in der Stimme gesagt ›Du warst es, nicht wahr, Junge?‹ Ich nickte; ich sagte ›Ja, das stimmt, ich war es.‹

So. Ist egal, ist egal. Viel besser kann ich es nicht.

Ich dachte, daß ich mich vielleicht besser fühlen würde, nachdem ich gestern alles in einem Ritt hinter mich gebracht habe, aber in der Hinsicht, daß ich vielleicht in irgendeiner Weise ein weniger schlechtes Gefühl dabei habe, geht es mir nicht besser. Aber na ja, egal, jetzt kennen Sie den schlimmsten Teil, und da kann der Rest doch auch nicht mehr so schlimm sein. Zumindest habe ich keine Angst, darum herumzukommen, aber das ist in etwa alles, was ich sagen kann. Jemand zu erzählen, daß du ein richtes Tier gewesen bist, dich wie ein gemeingefährlicher Verrückter benommen hast, selbst wenn es vor langer Zeit in deinem früheren Leben war, das ändert noch lange nicht die Tatsache, daß du für den ganzen Rest deines Lebens auch weiter darüber nachdenken wirst. Ich habe schon vor langer Zeit die Hoffnung aufgegeben, daß ich jemals die Antwort auf die Frage, warum ich es getan habe, herausfinden werde. Was mich jetzt viel mehr quält, ist eine andere Frage, die ich mir immer wieder stelle, und die lautet: ›Würde ich es jemals wieder tun?‹ Und die einzige ehrliche Antwort darauf ist, daß ich es nicht weiß; was ich aber weiß, ist, daß es ein ganz schön erschreckender Gedanke ist, mit dem ich da leben muß. Und ich sollte auch Schluß machen mit der Angewohnheit, darüber in der Art zu reden und ehrlich sein. Ich sollte sagen, es ist kein erschreckender Gedanke, es ist ein beschissen grauenerregender Gedanke.

Als ich vergangene Nacht in meine Bude zurückgekommen bin, habe ich es noch einmal überdacht, ich erinnere mich, ich glaube, ich habe es so ausgedrückt, daß ich getrunken hatte und einige zu viel gehabt habe, aber ich habe das nicht als Entschuldigung gebraucht. Ich sage es nur so, dahinter steckte eine Vermutung, aber es ist keine Entschuldigung, okay, es ist ein Grund. Aber es ist keiner: es hat nichts von einem Grund, überhaupt nichts. Eine Menge Leute, tausend, vielleicht sogar zehntausend, sind Freitagabend oder am Wochenende betrunken. Aber nicht einer von den zehntausend, nicht einer von hunderttausend kommt dann zurück, dorthin, wo er wohnt, und schlägt einen völlig Fremden zu Tode. Unter ähnlichen Umständen, was durchaus denkbar ist, würden sie wahrscheinlich nur zu seinem Zimmer gehen, ihn aufwecken und sagen: ›Warum hast du meinen verstellbaren Schraubenschlüssel weggenommen, du Klauschwein?‹ Nur das, vielleicht. Aber das ist noch lange nicht das, was ich getan habe. Es ist, es ist erschreckend. Nein, sehen Sie, ich habe es schon wieder gemacht. Komm schon, Paul. Also dann richtig: es ist nicht erschreckend, es ist beschissen grauenerregend.

Ist egal, ist egal. Doch noch eine Sache vorher. Noch etwas anderes ist mir gestern abend in den Kopf gekommen. Ich habe nämlich angefangen, mich zu fragen, wie oft so etwas wohl passiert, gut, ein Teil davon zumindest. Ich hatte gesagt, daß ich den Mann, den ich getötet habe, nicht kannte, daß ich gedacht habe, er führt wahrscheinlich das gleiche ungebundene, unstete Leben wie ich. Ich habe so ein Gefühl, daß er vielleicht von Irland rübergekommen ist; aber das ist nur so eine Idee, und ich weiß nicht, wo ich sie herhabe. Ich habe gestern abend weiter darüber nachgedacht, und ich dachte, daß es genausogut hätte umgekehrt sein können. Sie wissen, ich anstelle von dem Unbekannten, umgebracht, von einem anderen Unbekannten. Als ich vor Gericht gestellt wurde, hat es keine Schlagzeilen in den Zeitungen gegeben, es war ein Vorgang, absolut unbemerkt. Ich habe mich schuldig bekannt, und in höchstens zwei Minuten war alles vorbei. Niemand im Gerichtssaal, außer den Vertretern der Anklage und der Polizei, keine Zeugen, es wurden keine Gutachten der Ärzte verlesen. Als ich in Untersuchungshaft war, bin ich einmal von einem Psychiater befragt worden: Er hat gesagt, daß er keinerlei Anzeichen für eine Krankheit oder Abnormität feststellen konnte, ich sei geistig völlig normal et cetera, et cetera, und ich hätte die ganze Zeit genau gewußt, was ich tat. Und das war alles, was es dazu zu sagen gegeben hat, die ganze Angelegenheit war ein völliges Unding. Das Nachdenken darüber gestern nacht hat mich eine ganze Weile nicht einschlafen lassen: Wie kann etwas so Erschütterndes, daß ein menschliches Wesen ein anderes tötet, wie kann das fast unbemerkt und hinterher für immer gänzlich vergessen sein, so, als ob niemand es irgendwo überhaupt bemerkt hat. Ich habe darüber nachgedacht, und ich denke, das ist verrückt, wirklich verrückt.

Aber du weißt eben, sogar jetzt im Moment, da ich darüber erzähle, niemand kennt ihn: ich glaube, das alles war wohl nicht weniger eigenartig als meine eigene Situation, denke ich mittlerweile. Nachdem ich aus der Jugendstrafanstalt gekommen bin, bin ich von zu Hause weggegangen, und ich habe mich mit einem Mädchen angefreundet, und dann sind wir viel im Land herumgezogen, sie und ich. Ich weiß nicht, ob ihre Eltern gewußt haben, wo sie war, aber meine haben nicht gewußt, wo ich gewesen bin, aus dem einfachen Grund, weil ich mich nie damit belastet habe, es sie wissen zu lassen oder versucht habe, mit ihnen in Verbindung zu bleiben. Eines Tages, ich kann mich jetzt gar nicht daran erinnern, wie es gekommen ist, aber ich habe von jemand, den ich getroffen hatte und den ich flüchtig kannte, gehört, daß meine Mutter gestorben war. Ich bin nach Hause auf Besuch gefahren, aber das war keine gute Idee. Als Kind, als ich noch klein war, habe ich schon gewußt, daß sie und mein Vater nicht so gut miteinander ausgekommen sind. Aber das hat meinen Vater nicht davon abgehalten, als ich nach Hause gekommen bin, mir zu erzählen, daß ich mich ihr gegenüber nicht anständig verhalten hätte: Sie hatten seit über einem Jahr nichts mehr von mir gehört, und sie hat mich vermißt und sich einsam gefühlt. Es hörte sich an, als ob er versucht hat, mich auf eine bestimmte Art für ihren Tod verantwortlich zu machen. Ich nehme an, daß es sich gefühllos anhört, wenn ich so rede. Sollte es wirklich so sein, dann hat das zum Teil etwas mit der Tatsache zu tun, daß, wie Sie wohl mitbekommen haben werden, wir nie eine liebevolle Familie gewesen sind, die zusammengehalten hat. All das kann noch nicht lange her gewesen sein, als ich erfahren habe, daß auch mein Vater gestorben war. Dann haben auch wir uns schließlich getrennt, das Mädchen und ich, und sie ist mit einem anderen Typ gegangen. Ich spreche über diese Dinge, als ob es Neuigkeiten wären, die ich in der Zeitung gelesen habe, nicht wahr? Wissen Sie, in verschiedener Hinsicht ist es genau so, wie es mir mit Ihnen zu der Zeit, als Sie hier erschienen sind, gegangen ist: als ob es Dinge sind, die anderen Leuten passiert sind und die mich nicht wirklich etwas angehen.

Habe ich jemals eine feste Beziehung gehabt? Sie meinen, jemals in meinem ganzen Leben? Großer Gott, das ist eine schwierige Frage, die ich da zu beantworten versuchen soll. Ich muß darüber nachdenken. Ich bin mir nicht sicher, in welchem Sinn wir von ›fest‹ reden, die zeitliche Dauer oder die Tiefe? Sowohl als auch, ja, natürlich. Gott. Ich kann keine schnelle Antwort geben; ich möchte das ein bißchen zurückstellen. Sehen Sie, in einer seltsamen Art und Weise hat das etwas mit dem Gefängnis zu tun, worüber ich noch nicht viel gesprochen habe. Tatsächlich hat es viel mehr mit dem Gefängnis zu tun, es hat alles etwas mit dem Gefängnis zu tun. Doch ich muß schrittweise zu dem Thema hinführen, eins ist mit dem anderen verbunden. Da ist noch jemand betroffen, und ich müßte erst mit ihr darüber sprechen.

Als ich ins Gefängnis gekommen bin, zu Beginn meiner Haftstrafe, hatte ich das ganz starke Gefühl in mir, daß ich versucht habe, das, was passiert ist, so zu erklären, daß es nicht wirklich mir passiert ist. Es ist jemand anderem passiert und hatte wirklich überhaupt nicht viel mit mir zu tun. Das klingt vielleicht so, als ob ich versuche zu sagen, daß ich schizophren gewesen bin; nur daß ich nicht weiß, was Schizophrenie ist. Niemand hat je zu mir gesagt, daß ich es gewesen bin, und ich versuche nicht, eine Diagnose zu liefern.

Es klingt wie ein Widerspruch in sich selbst, wenn ich sage, die Sache, der ich mir am meisten bewußt war, war, daß ich mir nicht bewußt war, überhaupt irgend jemand zu sein. Ich hatte mehrere Monate im Gefängnis in Untersuchungshaft auf meine Anklage zu warten; niemand hat mir geschrieben oder mich besucht; soweit ich das sagen kann, hat mich niemand gekannt oder wollte mich kennen. Bei allem hatte es den Anschein, als ob ich ebensogut nicht existiert habe, sofern es die Außenwelt betroffen hat. Ich war im Gefängnis, und im Gefängnis war ich ein Name und eine Nummer, und mehr war ich dort nicht. Als der Richter sagte, daß er mich zu lebenslänglichem Freiheitsentzug verurteilt, hatte es anscheinend keinerlei Bedeutung. Ich könnte fast sagen, daß es anscheinend sogar keinerlei Bezug zu mir als Person hatte. Ich hatte eine lebenslange Strafe erwartet, ich wußte, daß ich eine lebenslange Strafe erhalten würde; aber ich habe nicht im Sinn einer bestimmten, festgelegten Anzahl von Jahren daran gedacht. Ich hatte keinen Grund dazu. Für mich war lebenslänglich eben lebenslänglich. Punktum. Wenn ich sterben würde, sagen wir mit vierzig, dann war das so lange, wie meine Strafe sein würde; wenn ich mit fünfundvierzig sterben würde, dann würde die Strafe bis zu meinem fünfundvierzigsten gehen. Ich konnte es nicht in irgendeiner anderen Art und Weise sehen, und ich konnte nicht sehen, daß es irgendeine andere Art und Weise gab, es zu sehen.

Ich weiß nicht, wie ich es richtig ausdrücken kann. Ich glaube: wenn ich sage, daß es so war, als ob dich jemand in ein anderes Land bringt, und wenn du dort bist, dir sagt, daß du niemals mehr woandershin gehen wirst, daß du für immer dort leben wirst, dann komme ich dem am nächsten. Das andere Land, in das ich gebracht wurde, war das Gefängnis, und ich sollte ein Einwohner des Gefängnisses werden, und ich sollte seine Sprache erlernen und seine Gewohnheiten annehmen, sollte völlig darin leben, und nie wieder sollte ich etwas anderes kennen. Ich war nicht verbittert, und ich hatte nicht das Gefühl des Verlusts einer früheren Existenz, ich habe das vollkommen akzeptiert, und trotzdem passierte es in erster Linie nicht wirklich mir.

Zu der Zeit habe ich es nicht gewußt, aber seither habe ich herausgefunden, daß es tatsächlich keine ungewöhnliche Erfahrung für viele Männer am Beginn einer langen Haftstrafe ist. Offensichtlich fühlen sie so während ihrer ersten vier oder fünf Jahre oder jedenfalls die meisten von ihnen. Ich habe irgendwo gelesen, daß es als ›Phase der Akzeptierung‹ beschrieben wird; es ist die Zeit, die ein Mensch zu durchlaufen hat, bevor ihm klarzuwerden beginnt, daß das gerade mal der Anfang seiner Haftstrafe ist und er nicht ewig notwendigerweise so fühlen wird. Man sagt, es hat etwas mit der menschlichen Natur zu tun: Nach einiger Zeit beginnt sich etwas im Kopf des Menschen zu regen. Die Hoffnung währt ewig und so weiter, etwas in dieser Art.

Es stimmte in meinem Fall, es war genau so. Die ersten Jahre, vier oder fünf, war ich in einer Art Schneckenhaus. Ich habe niemals irgendwelche Annäherungen gegenüber irgend jemand unternommen, um zu reden, ob das nun die Beamten waren oder die anderen Häftlinge oder sonstwer.

Gefangene mit langen Haftstrafen machen das generell nicht; jemand, der, sagen wir, zwei oder drei Jahre absitzt, ist nur einer, der von der Straße für ein paar Tage reinkommt. Ich habe bloß existiert: geschlafen, aufgestanden, Mahlzeiten eingenommen, getan, was es auch immer für eine Arbeit gewesen war, auf die ich angesetzt wurde – fegen, reinigen, Wäscherei, Instandhaltung, Gefängnisgärten – dann zurückkommen, um eine weitere Mahlzeit zu essen und ins Bett zu gehen. Es gab auch das, was sie ›Geselligkeit‹ nannten, ein paar Stunden am frühen Abend nach dem Tee, wenn du aus deiner Zelle raus bist und Fernsehen gucken kannst oder herumsitzen und reden, Tischtennis spielen, Gewichtheben in der Sporthalle, was immer du gern hättest. Was mich betrifft, alles, was ich je getan habe, war fernsehen; ich glaube nicht, daß ich in den ganzen drei oder vielleicht vier Jahren mit irgend jemand gesprochen habe, zumindest nicht in irgendeinem sozialen Sinn.

Was ich damit meine, ist, daß das nur eine Hälfte meiner Existenz gewesen war. Es hat auch noch eine andere gegeben: eine vollkommen andersartige, und auch eine sehr, sehr andersartige im Vergleich zur ruhigen Schneckenhaus-Lebensweise, von der ich gesprochen habe. Die andere Hälfte war der große Streitsucher und Unruhestifter, der ständig lärmt und brüllt und seine Gewichte rumwirft, sowohl mit den anderen Häftlingen, aber mehr noch mit den Beamten und Angestellten. Ich habe nicht physisch zugeschlagen, weil ich kein Schlägertyp bin: Aber jeder Streit, der aufgekommen ist, jede Beschwerde, jeder Protest jeglicher Art über alles und nichts, egal was, ich war sofort dabei und mischte mit. Sie haben mir Privilegien entzogen, sie haben mich bestraft, sie haben mir mit Entzug von Kurzurlaub gedroht, sie haben mich in Einzelhaft gesteckt, alles, was ihnen eingefallen ist. Nichts davon hat irgend etwas bewirkt: Es hat mich nicht für einen Augenblick davon abgehalten, herumzulaufen und Ärger zu finden, in den ich mich einmischen konnte. Eine einfache Erklärung dafür war, daß ich versucht habe, eine Identität für mich zu finden, oder wenn ich schon keine finden konnte, dann würde ich mir eben eine schaffen, als notorischer Unruhestifter.

Und das die ganze Zeit über, gleichzeitig habe ich noch mein Ding als Abseitsstehender und Beobachter gemacht und habe gefühlt, daß es, egal was, überhaupt nichts mit mir zu tun hatte. Ich nehme an, daß es das war, weshalb ich so lange durchhalten konnte, wenn Sie so wollen, indem ich nicht wahrgenommen habe, daß derjenige, den sie bestraft haben, ja ich gewesen bin. So hab' ich immer weitergemacht, über vier Jahre lang; wie lange es dann noch so weitergegangen wäre, wenn da nicht das andere passiert wäre, das weiß Gott allein. Ich wurde mal in dieses, mal in jenes und dann wieder in ein anderes Gefängnis gesteckt, fast in jedes, das es gibt. Gartree, Bristol, Hull, Preston, Blundeston, Lewes und so weiter und so weiter – alle. Und wo ich auch immer hingekommen bin, ich habe weitergemacht mit dem Rumstreiten, dem Verletzen der Regeln, der Sturheit, bei jeder Gelegenheit, die sich mir geboten hat. Hin und wieder setzte es sich ein stellvertretender Anstaltsdirektor in den Kopf, daß er vielleicht derjenige auf der Welt ist, der zu mir durchdringen und mir etwas Vernunft beibringen kann; mehrere haben es versucht, aber keiner hat irgend etwas erreicht, nicht ein einziger von denen.

Egal jetzt, ist egal, über das Gefängnis könnte ich die ganze Zeit so weitererzählen. Aber was passierte, ist, daß ich eines Tages in einem der Gefängnisse, in dem ich war, ich bin mir jetzt gar nicht sicher, in welchem es gewesen ist, egal, sie haben mich gefragt, ob ich gern eine Psychologin konsultieren möchte. Das war nicht aus dem Wunsch heraus, mir zu helfen, es war lediglich, weil irgendeine Art von statistischen Studien durchgeführt wurde, und sie wollten die Zahlen vollbekommen. Einhundert Männer, sechs Fuß groß, zweiundachtzig von ihnen Rechtshänder, alle zwischen dem zehnten Juni und dem einundzwanzigsten Juli geboren, etwas in dieser Art. Zu der Zeit habe ich gerade nichts anderes gemacht, es hätte auch nicht meine Urlaubsvorbereitungen für eine Fahrt in die Schweiz durcheinandergebracht, also dachte ich ›Okay, warum nicht‹. Ein paar Tage später oder vielleicht eine Woche zuckelten sie mit mir, zusammen mit ein paar anderen Typen, zum Sprechzimmer der Psychologin, und wir alle haben an Schreibtischen gesessen und einen von diesen, wie nennt man sie gleich, Häkchen-Tests gemacht. ›Wenn Sie sehen, wie eine Katze von einer Dampfwalze überrollt wird, wie würden sie reagieren: in Tränen ausbrechen, in Gelächter ausbrechen, verärgert über den Fahrer der Dampfwalze sein, es einen Akt Gottes nennen oder die Schultern zucken und weggehen? Kennzeichnen Sie, was nach Ihrer Meinung Ihrer Reaktion am nächsten kommen würde. Frage zwei: Wenn Sie sehen, wie eine kleine alte Frau von einer Dampfwalze überrollt wird und so weiter.‹ Im Gefängnis kriegst du viel von solchen Dingen vorgelegt, nach einer Weile machst du das mit Augen zu oder so, wie du denkst, daß es ein schön aussehendes Muster ergibt. Dann sammeln sie alles ein, geben es in den Computer, und am anderen Ende kommt heraus, daß die beste Farbe, um die Wände in der Werkstatt neu zu streichen, ein leuchtendes Grün wäre.

Dann habe ich nicht mehr weiter daran gedacht. Ungefähr nach einer Woche haben sie mich gebeten, nochmal zu einem Treffen mit der Psychologin zu gehen. Natürlich entgegnete ich ihnen, daß sie sich die Mühe sparen können, und sagte, daß ich es bereits gemacht habe, sie sollten sehen, daß sie irgendeinen anderen Trottel dafür finden. Aber sie sagten nein, es sei ein anderer Teil des Tests, die drei von uns, die vorher dabei gewesen waren, würden für den nächsten Teil wieder gebraucht. Also zogen wir los, und diesmal saßen wir im Sprechzimmer der Psychologin in einer kleinen Gruppe um einen Tisch, sie fragte uns nacheinander eine Reihe von Fragen und schrieb unsere einzelnen Antworten auf.

Ich habe gedacht, na gut, es vertreibt die Zeit: es war langweilig, aber es war eine Abwechslung. Das war in etwa alles, was ich darüber gedacht habe, ich kann nicht sagen, daß es irgendeinen anderen Eindruck als den auf mich gemacht hat. Und dann, als man mich zum dritten Mal bat, wieder hinzugehen, diesmal allein, um noch mehr Fragen zu beantworten, habe ich für mich entschieden, genug ist genug, und ich werde nicht mehr mit denen zusammenarbeiten.

Ich weiß immer noch nicht, was meine Meinung geändert hat. Ich kann nur sagen: der blanke Zufall; als die Zeit dran war, war es nicht mehr so, wie ich ganz spontan darüber gedacht hatte. Ich werde nicht gehen; ganz bestimmt gehe ich nicht; ach, in Ordnung, ich könnte doch ebensogut, ich habe nichts anderes zu tun. An dem Interview, das ich allein gehabt habe, gab es nichts Bemerkenswertes; nur noch mehr Fragen, füll dieses Diagramm aus, welches von diesen fünf Bildern ist eigenartig und so weiter, nichts weiter als das. Am Ende hat sie mir gesagt, daß das Experiment, oder was immer sie gemacht hat, beendet ist, sie hat alles Material, das sie braucht, bekommen und dankt mir für die Teilnahme. Dann, gerade als ich zur Tür gehen wollte, sagte sie ganz beiläufig, wenn ich zu irgendeiner Zeit will, kann ich immer auf ein Schwätzchen vorbeikommen. Es war nur eine Höflichkeitsfloskel: ›Wir sehen uns irgendwann mal wieder, lassen Sie es mich wissen, wenn ich Ihnen dafür auch mal einen Gefallen tun kann.‹

Etwa zwei Wochen später habe ich nach dem Essen herumgesessen und nichts gemacht, und aus irgendeinem Grund dachte ich: Ich weiß, was ich mache, ich werde machen, was sie gesagt hat, und ich werde bei ihr auf einen Schwatz vorbeigehen. Also bin ich zu ihrem Sprechzimmer gegangen, aber sie war gerade mit jemand anderem beschäftigt. Dafür bin ich nach ein oder zwei Tagen wieder hingegangen, und wir hatten unseren Schwatz; es war sehr gekünstelt, über alles und nichts, es hat nicht länger als zehn Minuten gedauert, wenn es überhaupt so lange gewesen ist. In der nächsten Woche bin ich wieder hingegangen, um sie zu treffen, vorbeigegangen zu einem weiteren Schwätzchen; und dann wieder, die Woche drauf.

Es ist nichts Unnormales dabei, wenn Männer sich im Gefängnis in diese oder jene Frau verlieben, die sie dort zufällig treffen; eigentlich ist es normal so, ich würde sagen, jeder zweite ist so. Die einzige Alternative ist, hinter anderen Männern her zu sein, zeitweilig schwul zu werden, was man so als ›Knasttunte‹ bezeichnet. Ich habe Männer gekannt, die sich im Besucherraum nach der Schwester von einem anderen Typ umgesehen haben, als sie gerade mit ihm gesprochen hat, und die, ohne sie vorher jemals getroffen zu haben, sich wahnsinnig in sie verliebten, sie haben dem Typen ein Vermögen in Tabak angeboten, damit er ihren Namen und die Adresse herausrückt.

Mit Jennifer war es nicht das Gleiche: Eigentlich war sie für eine lange Zeit nur jemand, wo ich hingegangen bin und hin und wieder ein kleines Schwätzchen gehabt habe, ich habe mir selbst gesagt, daß es nur etwas zum Zeitvertreib ist. Wir haben nie über irgend etwas Persönliches gesprochen; sie hat mich nicht nach meiner Vergangenheit gefragt, und ich habe sie nicht nach der ihren gefragt. Eigentlich, die einzige persönliche Sache, die ich von ihr überhaupt wußte, war, daß sie verheiratet gewesen ist, weil sie einen Ehering an ihrem Finger trug.

Schon sehr zeitig war uns beiden klar, was passiert war und daß wir ineinander verliebt waren. Aber anscheinend hat es keine Scheu gegeben, es zu sagen und keine Scheu, darüber zu sprechen, und das ist seitdem immer eine der Eigenarten unserer Beziehung gewesen. Wir beide haben immer offen miteinander über die Dinge geredet. Wir haben uns selbst als Verliebte angesehen, die wir ja waren, und, um damit anzufangen, seit über einem Jahr ist es so gelaufen. Ich nehme an, es gibt hoffnungslosere Situationen als diese, in denen man sein kann, wenn man jemand liebt, aber mir fällt keine ein. Eine lebenslange Haftstrafe verbüßen und in eine Frau verliebt sein, die nur zwei Tage in der Woche ins Gefängnis kommt und die mit jemand draußen verheiratet ist, ist nicht gerade eine alltägliche Situation. Wir waren keine Liebenden in körperlicher Hinsicht, weil das unter den Umständen nicht möglich gewesen ist. Aber in jeder anderen Hinsicht waren wir es. Wir haben weitergemacht, weil wir gewußt haben, daß sich die Umstände eines Tages ändern würden, und wir könnten dann richtig zusammen sein. Das hat verhindert, daß es eine traurige oder unglückliche Sache gewesen ist; es war das Beste, was unter den dortigen Umständen sein konnte, und wir beide haben es angenommen und versucht, uns mit dem Warten abzufinden. Die Unterhaltung war natürlich sehr eingeschränkt, sogar einander berühren war nicht drin; trotzdem, nichts davon war anscheinend schlimm genug, um die Dinge zu ändern.

Dann bin ich in ein anderes Gefängnis im Norden verlegt worden. Meine erste Reaktion war, daß dies das Ende sein würde. Aber in der Art und Weise, wie es sich ergeben hat, ist es nicht nur das Ende nicht gewesen ist, es hat eigentlich die Dinge in vieler Hinsicht einfacher gemacht, weil wir uns wenigstens schreiben konnten. Ab einem bestimmten Zeitpunkt habe ich gewußt, daß sie von ihrem Mann getrennt lebte, und sie hat ihren Namen wieder in ihren Mädchennamen umgeändert, und so konnte ich ihre Wohnung im Norden von London anschreiben. Doch Besuche waren nicht möglich; es war zu riskant für sie, zu mir auf Besuch zu kommen, für den Fall, jemand vom Gefängnispersonal, der auch dort war, wo sie vorher gewesen ist, würde sie wiedererkennen. In den Briefen konnten wir unsere Gefühle füreinander viel freier ausdrücken, aber wir waren vorsichtig und erwähnten nicht, wie wir uns das erste Mal getroffen hatten.

Es war gut; es war eine gute Zeit, weil sie etwas in mir öffnete – Gefühle, Zuneigung für jemand – Liebe, und Liebe und Zuneigung erwidert zu bekommen. Es würde nicht richtig sein zu sagen, daß es mich völlig verändert hat, weil so etwas schon die ganze Zeit in mir gewesen sein muß. Doch ich sage, daß Jennifer es gesehen hat, ihr war klar, daß es da war, und sie hat geholfen, es hervorzubringen. Sie hat geholfen, den sanfteren Teil von mir hervorzukehren. Als ich im Gefängnis gewesen bin, war die eine Hälfte von mir hart und ein Unruhestifter; die andere Hälfte hat sich verliebt. Beides ist zur gleichen Zeit geschehen: es waren widersprüchliche Dinge, aber beides steckte in derselben Person.

So, das ist die Antwort auf die Frage vom Freitag über die festen Beziehungen. Es ist eine gewesen, mit Jennifer, und es ist immer noch eine, und sie hat gesagt, sprich darüber, weil auch sie gemeint hat, daß es eine ist. Vor ein paar Minuten habe ich das Wort ›verliebt‹ gebraucht, und vielen Leuten mag das vielleicht eher als Vernarrtheit oder dergleichen erscheinen, und nicht so sehr als eine richtige Liebe, besonders unter Gefängnisbedingungen. Doch wenn es das gewesen wäre, ich glaube, dann wäre es offensichtlich geworden, als ich schließlich in ein offenes Gefängnis verlegt wurde und meinen Entlassungstermin für ein Jahr später erhalten habe. Von da an war Wochenendaufenthalt zu Hause eins von den Dingen, die ich tun konnte, solange jemand da war, zu dem ich gehen und wo ich bleiben konnte, was ich in Jennifer ja hatte.

Zu der Zeit waren sie und ihr Mann geschieden; sie hat den Gefängnisdienst aufgegeben und ist zu einem Job bei einer örtlichen Behörde in den Midlands gewechselt. Sie hatte eine Wohnung, und während meiner Wochenendaufenthalte bin ich dorthin gegangen und mit ihr zusammengewesen. Wir haben darüber nicht im voraus gesprochen, aber wir waren uns beide über die Tatsache im klaren, daß es eine entscheidende Prüfung sein sollte: wir hatten die Träume gehabt, dann die Liebesaffäre, und jetzt sollten wir die Wirklichkeit haben, zwei menschliche Wesen, die tatsächlich in jeder Hinsicht in engem Kontakt miteinander sind. Wir sind immer ehrlich zueinander gewesen, seit die Idee, zusammensein zu können, zum ersten Mal zu einer Möglichkeit wurde: wir haben gesagt, alles, was wir tun können, ist, es auszuprobieren, und wenn es nicht klappt, dann haben wir uns damit abzufinden. Wir fühlten, daß das ein Problem war, mit dem wir uns dann befassen würden, wenn es tatsächlich auftritt, nicht eins, das wir im voraus durch Reden lösen könnten.

Aber eigentlich hat es kein Problem gegeben, und alles war sehr einfach. Alles war vollkommen normal und sehr natürlich, und es hat keine Schwierigkeiten damit gegeben. Man sagt, nicht wahr: oft passiert es, daß man denkt, es wird ein Problem geben, und dann, wenn die Zeit herankommt, existiert es gar nicht mehr. Das ist so, wie es bei uns gewesen ist, und als ich aus dem Wohnheim gekommen und bei ihr eingezogen bin, um ständig in der Wohnung zu leben, da war es bereits so, als ob wir schon seit Jahren zusammenwären. Ich vermute, daß eines Tages vielleicht auch eine andere Sache ein Problem sein könnte, aber bis jetzt ist es noch nicht aufgetaucht; und wieder, es könnte, vielleicht oder vielleicht nicht, wie kann man das vorher sagen? Einige Leute würden meinen, daß wir uns zwangsläufig trennen werden, weil unser Altersunterschied viel zu groß ist: Ich bin fünfunddreißig, und sie ist siebenundfünfzig, und das ist viel. Aber alles, was wir tun können, ist abwarten und sehen, wie es werden wird.

FÜNFTES GESPRÄCH

ARTHUR DODDS

DAS LEBEN UND DIE ERFAHRUNGEN EINES UNZULÄNGLICHEN PSYCHOPATHEN

Er wäre zu einer Zusammenarbeit bereit, weil das vielleicht von Interesse für die Wissenschaft sein könnte, hat er gesagt. An den Abenden, nachdem alle anderen gegangen waren, saß er gekrümmt in einem Sessel in einer Ecke des leeren Büros für Bewährungsfragen im Strafvollzug; klein und unterernährt, mit leiser, monotoner Stimme sprechend, die er manchmal fast völlig zurücknahm, als ob er versuchte, dem zuzuhören, was er selbst sagte. Er trug ein zugeknöpftes Jackett eines zweireihigen braunen Anzugs und eine alte schwarze Nadelstreifenhose; sein Hemdkragen war durchgescheuert, und seine festgeknotete schwarze Krawatte wies Flecke von Essenresten auf. Ein buschiger Oberlippenbart und schütteres braunes Haar, reglose Hände, die verschränkt in seinem Schoß lagen. Von Zeit zu Zeit gab er ein kurzes, zusammenhangloses Lachen von sich. Er war zweiundvierzig Jahre alt.

Wir können nicht dort miteinander reden, wo ich wohne, denn es ist ein Wohnheim, und da ist man nirgendwo für sich. Es ist wie ein mittelgroßes Einzelhaus in einer Straße nicht weit vom Wormwood Scrubs Gefängnis, und es ist nur für ehemalige Straftäter.

Dort lebe ich jetzt seit vierzehn Monaten. Es ist gar nicht so schlecht; insgesamt sind dort zwölf Männer, ein Heimleiter und seine Frau, und alle leben wie in einer Familie zusammen: Du nimmst deine Mahlzeiten an einem großen runden Tisch im Eßzimmer ein, dann gibt es ein Aufenthaltszimmer, wo du sitzen und lesen oder fernsehen kannst, und eine altmodische große Küche auf der Rückseite. Die Sachen im Haus machst du abwechselnd, in einem Rotationssystem: Es steht alles auf einem Blatt Papier geschrieben, das an die Rückseite der Küchentür angeheftet ist. In der einen Woche bereitest du Gemüse zu und kochst, in der anderen Woche bist du mit dem Abwasch an der Reihe, in der dritten Woche machst du sauber, und so geht es immer weiter.

Jeden Freitagabend um halb acht findet eine sogenannte Heimversammlung statt. Jeder muß sie besuchen, das ist Pflicht: alle sitzen um den Eßtisch herum, und alle Probleme, die es im Laufe der Woche im Haus gegeben hat, werden geklärt. Sagen wir, wenn zwei der Bewohner einen Streit gehabt haben, oder einer macht etwas, das einen anderen verärgert. Das wird zur Sprache gebracht, und dann gibt es eine allgemeine Diskussion darüber, zusammen mit dem Heimleiter und seiner Frau, und die Dinge werden in Ordnung gebracht durch allgemeines Einverständnis. Das Schwergewicht liegt auf der Art und Weise des Zusammenlebens, wie du es in einer Familie machen würdest und darauf, zu lernen, wie du mit anderen Menschen auskommst, etwas, worin die meisten Leute, die dorthin kommen, seit Jahren keine Erfahrung mehr haben, weil sie eingesessen haben. Die Schlafräume werden miteinander geteilt, zwei Männer in einem Raum oder drei in einem der größeren Räume. Du teilst auch die Wandschränke, die Kommoden und die Kleiderschränke untereinander auf, du machst dein Bett selbst und hältst deinen Teil vom Zimmer sauber, und auf diese Art sammelst du Erfahrung im Teilen deines Wohnraums.

Es gibt dazu keine generellen Regeln, aber im allgemeinen erzählst du nichts über deine Straftat. Du weißt nicht, was die meisten Leute dort getan haben, und sie wissen nicht, was du getan hast. Das ist ziemlich üblich in den Wohnheimen für ehemalige Straftäter, glaube ich; die Leute versuchen, ihre Vergangenheit hinter sich zu lassen und ein neues Leben für sich aufzubauen, sie interessieren sich nicht für andere. Soviel ich weiß, sind der Heimleiter und seine Frau die einzigen Leute, die wissen, daß ich nicht aus dem Gefängnis komme und daß ich in Broadmoor entlassen worden bin. Ich habe es keinem von den anderen Heimbewohnern erzählt, und mir ist es lieber, daß sie es nicht wissen.

Außer dem Pflichtbesuch der Heimversammlung am Freitagabend gibt es nicht viele andere Regeln und Vorschriften. Eine ist, daß du eine Arbeit haben sollst. Wenn du keine hast, dann mußt du los, um dir eine zu suchen; es ist dir nicht erlaubt, den ganzen Tag im Haus herumzusitzen und nichts zu tun. Eine weitere ist, daß du abends elf Uhr im Heim sein mußt, und du darfst nicht betrunken sein. Wenn du betrunken bist, erhältst du eine Verwarnung; wenn du Glück hast, bekommst du vielleicht sogar insgesamt zwei Verwarnungen, aber das nächste Mal wirst du rausgeschmissen. Doch das geschieht nur sehr selten, weil die meisten der Männer obdachlos gewesen sind, und sie sind froh, daß sie irgendwo ein anständiges Unterkommen haben.

Das Essen ist nicht schlecht, es ist Hausmannskost, gewöhnlich Fleisch und Kartoffeln, Würste, zwei Gemüsesorten und Nachspeise. Ich selbst habe keinen großen Appetit, aber manchmal wirst du zu demjenigen, der sich über eintöniges Essen beklagt. Die übliche Anwort darauf ist, daß ihnen gesagt werden wird, sie sollen es besser machen, wenn sie wieder an der Reihe sind. Der Heimleiter ist ein junger Kerl, ein wenig jünger als ich, sein Name ist Malcolm; doch er ist umgänglich, wenn es drauf ankommt. Seine Frau wird Ann oder Annie genannt, und sie ist eine nette Person, der mütterliche Typ. Insgesamt ist die Atmosphäre im Haus gut. Wenn jemand zuviel Ärger macht, wird ihm vom Außenausschuß, der für die gesamte allgemeine Organisation zuständig ist, nahegelegt zu gehen.

Ich glaube nicht, daß es viel mehr über das Wohnheim zu sagen gibt, mir fällt nichts weiter ein. Ich habe gedacht, daß ich Sie erstmal über den Hintergrund ins Bild setzen sollte, denn wenn du jemand triffst, solltest du ihm so viele Informationen darüber geben, wo du herkommst, wie du nur kannst. Wenn es natürlich ein Außenstehender wäre, jemand, den ich unter anderen Umständen getroffen hätte, würde ich ihm wohl nicht erzählen, daß ich in einem Wohnheim für ehemalige Straftäter wohne, ich würde sagen, daß es lediglich eine gewöhnliche Pension ist.

Nun zu mir selbst; ich wurde in Catford im Süden von London geboren. Mein Vater hat als Schiffsprokurist in den Docks gearbeitet. Ich stand ihm nie sehr nahe, er war ein Mensch, der mir immer sehr fremd erschienen ist. Er hat viel von seiner Zeit außer Haus verbracht, abends und an den Wochenenden war er mit seinen Kollegen unten in der Kneipe. Er ist vorher verheiratet gewesen, und entweder ist seine Frau gestorben oder sie sind geschieden, ich weiß es nicht genau. Von ihr hatte er einen Sohn, der fünf Jahre älter war als ich: Sein Name war Ron. Ich war der nächste, der vom Alter her folgte, nach mir kam ein Mädchen und dann noch ein Junge. Meine Mutter war eine ganz normale Person, würde ich sagen. Sie hat sich um uns gekümmert, hat uns saubergehalten und uns zu essen gegeben. Ich würde sagen, daß sie wohl auch eine liebenswürdige Person gewesen ist, trotzdem hat sie mich nie groß beeinflußt, denn sie hat nur wenig gesprochen. Sie war schweigsam, ich glaube, weil sie die meiste Zeit ihres Lebens an einer Art Nervenschwäche litt, aber ich kenne nicht den medizinischen Begriff dafür.

Derjenige, an den ich mich von meiner Kindheit her am besten erinnere und den ich am liebsten hatte, ist mein Stiefbruder Ron gewesen. Er war eine Weile bei der Royal Air Force, und wenn er auf Urlaub nach Hause kam, war er immer sehr freundschaftlich zu mir. Er hat mir etwas als Geschenk mitgebracht und mir Geschichten darüber erzählt, was er in Gibraltar gemacht hat und an anderen Orten, an denen er gewesen ist. Er war sehr groß und gutaussehend und voller Selbstvertrauen und Selbstsicherheit. Ich habe mich manchmal gefragt, ob das mit seiner Ausbildung bei der Royal Air Force zu tun hatte. Als er von der Armee zurückgekommen war, ist er als Handelsvertreter in eine Maschinenbaufirma eingetreten. Er war immer gut angezogen und hatte ein brandneues Auto, und er war in jeder Hinsicht im Leben erfolgreich. Ich habe ihn bewundert, weil er anscheinend immer wußte, was er im Leben wollte und wie er es erreichen konnte. Er ist direkt darauf zugegangen und hat es bekommen, so eine Art Mensch war er. Er hatte außerdem großen Erfolg bei Frauen, er hat ein halbes Dutzend Freundinnen gehabt, und eine war schöner als die andere, und am Ende hat er die Schönste von allen geheiratet, und sie haben ein Haus in Wanstead gekauft. Mein Vater hat einmal zu mir gesagt, er denkt, daß Ron so eine Fähigkeit zum Erfolg hat, weil er eine Menge Mumm und Elan in sich hat, und ich sollte versuchen, mehr wie er zu sein. Aber ich selbst habe keinerlei Mumm und Elan aufgebracht. Mein Vater hat es gewußt, und ich habe es auch gewußt.

Ich bin in eine große Realschule gegangen, wo ich kein Versager gewesen bin, aber auch kein Primus. Ich war immer irgendwo an der Spitze der zweiten Leistungsgruppe. Ein oder zwei Mal experimentierten sie mit mir herum, indem sie mich in die Spitzengruppe gesteckt haben, aber immer wenn sie das gemacht haben, war ich nicht gut genug dafür, und sie haben mich wieder zurückgestuft. Als Schuljunge war ich nicht besonders glücklich und auch nicht besonders unglücklich. Ich habe gewußt, daß es nicht viele Chancen gab, etwas Bedeutendes in der Wissenschaft zu machen, und bei Spielen und jeglichem Sport war ich ein hoffnungsloser Fall. Von klein auf habe ich daran geglaubt, daß die Zukunft nicht in den eigenen Händen liegt, das Schicksal ist durch die Geburt vorbestimmt, und es gibt nichts, was man dazutun könnte. Ich erinnere mich, daß ich bereits als Schuljunge das Gefühl hatte, überholt worden zu sein oder ein besserer Ausdruck dafür wäre wohl ›zu den Akten gelegt‹, wenn man so etwas über einen Schuljungen sagen kann.

Meine erste Arbeit, nachdem ich die Schule verlassen hatte, war eine Lehrstelle als Verkäufer in einer Ladenkette für Elektroartikel. Ich mußte zu verschiedenen Orten gehen und für jemand, der krank war, einspringen, in der Woche darauf bin ich dann irgendwoanders hingeschickt worden. Ich hatte verschiedene andere kleine Jobs dieser Art bei unterschiedlichen Firmen, und das einzig Erwähnenswerte, an das ich mich erinnere, war, daß ich einen sehr starken südlondoner Akzent hatte. Wenn ich ›Wasser‹ sagte, habe ich immer das S verschluckt, und bei ›Hallo, wie geht's?‹ habe ich die Anfangsbuchstaben weggelassen und die Wörter zusammengezogen und solche Sachen. Eine der Firmen, für die ich gearbeitet habe, habe ich um ein Empfehlungsschreiben gebeten, als ich von dort wegging, und sie haben mir einen Brief gegeben, in dem stand, daß ich ein zuverlässiger und pünktlicher Arbeiter sei, aber ich sei nicht für etwas geeignet, wo ich mit der allgemeinen Öffentlichkeit in Kontakt treten muß, weil ich so einen furchtbaren Akzent hätte, und man könne nur die Hälfte von dem verstehen, was ich sage.

Mein Hauptinteresse, das ich im Leben hatte, war das Wetten. Oder, um ehrlich zu sein, es war nicht mein Hauptinteresse, es war mein einziges. Ich ging immer zum Hunderennen, zwei oder drei Abende in der Woche, an den Wochenenden bin ich zum Pferderennen gegangen, und in jeder freien Minute, die ich hatte, bin ich in die Wettbüros gegangen. Ich habe zu Hause gelebt, und ich habe nicht getrunken, und manchmal habe ich eine gute Woche gehabt, und manchmal war sie schlecht. Wenn ich eine gute Woche hatte und eine Menge Geld gewonnen habe, habe ich es nicht verschleudert, wie es manche Leute tun, die angeben und Geschenke für andere kaufen. Ich habe es eben behalten und alles in der folgenden Woche für neue Spiele verbraucht. Ich weiß nicht, ob Sie das schon bemerkt haben, aber man sieht fast immer, daß Leute, die leidenschaftlich spielen, sich gewöhnlich abseits halten und nicht so sehr die Gesellschaft suchen.

Ich bin so gewesen, ich habe überhaupt keinerlei Freunde gehabt. Ich bin sehr schüchtern mit Mädchen gewesen und bin niemals irgendwohin mit ihnen gegangen. Ich habe eine gefragt, ob sie mit mir am Abend ausgehen würde, und wenn sie ja gesagt hat, dann habe ich sie zum Hunderennen mitgenommen. Dann, beim nächsten Mal, wenn ich gefragt habe, hatten sie gewöhnlich eine Ausrede und wenn sie das taten, bin ich nicht weiter drangeblieben, um vielleicht zu fragen, ob sie etwas anderes möchten, ich habe es bleiben lassen und mir keine Gedanken mehr darüber gemacht. Ich glaube, die Mädchen haben mich für jemand gehalten, den man als eine trübe Tasse bezeichnen würde, der an nichts anderes groß denkt oder über nichts anderes spricht als Wetten.

Eine andere Sache zu dieser Zeit, so um die siebzehn oder achtzehn, war, daß ich oft sehr deprimiert gewesen bin. Ich habe andauernd Kopfschmerzen gehabt und Schmerzen in meiner Brust und starkes Herzklopfen. Ich war davon überzeugt, daß mit mir ernsthaft etwas nicht in Ordnung war, und ich bin zu verschiedenen Ärzten und Krankenhäusern gegangen, aber wann immer sie mich untersucht haben, haben sie mir ständig gesagt, daß sie nichts finden könnten, das nicht in Ordnung wäre. Manchmal haben sie mir Beruhigungsmittel oder ein Antidepressivum gegeben, und ein anderes Mal haben sie mir gesagt, ich solle nicht grübeln und ich solle versuchen, mehr an der frischen Luft zu sein. In gewisser Hinsicht gab es auch einige sexuelle Probleme, weil ich mir nicht sicher war, ob oder ob ich nicht homosexuell wäre.

Abends bin ich immer hoch zum Piccadilly Circus gegangen und bin dort herumgelaufen, um zu sehen, ob mir jemand gefällt und versucht, mich mitzunehmen. In der ersten Woche, als ich das gemacht habe, ist nichts passiert, doch dann kam ein Mann in mittleren Jahren auf mich zu und fragte mich, ob ich gern mit ihm in seine Wohnung gehen würde. Er hatte eine gepflegte Aussprache, war gut gekleidet und hatte ein schönes Auto, und er brachte mich zu einer wirklich piekfeinen Wohnung in Finchley. Unterwegs kaufte er indisches Essen zum Mitnehmen und eine Flasche Wein, und nach dem Essen hatten wir ein paar Brandys, und er begann, mir einige Bilder von Männern und Jungs zu zeigen, die diese Dinge miteinander gemacht haben, und dann gingen wir ins Bett. Am nächsten Tag ließ er mich den ganzen Tag über in seiner Wohnung bleiben, während er auf Arbeit ging. Er war offensichtlich ein recht wohlhabender Mann, ich glaube, er war Rechtsanwalt, und ich bin einige Tage bei ihm geblieben. Er war sehr freundlich, und er gab mir Geld, damit ich losgehe und Hemden und einen Anzug für mich kaufe; dann, nach ungefähr drei Tagen, sagte er sehr höflich zu mir, daß es Zeit wäre zu gehen.

Ein Jahr lang hatte ich einige Erlebnisse von dieser Art. Ich war damals neunzehn oder zwanzig und sah ziemlich gut aus, und ich habe es genossen, einige der guten Dinge des Lebens von solchen Männern zu bekommen. Es war eigentlich keine Prostitution, weil ziemlich oft überhaupt kein Sex dabeigewesen ist, alles, was sie wollten, war, mit jemandem reden, Schallplatten hören oder Wein trinken.

Bis zu diesem Zeitpunkt habe ich nie etwas Kriminelles gemacht. Wenn mich zum Beispiel jemand in seiner Wohnung hat bleiben lassen, habe ich niemals etwas gestohlen. Aber dann war ich doch an kriminellen Dingen interessiert, und ich habe ein oder zwei kleine Einbrüche und Ladendiebstähle versucht. Ich habe auch einen Dreh erfunden, um Wettscheine von Wettbüros zu fälschen, so daß es ausgesehen hat, als ob ich einen Gewinn gehabt hätte. Doch ich habe es niemals für eine dicke, runde Summe Geld gemacht, damit es nicht verdächtig erschien. Alles in allem hatte ich für neun Monate eine ziemlich hübsche Erfolgsserie mit den Einbrüchen und den Wettgewinnen. Aber dann bin ich eines Nachts geschnappt worden, in einem Wettbüro, in das ich eingebrochen war, um mir einen Vorrat an Wettscheinen zu verschaffen, und ich kam für sechs Monate ins Gefängnis.

Mit Straferlaß hatte ich dann nur vier abzusitzen, und dann kam der nächste Meilenstein in meinem Leben, als ich eines Tages ein Mädchen in einem Cafe kennenlernte. Sie hat nicht gearbeitet, und sie war allein in einem möblierten Zimmer, und sie war ein wenig geistig zuruckgeblieben. Ihr Name war Lilian, und ich habe sie geschwängert, und so hat sie mich unter Druck gesetzt, daß ich sie heirate. Zuerst sagte ich nein, ich mache es nicht. Sie drohte, daß sie sich umbringen werde, und ich sagte ihr: nur zu, und sie hat eine Überdosis Aspirin genommen. Ich glaube, es war, um mich zu testen und zu erschrecken. Als Ergebnis davon haben wir geheiratet, und wir hatten unser erstes Kind, ein Mädchen. Wir haben sie Julie genannt, und weil wir sie hatten, konnten wir eine Sozialwohnung in Norwood bekommen.

Nachdem wir geheiratet haben, begann ich mich irgendwie an Lilian zu gewöhnen. Ich habe sie lediglich geheiratet, weil ich mußte, und ich wollte sie so schnell wie ich nur konnte wieder loswerden. Aber ich hatte sie gern, und, sie wurde wieder schwanger, obwohl sie eine war, mit der es sich nur schwer zusammenleben ließ. Sie war sehr materiell eingestellt, wie die meisten Frauen. Wenn an der Nachbartür eine neue Waschmaschine ankam, mußte sie auch eine haben, oder einen neuen Farbfernseher und solche Dinge. Das ging in Ordnung, solange wir recht angenehm vom Erlös der kleinen Einbrüche und Diebstähle lebten, die ich gemacht habe, aber dann wurde ich wieder geschnappt, und diesmal wurde ich fünfzehn Monate ins Gefängnis gesteckt. Während ich drin war, bekam Lilian unsere zweite Tochter Tracey, und sie hatte finanziell eine schwierige Zeit. Einmal, als sie auf Besuch kam, nahm sie mir das Versprechen ab, daß, wenn ich rauskomme, ich eine Arbeit annehmen würde und nichts Kriminelles mehr anstellen würde, und ich sagte, ich mache es. Es war eher deshalb, damit sie ruhig blieb und um ihre Nörgelei zu beenden, als irgend etwas anderes.

Nachdem ich dann entlassen worden war, fing es wieder an, daß ich meine Kopfschmerzen und meine Schmerzen in der Brust bekam, depressiv bin ich auch wieder geworden. Lilian und ich, wir haben uns viel gestritten, und ich war völlig am Boden, und alle meine Empfindungen, ein Versager zu sein, kamen ständig wieder hoch. Eines Abends nahm ich eine ganze Menge Pillen auf einmal, Schlaftabletten und Aspirin und Antidepressiva, und ich wurde in einem Krankenwagen ins Krankenhaus gebracht, damit sie mir den Magen auspumpen. Danach wurde ich für einige Monate als ambulanter Patient behandelt, und verschiedene Ärzte haben mit mir gesprochen und mir gesagt, ich soll mich bemühen und versuchen, mich nicht die ganze Zeit als einen Versager zu betrachten, wie ich es getan habe.

Haben Sie etwas dagegen, wenn wir an der Stelle für heute Abend aufhören? Wir haben heute eine verdammt lange Strecke zurückgelegt, und da wir jetzt kurz davor sind, vor dem, was ich getan habe, möchte ich es erst einmal so lassen, bis zum nächsten Mal, wenn Sie nichts dagegen haben.

Beim nächsten Mal fing er ohne jede Einleitung mit Erzählen an und fuhr in einem ununterbrochenen Monolog vierzig Minuten lang fort, ohne jegliche Pause oder weiterführende Fragen. Seine Stimme war ausdruckslos, außer während einer kurzen Aufwallung ärgerlichen, heftigen Fluchens, worauf er gleich danach wieder in einen monotonen Tonfall zurücksank.

Einige meiner Selbstmordversuche waren keineswegs ernst, lediglich eine Überdosis Aspirin und ähnliches, sie nennen das Hilferufe. Aber ein oder zwei davon waren ausgesprochen ernst. Es gibt bestimmte Gifte, die du kaufen kannst, das sind Unkrautvertilgungsmittel, oder es gibt ein anderes gegen Ratten, und wenn du weißt, wohin du gehen mußt, da gibt es bestimmte Ladenbesitzer, die stellen dir keine Fragen oder lassen dich Formulare unterschreiben. Lilian hatte sich in ihren Verhaltensweisen ebenfalls spürbar verändert. Schon seit einigen Jahren ging es mit uns so, daß wir manchmal beide ohne Arbeit waren und manchmal beide einen Selbstmordversuch unternommen haben. Ich konnte nur kleine Jobs mit sehr schlechter Bezahlung bekommen, weil ich immer krank zu Hause bleiben mußte. Sie wollte mich nicht nochmal etwas Kriminelles versuchen lassen und sehen, ob ich es besser machen könnte, und wir hatten andauernd Streit und schrien uns gegenseitig an. Sie wurde sehr kalt und lieblos. Sie kümmerte sich auch nicht richtig um die Kinder; manchmal ging sie am Abend weg, um in der Kneipe zu trinken und kam erst spät nach Hause. Die Hälfte der Zeit habe ich nie gewußt, wo oder mit wem sie zusammen war. Kinder reagieren sehr empfindlich auf solche Dinge, und ich erinnere mich, als ich eines Nachts Julie ins Bett brachte, die Älteste, die damals acht war, sagte sie zu mir: ›Daddy, wie ist es, zwischen dir und Mummy?‹ Ich habe ihr gesagt, daß alles bestens sei, und daß alle Erwachsenen manchmal Streitigkeiten hätten, aber sie hat mich angesehen, als ob sie mir nicht glauben würde. Ihre jüngere Schwester Tracey war fünf, und sie war ein Kind, das sich viel weniger Sorgen machte, ich glaube nicht, daß sie wirklich wußte, was vor sich ging. Weil ich so oft krank war und nicht auf Arbeit gewesen bin, hat Lilian entschieden, daß es die beste Lösung wäre, wenn ich ständig zu Hause bleiben und mich um die Kinder kümmern würde, während sie versuchen wollte, eine anständige Ganztagsarbeit zu bekommen. Sie hat sich für einen Weiterbildungslehrgang beworben, um zu lernen, wie Werkskantinen gemanagt werden, und das bedeutete, daß sie irgendwohin an ein College nach Hertfordshire gehen und jede Woche dort von Montag bis Freitag bleiben mußte. Am ersten Wochenende ist sie nach Hause gekommen, aber nicht an dem danach. Sie hat einen Nachbarn angerufen und eine Nachricht hinterlassen, daß sie eine Menge Arbeit fürs Studium habe, und sie werde das Wochenende bei einer Freundin verbringen. Das Wochenende danach ist sie wieder heimgekommen, aber ich hatte das Gefühl, daß sie mir etwas verheimlicht und alles, was sie wollte, war, wieder nach Hertfordshire zu gehen. Die ganze Zeit, die sie da war, haben wir gestritten, und Julie wurde davon sehr aufgeregt und hat geweint. Am nächsten Wochenende gab es eine weitere telefonische Nachricht, daß sie nicht kommen würde, diesmal, weil sie nicht genug Geld für die Fahrt nach Hause hatte. Am Wochenende danach gab es überhaupt keine Nachricht, sie ist einfach nicht aufgetaucht. Also habe ich am Montag die Kinder zu meiner Mutter gebracht und sie gebeten, sich ein paar Tage um sie zu kümmern, und dann bin ich mit dem Bus nach Hertfordshire gefahren, um Lilian zu finden und mich mit ihr auszusprechen. Als ich in der Stadt ausgestiegen bin, habe ich mich erkundigt, wo das College ist und bin dorthin gelaufen. Gerade als ich darauf zuging, sah ich sie auf mich zukommen. Sie ging mit einem Mann, und sie lachten und scherzten. Als sie mich sahen, hat er die Straße überquert und ist zwischen einigen Geschäften in einer Straße verschwunden. Als ich auf Lilian zukam, habe ich es ihr wirklich gegeben. Ich habe gesagt, daß es mir egal sei, was sie selbst treibt, aber sie würde unsere Kinder sehr unglücklich machen, weil sie nicht zu Hause sei. Ich sagte, daß sie für mich das Wichtigste auf der Welt sind, und ich habe gesagt: ›Wenn du sie weiterhin verletzt, werde ich dich verdammt nochmal umbringen, jawohl, und das ist ein Versprechen.‹ Ich habe sie auf der Straße angeschrien, ich habe gesagt: ›Du bist verdammt undankbar, du müßtest dich verdammt nochmal schämen.‹ Ich habe gesagt: ›Ich lasse nicht derartig ihr Leben versauen, und jetzt kannst du dich verpissen, jawohl, ich habe nichts mehr mit dir zu tun, verdammt nochmal.‹ Ich bin voller Wut gewesen, und ich habe mich umgedreht und bin zur Bushaltestelle zurückgegangen und habe sofort den Bus nach London genommen. Ich bin an diesem Abend nicht bei meiner Mutter vorbeigegangen, um die Kinder abzuholen, ich habe sie bis zum anderen Tag dortgelassen, dann bin ich hingegangen und habe sie zurück in die Wohnung gebracht. Ich habe ihnen erzählt, daß ich mich mit ihrer Mammi getroffen hätte und daß sie ihnen liebe Grüße sagen läßt und daß alles in Ordnung sei und sie bald nach Hause kommen würde. Die Wut, die ich hatte, hielt einen Tag an, und dann begann sie sich in Traurigkeit und Depression zu verwandeln, und ich entschied, daß es am Ende das Beste wäre, wenn ich mich und unsere älteste Tochter Julie umbringen werde, weil das besser für sie sein würde, als sie Lilian zu überlassen, die sich nicht um sie kümmern würde. Ich habe gedacht, daß ich sie zuerst umbringe, dann würde ich Tracey, die Jüngste, mit dem Bus nach Hertfordshire bringen und ihrer Mutter übergeben, dann würde ich nach Hause zurückkommen und mich selbst umbringen. Als Julie von der Schule nach Hause kam, gab ich ihr ein paar Marmeladen-Sandwiches, in die ich eine Menge zerkleinerter Schlaftabletten gestreut hatte, weil ich wollte, daß sie schläft und nicht merkt, was mit ihr geschieht. Sie hat alle Sandwiches gegessen, aber sie wirkten anscheinend nicht bei ihr. Ich sagte ihr, daß sie sich baden und für das Bett fertigmachen soll, und ich sagte Tracey, daß sie rausgehen und ein Weilchen spielen soll. Als sie gegangen war, bin ich in das Badezimmer gegangen, und zu der Zeit schien Julie etwas schläfrig zu werden, so habe ich ihrem Leben ein Ende gemacht, indem ich ihren Kopf unter Wasser gedrückt und sie ertränkt habe. Als ich sicher gewesen bin, daß sie tot war, habe ich das Wasser rausgelassen und ein Handtuch um sie geschlungen und sie herausgehoben, und ich habe ihre Leiche in einen Schrank auf dem Treppenabsatz gelegt und mich vergewissert, daß sie hinter einigen Pappkartons und Koffern nicht zu sehen war. Als die kleine Tracey vom Spielen zurückgekommen war, habe ich ihr gesagt, daß es eine wunderbare Überraschung gäbe. Ihre Mammi hätte Julie mitgenommen, und sie würde am nächsten Tag noch einmal ihretwegen herkommen. Es war seltsam, denn als ich mit ihr gesprochen habe, bin ich dabei sehr fröhlich gewesen, aber gleichzeitig habe ich auch geweint. Ich habe ihr gesagt, daß sie gehen und bei meiner Mutter über Nacht bleiben solle und daß ich am nächsten Tag kommen und sie von der Schule abholen würde. Ich brachte sie zu meiner Mutter, und als ich dann auf dem Weg nach Hause gewesen bin, habe ich bei einem Laden vorbeigeschaut, wo ich schon vorher Dinge bekommen hatte, und ich habe eine große Packung Unkrautvertilgungsmittel gekauft. Ich habe eine Art Teig daraus gemischt und es dann auf den Küchentisch gelegt und wie einen Kuchen geformt und in eine Dose getan. Ich bin die ganze Nacht aufgeblieben, habe Kaffee getrunken und Tabletten genommen. Ich bin nicht zum Schrank gegangen und habe dort nach Julies Leiche geschaut, ich habe fast die ganze Zeit am Küchentisch gesessen und über Tracey nachgedacht. Meine ursprüngliche Idee war, sie zu Lilian nach Hertfordshire zu bringen, aber je mehr ich darüber nachdachte, desto mehr schien es mir, daß das keine sehr gute Zukunft für sie wäre. Dann hatte ich die Idee, daß ich sie vielleicht zu meiner Mutter gebe, damit die sich um sie kümmert, aber ich habe gedacht, daß das wohl nicht so gut gehen würde, weil meine Mutter schon im fortgeschrittenen Alter war und wahrscheinlich nicht mehr in der Lage sein würde, mit ihr klarzukommen, und mein Vater war im Jahr zuvor gestorben. Am folgenden Nachmittag bin ich zur Schule gegangen und habe Tracey abgeholt, und auf dem Weg sah ich ein Polizeiauto am Straßenrand stehen. Ich entschied, daß ich hingehen und mich selbst stellen werde und ihnen erzähle, was ich getan habe, aber als ich darauf zugegangen bin, ist es weggefahren. Ich hab' Tracey von der Schule abgeholt und habe sie nach Hause gebracht, und sie war sehr aufgeregt und hat mich die ganze Zeit gefragt, ob ihre Mammi schon gekommen sei. Als wir nach Hause gekommen waren, fühlte ich mich wie ein Roboter. Und dann ist die ganze Sache noch einmal passiert. Ich habe Tracey Sandwiches mit Tabletten gegeben, und als sie die gegessen hatte, sagte sie, daß sie sich schlecht fühle, und so sagte ich zu ihr, daß sie sich baden und ins Bett gehen solle. Aber sie hat sich nicht gebadet, alles, was sie wollte, war ins Bett gehen; sie ist gegangen und hat sich hingelegt, und als ich ins Schlafzimmer gekommen bin, hat sie tief geschlafen. Unglücklicherweise habe ich dann ihrem Leben ein Ende gesetzt, indem ich sie mit einem Kissen erstickt habe. Als ich wußte, daß sie wirklich tot war, bin ich zurück in die Küche gegangen und habe mich an den Tisch gesetzt und habe den ganzen Teig aus Unkrautvertilgungsmittel aufgegessen, den ich am Abend vorher zu einem Kuchen geformt hatte. Dann bin ich rausgegangen und für eine Weile herumgelaufen, und als ich eine Telefonzelle sah, habe ich meinen Doktor angerufen. Ich sagte, daß es mir leid tun würde, daß ich einige traurige Nachrichten für ihn hätte, ich hätte meine beiden kleinen Töchter umgebracht und ich selbst hätte viel Gift genommen. Er sagte mir, daß ich zur Unfallstation des örtlichen Krankenhauses gehen soll, um wegen des Gifts behandelt zu werden, und er sagte, daß er kommen und mich dort treffen würde. Zu der Zeit habe ich mich ständig übergeben und mich sehr schlecht gefühlt. Ich habe gedacht, daß die Polizei im Krankenhaus auf mich warten würde, aber sie waren nicht da. Ich wurde auf die Intensivstation gebracht, und ich hab' gedacht, sie würden mich sterben lassen, wegen allem, was ich gemacht hatte, aber sie haben es nicht getan. Mein Doktor kam, und dann kam die Polizei, und sie brachten mich in ein Gefängnis mit einem Krankenhausflügel, und sehr zu meiner Überraschung fing ich nach einigen Tagen an, mich von der Vergiftung zu erholen. Ein Arzt, der mich im Gefängnis untersucht hat, sagte, ich hätte eine psychopathische Störung, mit dem Ergebnis, daß in meiner Verhandlung gesagt wurde, ich hätte ein stark herabgesetztes Verantwortungsgefühl, und ich sei nicht vollkommen verantwortlich für meine Handlungen. Anstelle einer lebenslangen Haftstrafe wurde ich nach Broadmoor geschickt, unter Absatz, was weiß ich, des Zurechnungsfähigkeitsgesetzes, das besagt, daß du dort für immer eingesperrt sein kannst, wenn es nötig ist. Ich spreche nicht oft so viel wie jetzt, und wenn ich es tue, werde ich sehr müde, also wenn Sie nichts dagegen haben, würde ich hier gern wieder Halt machen und das nächste Mal an dieser Stelle weitermachen.

Ich bin zuerst für drei Jahre in Broadmoor gewesen, dann bin ich nach Rampton in Nottinghamshire gekommen und dann nach Park Lane bei Liverpool. Jede dieser Anstalten ist, wie es heißt, ein Spezialkrankenhaus, sie stehen unter Aufsicht des Gesundheitsministeriums und nicht des Strafvollzugs. Sie unterscheiden sich nicht so sehr von Gefängnissen, nach dem, was ich von Leuten gehört habe, die in beidem gewesen sind, außer, daß die Bedingungen drinnen ein bißchen lockerer sind. Aber es gibt Hochsicherheitstrakte, und du bist abgeschnitten. Es ist auch in anderer Hinsicht sehr schwierig herauszukommen; so weit es Gefängnisse sind, hast du entweder einen Entlassungstermin, wenn du eine bestimmte Haftstrafe verbüßt oder, wenn du eine unbestimmte hast, wie lebenslänglich, dann ist für dich ein Plan entworfen, und der ist so gestaltet, daß er auf einen Entlassungstermin hinwirkt.

In den Spezialkrankenhäusern kannst du für eine viel längere Zeit dabehalten werden. Sie würden überrascht sein, wieviele Leute Sie dort treffen, die seit fünfundzwanzig oder dreißig Jahren oder länger drin sind, und bei denen schon lange zugestimmt worden ist, die aber keine Chance haben, je wieder herauszukommen. Einige von ihnen sind alte Damen und solche Leute, und einige können sich nicht einmal erinnern, wofür sie erst dorthin gebracht wurden. Das Personal ist nicht unfreundlich zu dir, zumindest war niemand jemals besonders unfreundlich zu mir, aber du fühlst doch, daß du eingesperrt und vergessen bist, und es gibt niemanden draußen, der sich um dich kümmert.

Ich habe das in meinem Fall so empfunden, weil ein Jahr oder so, nachdem ich nach Broadmoor gekommen war, meine Frau mir geschrieben und mich um die Scheidung gebeten hat, der ich zugestimmt habe; und dann, nicht lange danach, wurde mir mitgeteilt, daß meine Mutter gestorben ist. Ich weiß nicht, was mit meinen Geschwistern geschehen ist, es ist viele Jahre her, seit ich etwas von ihnen gehört habe. Ich nehme an, daß sie wahrscheinlich nichts mit mir zu tun haben wollen, was man ja verstehen kann.

Fast die gesamten drei Jahre, die ich in Broadmoor war, hatte ich einen eigenen Plan für mich, der so lautete, daß ich mich umbringen werde, wenn ich eine passende Gelegenheit dazu fände. Ich habe gedacht, daß ich mir die Drogen aufspare, die sie mir gegeben haben, bis ich eine genügende Anzahl habe, um sicher zu sein, daß es machbar ist. Aber ich glaube, sie kennen diese Masche, und sie schränken entweder die Anzahl, die sie dir für eine Zeit geben, ein, oder sie verabreichen sie dir in flüssiger Form, so daß sie nicht aufbewahrt werden können. Sie benutzen auch keine Drogen in dem Maße, wie ich mir das vorgestellt hatte; anstelle dessen hast du wöchentliche Konsultationen mit Ärzten und Therapeuten, und sie ermuntern dich die ganze Zeit, daß du darüber sprichst, was in deinem Kopf vor sich geht.

Was sie hauptsächlich tun, ist, dir ein Verständnis für deine eigene Verfassung zu vermitteln, so daß du über die auftretenden Symptome Bescheid weißt. Ein Arzt hat mir gesagt, daß ich ein depressiver Psychotiker oder ein psychotischer Depressiver sei, wie man das nennt, ich kann mich nicht erinnern, wie herum es richtig ist; zwei andere Ärzte haben zu unterschiedlichen Zeiten gesagt, daß ich ein Psychopath sei. Mir wurde erklärt, daß ein Psychopath jemand ist, dem es an emotionalen Gefühlen mangelt, die andere Menschen besitzen, und das ließe ihn manchmal in einer verantwortungslosen Art und Weise handeln. Offensichtlich gibt es da zwei verschiedene Arten; aggressive Psychopathen, die mit Schrotflinten und Waffen herumlaufen, die sie benutzen, um Leute anzufallen und bewaffnete Überfälle zu begehen, und die andere Art, die unzulänglichen Psychopathen, die einen gefühlsmäßigen Mangel haben, die aber mit der Welt im allgemeinen nicht zurechtkommen oder die nicht viel tun können, um ihre Situation zu verbessern.

Sie haben gesagt, daß die Hauptursache des Übels, das

in meinem Leben geschehen war, daher gekommen sei, daß ich nicht mit Dingen zurechtkommen würde, die mir über den Kopf wachsen. Sie haben mir auch zu verstehen gegeben, wie wichtig es sei, daß ich immer sofort zur psychiatrischen Klinik gehe, sobald ich wieder solche Gefühle habe und ihnen von mir berichte und sie bitte, sich um mich zu kümmern. Als sie anfangs so gesprochen und Fragen gestellt haben, um zu sehen, ob ich das, was sie sagen, richtig verstanden habe, dachte ich, daß das vielleicht bedeutet, daß sie daran denken, mich rauszulassen. Doch als ich sie danach gefragt habe, waren sie sehr ehrlich; sie sagten, im Hinblick auf das, was geschehen sei, würden sie sehr vorsichtig sein müssen, dies in Betracht zu ziehen, und sie können keine Risiken eingehen, was man ja verstehen kann.

Daß man mich in Abständen von jeweils drei Jahren von dem einen in ein anderes Krankenhaus verlegt hat, war für mich nichts anderes als Ortsveränderung. Ich kann mich nicht entsinnen, daß es da irgendeine Art von unterschiedlicher Behandlung in dem einen oder anderen gegeben hat. Im Unterschied zu einer gewöhnlichen lebenslänglichen Haftstrafe, die du absitzt, bekommst du in einem Spezialkrankenhaus keinen Entlassungstermin, etwa für einen Zeitpunkt in der Zukunft. Was du machen mußt, ist, von Zeit zu Zeit selbst einen Antrag an ein Gremium stellen, und sie befassen sich dann mit deinem Fall. Das erste, worum du dich bewerben mußt, ist, daß dir die Erlaubnis erteilt wird, für ein paar Einkaufsbummel halbtags rauszugehen. Ich bin zweimal in einem Jahr abgelehnt worden, und dann haben sie mich, begleitet von zwei Leuten Aufsichtspersonal, rausgelassen. Das ist in Park Lane gewesen, und wir sind gegangen und haben uns in einigen der großen Geschäfte von Liverpool umgesehen. Du wirst auch durch Gastärzte untersucht, die kommen und liefern unabhängig von dir Berichte an das Gremium.

Bei mir sind es insgesamt neun Jahre gewesen, bevor sie zugestimmt haben, daß ich Bewährung bekomme, aber mit vielen Bedingungen.

Eine Bedingung ist, daß ich in einem Heim unter Aufsicht lebe, was ich ja tue; eine weitere, daß ich einmal in der Woche zum Psychiater hier ins Krankenhaus gehe und auch, daß ich meinen Bewährungshelfer einmal in der Woche treffe. So weit bis zum jetzigen Zeitpunkt, da ich seit vierzehn Wochen und drei Tagen raus bin. Man kann mich jederzeit, auf eine Augenblicksverfügung hin, wieder in ein überwachtes Krankenhaus zurückbringen.

Ich hoffe, daß ich bald damit beginnen kann, einen neuen Anfang zu machen, aber diese ganzen Verabredungen, bei denen ich jede Woche verschiedene Leute treffen muß, machen es mir nicht leicht, einen Job zu finden und zur Ruhe zu kommen. Wenn ich kann, arbeite ich tageweise per Telefon als Händler für eine Firma, die Doppelverglasungen verkauft, aber es ist nicht sehr interessant, und ich bin da nur auf Provisionsbasis. Es ist ein großer, weiter Raum, mit langen Schreibtischen darin, und die Leute sitzen an ihnen mit einem Telefon und einem Stapel Telefonbücher. Du suchst dir irgendeine Nummer heraus, die du magst, irgendwo, und du rufst sie an und fragst sie, ob es ihnen recht wäre, wenn ein Händler sie anrufen würde. Wenn sie sich interessiert anhören, dann schreibst du ihre Angaben auf, und wenn am Ende ein Verkauf dabei zustandekommt, erst dann bekommst du etwas Provision.

Ich kann nicht sehen, daß es ein Job mit großer Zukunft ist, und so sehe ich in jeder Mittagspause die Abendzeitung durch, wenn sie herauskommt, in der Hoffnung, daß ich etwas finde, das ein bißchen besser ist. Wenn mir das gelingen würde, dann könnte ich endlich hoffen, aus dem Heim auszuziehen und für mich leben zu können, falls sie mich lassen, und vielleicht könnte ich dann ein etwas geselligeres Leben führen. Bis jetzt habe ich keinerlei Freunde hier draußen. Die Leute, die ich auf Arbeit treffe, sind alle auf Zeitarbeit dort, keiner bleibt so lange, daß du ihn kennenlernst. Vorige Woche ist ein Mädchen dort gewesen; als ich an die Sandwich-Bar gegangen bin, um mir etwas zu Mittag zu holen, hat sie auch dort gestanden, und wir sind zusammen zur Arbeit zurückgegangen. Ich habe sie gefragt, ob wir uns einmal am Abend nach der Arbeit auf einen Drink treffen könnten, und sie hat ja gesagt, in Ordnung, es wäre ihr recht. Dann hat sie gesagt, daß sie gar nichts über mich wüßte, und sie möchte, daß ich ihr etwas von mir erzähle. Ich weiß nicht, was mich dazu getrieben hat, aber ich lachte und habe gesagt: ja, ich sei ein freigelassener Mörder. Ihr Gesicht nahm einen wirklich seltsamen Ausdruck an, und so habe ich wieder gelacht und gesagt, daß ich das natürlich nicht wirklich sei, ich hätte es nur gesagt, um sie zu erschrecken. Aber sie hat gesagt, daß sie nicht glaube, daß sie nun mit mir ausgehen würde. Ende voriger Woche ist sie von Arbeit weggegangen, und seitdem nicht wieder dort gewesen. Ich glaube, ich habe sie verschreckt. Ich war enttäuscht, weil ich dachte, daß da vielleicht eine Chance gewesen wäre, mit ihr etwas Sex zu machen, was ich gern haben würde.

Die Art und Weise, wie ich die Dinge jetzt laufen sehe, ist die, daß, je mehr Zeit vergeht, desto besser wird es mir gehen. Ich habe nicht mehr so schlimme Depressionen wie ich sie früher gehabt habe, und wenn, dann weiß ich, daß der Arzt im Krankenhaus ist, und ich rufe an und vereinbare ein Treffen mit ihm. Ich fühle mich nicht mehr so schlecht, nachdem ich mit ihm gesprochen habe. Vor drei Wochen habe ich etwas getan, was ich vorher nicht getan habe, und das ist, daß ich auf den Friedhof gegangen bin, wo meine Töchter begraben sind und daß ich mir ihre Gräber angesehen habe. Hinterher hat es mich aufgeregt, als ich darüber nachdachte, aber ich bin zu dem Schluß gekommen, daß es, im Ganzen gesehen, für mich richtig gewesen ist, das zu tun, hinzugehen und ihnen meine Ehre zu erweisen, so wie es war. Ich werde bald wieder hingehen, und das nächste Mal werde ich vielleicht einen Strauß Blumen mitnehmen.

Eine Sache, die ich mir immer vorgestellt habe, wenn ich sie fertigbringe, ist: daß ich immer gedacht habe, ich würde gern ein Buch schreiben. Es würde über Broadmoor und Rampton und Park Lane sein und die seltsamen Leute, die du darin triffst; aber hauptsächlich meine eigene Geschichte, eine Autobiographie. Also, ich glaube ein guter Titel dafür wäre: ›Das Leben und die Erfahrungen eines unzulänglichen Psychopathen‹.

SECHSTES GESPRÄCH

ANDY REID
EIN MANN OHNE VERGANGENHEIT

Ein kleiner borstiger, zierlicher Mann mit einer Mähne aus dickem, lockigem schwarzen Haar, er stand da, dem Zimmer den Rücken zugekehrt, und blickte vom Fenster des Büros für Bewährungshilfe im zehnten Stock über die Dächerspitzen der Stadt; seine Hände waren tief in die Taschen seines Anoraks vergraben, wenn er sprach, wendete er seinen Kopf über die Schulter nach hinten. Seine Stimme war rauh und tief, mit einem starken Glasgower Akzent.

Da gibt's man nich' so viel, was ich Dir sagen kann. Ich hab' 'nen Mann auf der Straße umgebracht, 'nen Fremden. Bin da die Straße langgegangen, 'ne Straße weiter von Sauchiehall Street, mit den Häusern da, aber ohne Geschäfte, weißt Du, wie 'ne Art Wohnviertel. Elf Uhr abends, is' dunkel, lauf da lang und denk an mein' Kram. Und lauf an dem Mann vorbei, der läuft in dieselbe Richtung, ich hab' man nich' gewußt, wer der war, nie vorher gesehn in meinem ganzen Leben. Als ich da man an dem vorbeigeh, sagt der, fast wie 'n Flüstern, weißt Du, sagt der zu mir ›Oi, oi‹, sagt der. Hab ich mein Messer gezogen, mich umgedreht und nach ihm gestochen. Hab man nich' so sehr versucht, den umzubringen, weißt Du. Hab man nur versucht, dem was beizubringen, eins zu verpassen, daß der sich an mich erinnert. Weiß man nich', wie oft ich nach dem gestochen hab', insgesamt, aber wird wohl schon 'n paar Mal gewesen sein. Hab dann mein Messer weggeschmissen und bin gerannt und gerannt.

Das is' man alles, was dazu is', da gibt's nich' mehr als das, um's Dir zu erzählen. Für mich selbst gibt's da ja man kaum was zu sagen. Ich bin ein Mann ohne Geschichte. Mein ganzes Leben war ich in Haftanstalten, gibt nur wenig andres außer dem.

Und ich kann nich' hier mit Dir reden, an 'nem Ort wie dem hier: wenn Du mit mir sprechen willst, dann mußt Du in meine Wohnung kommen.

Von einem separaten Eingang, unter der Treppe zur Eingangstür aus erreichbar, hatte er zwei Zimmer am Ende eines dunklen Kellergangs: sie waren kahl, nicht tapeziert und düster, und er hatte kaum irgendwelche Möbel darin, abgesehen von einem Einzelbett, das mit einem grauen Laken bezogen war, einem billigen Küchentisch mit gelber Plasteoberfläche, zwei Stühlen und ein paar kleinen Bücherregalen, die mit Brieftaschenkalendern und Paperbacks vollgestopft waren.

Auf die Finger der einen Hand waren die Buchstaben L O V E und auf die der anderen H A T E tätowiert. Manchmal hielt er sie beim Reden verschränkt, manchmal lagen sie schlaff auf seinen Oberschenkeln. Seine Worte kamen in abgehackter Reihenfolge hervor, gefolgt von langem Schweigen, währenddessen er über das grübelte, was er gesagt hatte; manchmal stand er auf und lief langsam umher, rieb sich den Nacken und lockerte seine eingeschlafenen Muskeln ohne zu reden, dann kam er wieder zu seinem Stuhl zurück und fing wieder an zu reden.

Die Gesprächsgegenstände waren selten in einer Reihenfolge, auch nicht die Zeiten und Themen. An verschiedenen Abenden begann er mit einer Sache, ging über zu einer anderen und kehrte dann am nächsten Tag wieder dorthin zurück. Er begann, setzte aus, erzählte noch einmal, wiederholte, fügte etwas hinzu, nahm etwas zurück.

Bin ein Mann ohne Vergangenheit, hab' ich gesagt, nich', und das stimmt. Meine ganze Vergangenheit is' in meinen Träumen: furchtbare, schlimme Träume, die ich hab'. Die Nacht, in der wir uns getroffen haben, nachdem ich hier heimgekommen bin, konnt' man keine Ruhe finden, um zu essen oder 'n Buch zu lesen oder Radio zu hören oder was, also bin ich die Straße rüber dort in die Kneipe gegangen und hab' die ganze Nacht allein in 'ner Ecke gesessen und hab' mich verdammt blöde besoffen. Worüber wir geredet haben, es is' mir noch alles andauernd in meinem Kopf rumgegangen, immer wieder und immer wieder. Dann bin ich heimgekommen und auf mein Bett gekippt, und ich bin nich' vor drei am nächsten Tag aufgewacht oder vielleicht auch halb vier, und das Licht war immer noch an. Gott, hab' ich mich schlecht gefühlt. Ich hab' versucht, die schlechten Träume zu vermeiden, und es hat nich' geklappt, es klappt verdammt nochmal nie.

Ich frag mich selbst, wofür der Scheiß gut is', drüber reden und alles wieder aufrühren oder nich' drüber reden und hoffen, daß es eines Tages vorbeigehn wird? Wird nich' vorbeigehn, wenn ich drüber rede, und wird nich' vorbeigehn, wenn ich es nich' mache.

Und die schlechten Träume gehn man auch die ganze Zeit weiter. Manchmal scheinen sie schlechte Träume über schlechte Träume zu sein, das is' es, als was sie erscheinen. Doch das is' nur, was sie nich' sind, glaub mir. Der schlechte Traum, das is' die Wirklichkeit, das is', daß ich 'n Mensch umgebracht hab'.

Ich hab' nich' geprobt, bevor Du gekommen bist oder was in der Art: Weiß nich', was ich sagen werde, ich werd die Wörter einfach nur rauskommen lassen. Weiß nich', ob Du was davon verstehn wirst. Versteh das meiste selber nich'. Werd uns erstmal 'n Kaffee machen.

Ich bin fünfunddreißig. Hab mein Lebenslänglich gekriegt, als ich achtzehn war, und hab' vierzehn Jahre gesessen. Als ich 'n Kind war, bin ich zum ersten Mal in 'ne Anstalt gesteckt worden, als ich elf war, bin kurz rausgekommen, 'n paar Monate, dann bin ich in 'ne andre reingesteckt worden, als ich vierzehn war. Sind fünfzehn Jahre, die ich draußen gewesen bin und zwanzig drinne. Die Zeit draußen war meist in meiner frühen Kindheit, also erinnere ich mich nich' mehr an viel davon. Der Rest war Eingesperrtsein; das is' die einzige Vergangenheit, die ich hab'.

Weil, denk doch mal an jeden gewöhnlichen Mann, der fünfunddreißig is'. Der is' verheiratet, hat 'n Job, Kinder, 'n Haus; der weiß, von wo es den dorthin gebracht hat, wo er jetzt is', und der weiß wahrscheinlich auch, wohin er von dort aus gehn wird. Seine Vergangenheit hat 'ne Form gehabt, und seine Zukunft formt sich raus: für den und für andre Leute, das alles ergibt irgendwie Sinn.

Doch alles, was ich sehe, is', daß in meiner Vergangenheit 'n Loch is', 'n schwarzes Loch, und in meiner Zukunft, da is' noch 'n größeres und schwärzeres Loch. Wo ich bin, das is' nirgendwo, Schwebezustand: Worauf ich zugeh, is' noch mehr so. Ich versuch', nich' so zu klingen wie einer, der Selbstmitleid hat, weil ich nich' so einer bin, der Selbstmitleid hat: Ich blick durch, ich red Klartext. Andre Leute sind für die meisten Leute die Zukunft. Hab keine andren Leute. Kenn' man keine andren Leute. Will vielleicht auch keine andren Leute, das is' vielleicht der springende Punkt. Das is' vielleicht so, weil ich keinen Unterschied zwischen Vergangenheit und Gegenwart seh. Gibt auch keinen merklichen Unterschied, zwischen im Knast-Sein und jetzt. Der einzige Unterschied, den ich sehn kann, is', als ich im Knast gewesen bin, hatte ich um Erlaubnis zu fragen, wenn ich scheißen gehn wollte. Jetzt kann ich gehn, wann ich will.

Ich bin in Falkirk geboren, aber wir sind nach Glasgow

gezogen, als ich noch klein war. Nehme an, es hatte was mit meinem Vater zu tun, der den Job gewechselt hat, er war Ingenieur oder sowas Ähnliches, 'ne Art Werkzeugmacher, wenigstens war er das, wenn er nich' ohne Arbeit war und getrunken hat oder in der Kiste war. Der war man nur 'n kleiner Krimineller, nichts Großes oder Glänzendes, entweder die krumme oder die gerade Tour. Die meisten von sein' Straftaten warn Diebstähle oder Gewalttätigkeit. Einmal hat er gesessen wegen 'ner Tätlichkeit gegen meine Mutter; er und sie haben sich mehrmals getrennt, und am Ende haben sie sich scheiden lassen. Nehme an, daß sie am Anfang vielleicht zusammen glücklich gewesen sind, zumindest haben sie fünf Kinder gehabt: zwei Mädchen und drei Jungs, und ich war der letzte. Das war zu der Zeit, als die sich gestritten, geschlagen und getrennt haben: Kindheit is' für mich immer Unglücklich-Sein gewesen.

Die einzige Überraschung für mich ist die Zeit, die meine Mutter gebraucht hat, bis sie den schließlich verlassen hat und mit 'nem andern weggegangen is', und seitdem hab' ich nie etwas von ihr gehört oder gesehen. Was meinen Vater angeht, so is' der vielleicht am Leben oder der is' vielleicht tot jetzt, glaub nich' an's erste.

Is' man einfach, zurückzusehen, wenn du älter bist, und zu sagen, du hast das und das wegen dem und dem gemacht. Bei mir, hab' den Gaszähler im Nachbarhaus geknackt; zu meiner Zeit hab' ich 'ner Menge von Leuten erzählt, daß es deshalb war, weil ich Geld gebraucht hab', um nach London abzuhauen, um von zu Hause wegzukommen. Weiß wirklich nich', ob das so war oder nich'. Wenn du 'n Kind von elf Jahrn bist, und alle deine Kumpels drehn andauernd solche Dinger, da brauchst du keinen besonderen Grund, um 'nen Gaszähler zu knacken. Du machst das, weil es aufregend is', und du zeigst, daß du genauso viel auf dem Kasten hast, wie jeder andre auch. Gibt da 'n Spruch aus dem Knast über kleine Kriminelle, die man nur Gaszählerknacker sind: Kids, da is' was Wahres dran, sind Banditen, alle Mann, Vogelfreie.

Wollte sagen, das erste Mal, als ich ins Erziehungsheim geschickt wurde, hat man mir gesagt, daß es zu meinem Besten sein würde. Das war auch richtig: in vieler Hinsicht war es das. Bin im Erziehungsheim glücklicher gewesen, als ich es zu Hause war. Der Hauptgrund dafür war, daß es dort nich' so viel Gewalt gegeben hat, die Leute haben mit dir geredet, anstatt dich andauernd zu verdreschen, wie es zu Hause gewesen is'.

Die einzige Regel in unserm Haus is' die Angst gewesen: Angst vorm Wehtun und vor Gewalt. Die war einfach unendlich. Unendlich und sinnlos: Alles hing völlig davon ab, wie mein Vater sich gefühlt hat, nich' davon, was einer von uns gemacht hat. Der war körperlich kein starker Mann, obwohl er mir als Kind so vorgekommen is'. Aber der war 'n vollkommen brutaler Mann, wenn der nüchtern war, und noch 'n vollkommen brutalerer, wenn er betrunken war. Die einzige Reaktion auf etwas, die der gekannt hat, war zuschlagen und weiterschlagen. Meine Mutter, meine Geschwister und am meisten ich, weil ich der Kleinste war. Zwei Vorfälle, an die ich mich besonders erinnere, war einmal, als er mich verprügelt hat, für irgendwas, das ich gemacht hatte oder auch auch nich', wie auch immer, verprügelt mit 'nem dicken Gürtel, den der getragen hat, der war mit Messingnieten beschlagen. War man etwa acht. Und 'n andres Mal, an das ich mich erinnere, war, als der losgegangen is' und die Hundekette geholt hat, die an der Küchentür hing, und wie der die mir drübergezogen hat. Die vielen Male, wenn der mit seinen Fäusten geschlagen hat oder nach meinen Beinen getreten hat, und das hart, davon is' mir nichts mehr in Erinnerung geblieben. Das war dem sein ständiges, normales Verhalten. Kann mein Gefühl für den ganz einfach ausdrücken: Hab den gehaßt.

Mit dreizehn bin ich das zweite Mal ins Erziehungsheim

geschickt worden, das war für einen andern Einbruch und für Geldklauen, glaube, da is' es wohl ein Laden gewesen. Die Sache war schwerer, und zu der Zeit war ich bestimmt schon 'n ganz schön schwerer Junge; und als ich dorthin gegangen bin, hab' ich dafür gesorgt, mir gleich 'nen Namen zu machen. Das mußte ich, weil ich klein war; wenn nich', dann hätten die mich aufs Korn genommen und mich fertiggemacht. Mußte zeigen, daß ich eher zu 'ner Schlägerei bereit war, als irgend jemand anders, groß oder klein. Hab das kultiviert, was man 'n Kurzschluß nennt: der Augenblick, in dem irgendeiner irgendwas zu mir gesagt hat, selbst wenn es harmlos gemeint war, hab' es absichtlich falsch verstanden, und bin mit meinen Fäusten auf die losgegangen. Zeig, daß du Wut in dir hast, mach jedem klar, daß du Hitze hast, die erlauben sich besser nich' die kleinste Frechheit. Wenn die es doch machen, handeln die sich Schläge ein. Das is' der einzige Weg zu überleben. Zeig, daß du kämpfen und Schmerz zufügen kannst. Und auch Schmerz vertragen. Ich erinnere mich, hab' mal mit meiner Faust 'ne Glasscheibe zerdroschen. Du bis dauernd als schwul angemacht worden, wenn du so klein wie ich gewesen bist und nich' hart ausgesehn hast. Hat mich angeekelt, bin da absolut verrückt geworden, wenn jemand gedacht hat, daß ich so bin, also habe ich mit meiner Faust das Glas zerdroschen, um zu zeigen, daß ich nich' so bin.

Die Atmosphäre im zweiten Erziehungsheim, war 'n Ort, wo, sogar beim Personal, das Prinzip der Gewalt das einzige gewesen is', was es gab. Du hast man nich' so viel Schule dort gehabt, und du hast keine große Ausbildung gekriegt. Zumindest nich' in den annehmbaren gelehrten Dingen. Wurde von den Christlichen Brüdern geleitet, 'ner Gang von fast ausschließlich großen, brutalen Männern, Terroristen, im wahrsten Sinn des Wortes: Die haben geherrscht, indem die terrorisiert haben. Hast du was gesagt oder getan, was fehl am Platz war – und die waren natürlich diejenigen, die entschieden haben, was fehl am Platz war und was nich' – dann sind die als Horde auf dich losgegangen, haben dich mit Knüppeln verprügelt, mit Fäusten geschlagen, haben dir Lederriemen übergezogen. Gab da 'nen Bruder, den haben die Slogger genannt, weil der immer, wo der auch gewesen is', 'nen Kricketschläger bei sich hatte. Hab den damit nie auf dem Kricketfeld umgehn sehen, aber der hat dir damit ständig auf deinen Arsch gehaun. Wenn der sich irgendwann von hinten an dich rangemacht hatte, dann hat der das man bloß so zum Vergnügen gemacht. Weiß nich', wie der seine Religion genannt hat, aber sein Antrieb war, was man Sadismus nennt. Der war von der Sort, daß er sich fast gefreut hat, wenn du was falsch gemacht hast und er es rausbekommen hat. Bei der Aussicht, dich dafür zu prügeln oder zu schlagen, is' 'n Funken Vorfreude in seine Augen gekommen.

Nach dem Erziehungsheim bin ich runter in den Süden nach England gekommen. Glasgow war nich' gut, meine Mutter war weg, irgendwohin, und mein Vater woandershin. London is' der einzige Gedanke, den schottische Jungs, die abhauen, im Kopf haben. Die Straßen sind mit Gold gepflastert, die stellen sich das wirklich so vor. Nach wenigen Tagen nur hab' ich 'n paar Kumpels getroffen, die ihrn Lebensunterhalt auf verschiedenste Art und Weise verdienten, keine davon war legal. Die waren außerhalb der Gesellschaft: Individualisten, Anarchisten, in ihrer Art freie Menschen. Der Lebenswandel von denen hat mir nich' gepaßt. War nich' das Kriminelle an der Sache gewesen, das hat mich nich' gestört: War die unordentliche Seite daran, die Art und Weise, in der du die Dinge machst, jedes zu seiner Zeit, was auch immer als nächstes kommt. In 'nem frühn Alter, in dem du die Eindrücke an dich ranläßt, da hat ich 'nen geordneten Lebenswandel gehabt: in den Erziehungsheimen; und wenn einer schon so jung, wie ich es war, institutionalisiert sein kann, dann war ich es.

Also sind meine Gedanken natürlicherweise in Richtung Armee gegangen. Zu der Zeit war es nich' wie heute, wo sie wählerischer sind, die haben fast jeden genommen. Für mich sind es man grade acht Monate gewesen, und fünf davon war ich im Bau, wegen Schlägereien. In der Armee sollst du deine aggressiven Instinkte behalten, um sie am Feind auszulassen. Hab das nicht gemacht: Bin nie an 'nen Feind rangekommen, war damit beschäftigt, mich mit andern Soldaten zu prügeln oder mit irgendnem andern, der grad da war. Ich war bereit, mich zu schlagen, bei jeder Art Beleidigung, ob wirklich oder nur eingebildet: Da brauchte mich nur einer anzusehen, den hab' ich gefragt, warum er mich so anguckt, ob er vielleicht Prügel sucht. Irgendwas war da nich' ganz in Ordnung mit mir, ich glaube, das is' außer Frage.

Bin für drei Monate in Armeebaracken gewesen, was 'ne Grundausbildung sein sollte. Ein paar Kumpels sind an den Wochenenden nach ihrem Zuhause gefahren: ich nich', weil ich keins hatte. Der Höhepunkt der Woche war der Sonnabendabend, rein in die Zivilklamotten und mit 'n paar andern runter in die Stadt und in die Kneipen. Gab nur wenige, wo wir kein Lokalverbot hatten, aber es gab immer irgendwo was, wo sie dir 'nen Drink gegeben haben. Glaube, da war 'ne Kneipe, die ›Kings Head‹ genannt wurde, 'n wirklich berüchtigter Ort, wo du alles kriegen konntest, was du wolltest: Drinks, Drogen, Nutten, was immer du wolltest. An so 'nem Sonnabendabend war da dieser Riesenkerl, der an der Bar gestanden hat, und der hat das gemacht, was ich am wenigsten leiden konnte, und das war, mich anstarren. Bin auf den zugegangen und hab' dem meine gewöhnliche Art der Begrüßung vorgebracht: das war, ihn danach zu fragen, nach was er denn so rumguckt, ob er Prügel sucht. Der hat mir mit 'ner Frechheit geantwortet. Der hat gesagt: ›Sei mal ganz vorsichtig, Sohnemann, ich bin Polizist und kann ansehen, wen ich will.‹ Der hat beinahe meinen Kopf getätschelt, dazu der

Ton in seiner Stimme. Also hab' ich zu ihm gesagt: ›Ha, Scheiß, ha‹; und hab' nach der Bierflasche gegriffen, die vor ihm auf dem Tresen stand, und hab' sie mit 'nem Schlag über seinen Kopf gehauen. Sie zersplitterte, überall Glas, hat dem den ganzen Kopf, das Gesicht und den Hals zerschnitten. Schwere Körperverletzung haben sie es genannt; das war, auf was die Anklage lautete, gab keine Möglichkeit, daß die es auf 'ne Entschuldigung hin reduziert hätten. Und das war's, was sie dann bekommen haben, denn es war richtig, er war Polizist. Die mögen das nich'; also waren es sechs Monate Strafvollzug und Entlassung aus der Armee.

Na gut, so viel von meiner Militärkarriere. Ich werd uns 'ne Tasse Kaffee machen.

Gewalt. Hab an dem Abend hinterher drüber nachgedacht. Entweder verstehst du es oder nich'. Wenn du es verstehst, findest du es schwierig, es jemand zu erklären, der es nich' versteht. Du hast es nie in Frage gestellt, du hast es immer als etwas Gegebenes hingenommen, etwas, das zum Alltagsleben dazugehört. Das war normal: Unnormal würde es sein, wenn es keine Gewalt in deinem Leben gibt.

Bin damit erzogen worden, bin dazu erzogen worden. Mein Vater hat 'n Messer bei sich gehabt, meine Brüder hatten Messer, jeder: du hast 'n Hemd, Hose und Schuhe angehabt, und du hast 'n Messer bei dir gehabt. Ohne das, warst du nich' richtig angezogen. Wenn du festgenommen und durchsucht worden bist, das Gesetz wußte, wonach es gesucht hat, es ist immer dagewesen. Normalerweise war es nich' versteckt, und wenn die es nich' gefunden haben, hat es sie argwöhnisch gemacht. Dann konnten sie nich' die Frage stellen, die sie immer stellen: ›Was ist das, warum hast du ein Messer bei dir?‹ So 'ne blöde Frage, aber du hast immer die vernünftige Antwort gegeben: ›Weil ich immer 'n Messer bei mir hab'.‹ ›Immer.‹ ›Warum?‹ Und dann gehen wir wieder im Kreis. ›Weil ich das immer mache, ich hab' immer 'n Messer bei mir.‹

Und sie haben dich dafür immer am Kanthaken: nach dem Gesetz is' das Mitführen eines Messers immer 'n Vorsatz zur Tat. Die bezeichnen das als ›eine Angriffswaffe‹. Halt mal fest, ja, Angriff, nich' Verteidigung. Du hast 'n Messer bei dir, um dich zu verteidigen, aber die werden das nich' so sehen: du hast den Vorsatz, einen anzugreifen.

Letztes Mal hab' ich beim Strafvollzug aufgehört. Also das is' Gewalt, Strafvollzug, das is' wirklich Gewalt. Im Strafvollzug machen die Sachen mit dir, körperlich und geistig, die so schlecht oder schlimm sind, wie das, wofür du erst dort reingesteckt werden kannst. Schlagen, Treten, Erniedrigungen: Die laden sie dir auf, eine nach der andern. Der Gedanke, deinen Willen zu brechen, dir zu zeigen, daß sich Gewalt nich' auszahlt, daß, wenn du sie gebrauchst, es dir zehnfach heimgezahlt werden wird. So, was lernst du davon? Wenn es bei dir noch nich' so is', dann lernst du Autorität hassen und die Entschlossenheit, dir nich' deinen Willen brechen zu lassen. Du wirst sie nich' gewinnen lassen, du wirst denen zeigen, daß du stärker und härter bist, als sie es sind. Wenn du es nich' machst, gehst du unter. Du kommst raus und blickst mit Stolz zuruck. Die haben mich nich' zerbrochen. Ich hab' gewonnen, ich hab' gewonnen. Es is', als ob du an einer Universität promovierst, es is' 'n prima Gefühl. Bleib brutal, sagst du dir selbst: bleib gewalttätig und du wirst am Ende gewinnen. Du kommst verbittert über die und über das, was sie tun wollten, raus, aber auch stolz, denn du hast es sie nich' tun lassen. Du kannst dich selbst ein ausgewachsnen knallharten Mann nennen.

Als so einer bin ich nach dem Strafvollzug nach Glasgow zurückgegangen. Zeitweilig bin ich nach Hause gegangen, weil es zeitweilig ein Zuhause gegeben hat. Mein Vater und meine Mutter hatten eine ihrer regelmäßigen Versöhnungsphasen. War man das erste Mal gewesen, daß mein Vater jemals stolz auf mich gewesen is': ich war wie er und meine Brüder zu 'nem knallharten Mann herangewachsen.

Das war das Größte, was du auf Erden sein konntest. Gab nichts, was der lieber hatte, als wenn wir alle zusammen an 'nem Abend weggehen konnten, runter zu den Kneipen und nach Streit suchen. ›Gehn wir, und suchen wir Jocky Campbel‹, hat er gesagt, und los ging's, um Jocky Campbel zu suchen. Wenn wir Glück hatten und der Pech, dann haben wir ihn gefunden. Wenn, dann haben wir ihn verprügelt, zusammen mit jedem von seinen Freunden, die mitmischen wollten. Der brauchte nichts getan zu haben, hat man gereicht, daß er Jocky Campbel war. Gab nichts, was mein Vater lieber hatte, als in 'ne Bar zu gehen, 'n knallharter Mann mit seinen drei knallharten Söhnen hinter sich, und mit lauter Stimme nach Jocky Campbel zu fragen oder wer immer zu der Zeit ihm durch den Kopf gegangen is'. Wenn die nich' da waren, ein schneller Halber und dann weiter zur nächsten Kneipe.

Ich rede von Gewalt und versuche, ein Bild davon zu geben. Hab gesagt, daß ich mein' Vater gehaßt hab', und ich hab' ihn auch wirklich gehaßt: jedesmal mehr, wenn ich ihn gesehn hab'. Meine Gewalt hat dem seine nich' gemocht; die haben sich gehaßt. Ich nehme an, daß sich das seltsam anhören muß.

War 'n alter Knastler, der mir zuerst im Kahn auf den Zahn gefühlt hat. 'n paar von den alten Männern da drin, die haben fast ihr ganzes Leben im Knast verbracht und hohe Strafen abgesessen. Die sind vielleicht für 'n paar Monate raus, vielleicht für 'n paar Jahre, dann werden sie geschnappt und wandern wieder rein. Die haben vielleicht ihre Verbrecherkarriere angefangen, als sie noch jung waren, vielleicht in den Zwanzigern; und du triffst sie, wenn sie vierzig, fünfzig, sechzig sind und vielleicht weitere zehn Jahre absitzen in jedem Knast, in den du gesteckt wirst, und du wirst sie auch weiterhin treffen.

'N paar von denen waren bedeutende Männer, ich meine, bedeutend in den Verbrechen, fast der Inbegriff davon. So 'ne Art Professoren an der Universität. Wenn du was über Verbrechen lernen wolltest, von den' konntest du alles lernen. Wenn du lernen wolltest, wie du im Knast überlebst, so war das 'ne weitere Sache, die du lernen konntest. Das warn Leute mit Ansehn, die hatten Grips.

Die ersten sechs oder sieben Jahre drinne, nach meinem Urteil auf Lebenslänglich, hab' ich um's Überleben gekämpft. Wortwörtlich gekämpft, genauso, wie ich es im Erziehungsheim und im Strafvollzug gemacht hatte. Das knallharte Image aufrechterhalten, mit den andern Knastlern kämpfen und dann mit den Bullen kämpfen, die gekommen waren, um dich in den Griff zu kriegen.

Die können 'nen Lebenslänglichen, der noch keinen Entlassungstermin hat, nich' bestrafen, indem die seinen Straferlaß zurechtstutzen. Was sie stattdessen machen, is', daß sie dich nich' zur Prüfung bei der Bewährungskommission einreichen; sie verschieben es und verschieben es, solange, bis du anfängst, dich entsprechend zu verhalten. Das is' das, was mir passiert is': im Schnitt sitzt n' Lebenslänglicher sieben oder acht Jahre ab, sowas von der Dauer. Tja, hab' vierzehn abgesessen. Das war man nich', weil mein Verbrechen so sehr schlimm gewesen is', im Vergleich zu andern; was schlimm gewesen is', war mein Benehmen. Für siebeneinhalb Jahre bin ich als Gefangener Kategorie A geführt worden: Das is' einer, den sie für ein hohes Sicherheitsrisiko halten, einer, der 'ne Gefahr für die Gesellschaft is', falls der mal abhaun sollte. Bin 'ne ziemliche Gefahr für die Gesellschaft gewesen, das steht außer Frage. Aber nich' für die Gesellschaft draußen, für das Gefüge der Knastgesellschaft drinne.

Die Bullen, viele von ihnen waren richtige Scheißkerle, und viele war'n auch Sadisten. Was für 'n Mensch macht denn man bloß sowas, was die da machen, nämlich Befriedigung in 'ner Arbeit finden, bei der man seine Mitmenschen hinter Schloß und Riegel hält? Die haben es genossen, Leute wie mich aufzuziehen. Die wußten, daß sie mich zur Schlägerei provozieren können, und die haben es gemacht. Gezischel hier, was irgend'n andrer Knasti gesagt hatte, dort 'n Wort drüber, wie ich auf 'nen andern Bullen aufpassen sollte, weil der mir eine reindrehn wollte. Entweder einer von denen oder beide, ich würde sie jagen, die finden und mir vorknöpfen. Dann, sobald die Schlägerei losgeht, kommen zwanzig oder noch mehr Bullen angerannt, schlagen mich zusammen und schleppen mich in Einzelhaft.

Warum erzähl ich das denn eigentlich? Ah ja gut, der alte Knastler. Zu der Zeit war er 'n Mann um die sechzig, glaub ich; er hatte 'ne lange, lange Zeit abgesessen und sollte noch viel mehr absitzen. Vor Jahren, hatte er einen Bullen umgelegt, und die mögen das nich'; du sitzt länger ein, wenn du einen Bullen umlegst als für irgendwas sonst. Ich bin zum zehnten oder wer weiß wievielten Mal unten zur Bestrafung gewesen, und der hat mich eines Tags beiseite genommen und mir gesagt, daß die Autorität dabei ist, mich unterzubuttern. Ich hab' zu dem gesagt: ›Verpiß dich, du blöde Fotze, das is' genau , was die nich' machen können, und ich zeig es denen.‹ ›Sie machen es‹, hat er gesagt, ›sie machen es: In der Art wirst du das Knastsystem nicht kleinkriegen, das ist zu groß, zu mächtig, zu stark. Sie können mit dir so weitermachen, solange sie wollen, und wenn du sie das weiterhin machen läßt, dann werden sie es auch tun.

Da war etwas in der Art, wie er gesprochen hat, ruhig, väterlich; er hat zu mir gesagt: ›Setz dich mal hin, Andy, und laß uns darüber reden.‹ Er hat gesagt, daß er mehr Jahre abgesessen hat, als ich alt bin; er weiß alles, was es da zu wissen gibt und noch vieles mehr. Er hat Männer wie mich schon früher gesehen, die Bullen haben sie notiert, als lustiges Spiel, um sie kleinzumachen, und 'ne Menge von denen würden das genießen. Das war ausreichend ehrlich, das war ausreichend klar, ich hatte es gesehen, ich wußte das selbst. Die Art und Weise, in der ich meine Strafe absitze, is' die schwerste, die es gibt, hat er mir gesagt. Und wofür mache ich das? Was ich versuche zu beweisen, is', daß die mich nich' unterkriegen werden. Was ich aber beweise, is', daß sie es schaffen. Und dann hat er gesagt, ich erinnere mich genau an seine Worte, hat gesagt: ›Weißt du, Andy, wenn du dich weiter so benimmst wie jetzt, dann nimmst du dir selbst so ziemlich jede Art von Leben weg, Junge.‹

Ich hab' man losgelacht. Lebenslänglich absitzen und dann wird einem erzählt, daß ich mir selbst jede Art von Leben wegnehme. Ich habe gedacht, daß das die komischste Sache is', die mir je einer gesagt hat.

Nur, die Worte haben sich mir eingeprägt, ja wirklich. Die sind mir im Gedächtnis geblieben, die haben mich zum Grübeln gebracht. Wir haben noch 'n paar Mal miteinander gesprochen, und er hat Dinge gesagt, wie: Es gibt nichts, um aus dem Lebenslänglich rauszukommen, außer dem, was du reinbringst. Die Möglichkeiten, die du hast, um was reinzubringen, sind stark eingeschränkt, aber es gibt 'n paar wenige Dinge, die du tun kannst, wenn dir der Sinn danach is'. ›Na ja, was denn man so?‹ ›Studieren.‹ ›Studieren, ich?‹ ›Studieren, ja, du.‹ Hab dem meine übliche Antwort gegeben, 'ne großmäulige Abfuhr. Dann, am nächsten Tag is' der wieder drauf zurückgekommen. Und am nächsten wieder.

Hab keinen Tabak mehr, kann nich' reden ohne meine Lulle, muß mal anhalten und rausgehn, um welche zu holen.

Gefängniskultur, die beherrscht dich, die is' überall um dich 'rum. N' paar Typen im Knast, die steigen auf Stühle und Tische in den Zellen und stieren durch die Gitterstäbe, nach dem, was sie von der Welt draußen sehn können. Und davon reden sie und reden, aber es is' nie was andres als Phantasie und Träume. ›Wenn ich rauskomme, was ich auch immer machen werde oder auch nicht, da is' 'ne Sache, für die ich sorgen werde, und das is' 'n wirklich guter langer Fick jeden Abend. Wenn ich rauskomme, werd ich wirklich hart ranklotzen, keinen Kleinkram: Ich rechne so, wenn ich pro Monat 'n Ding fest an Land ziehen kann, davon kann ich leben. Nur diesmal werd ich clever sein, werd nichts Überhastetes machen, werde jede kleine Einzelheit planen, todsicher sein, um nich' geschnappt zu werden. Wenn ich rauskomme, wenn ich rauskomme.‹

Das alles kommt für 'n Lebenslänglichen nich' in Frage. Zumindest nich' für mich. Ich werde nie rauskommen, draußen, das war 'ne Phantasievorstellung, das war es nich' wert, drüber nachzudenken. ›Wenn ich frei bin‹: das war man bloß 'ne Phrase. Ich war drinne für 'n Leben lang. Ich bin auch jetzt nich' draußen, ich bin immer noch drinne, in meinen Gedanken. Was heißt das, ›draußen‹? Was es für mich heißt, is', daß ich hier draußen nur am Leben bin. Bin im Leben drinne, aber ich gehöre nich' dazu, bin körperlich draußen, aber geistig bin ich noch drinne. Is' man eben nur so, wie sie es dir sagen, raus auf Bewährung. Keine Nach-Sorge: Nach-Kontrolle. Du bist immer noch unter Kontrolle von jemand, dein Bewährungshelfer kann dich jederzeit, wann er will, wieder reinstecken. Das gibt er dir zu verstehn, is' ständig da und schwebt ständig über dir. Der hat deine Adresse, und wenn du verziehst, mußt du erst seine Erlaubnis haben, dem deine neue Adresse mitteilen, sobald du wohin gehst. Die Polizei hat sie auch: alles über dich, alles is' in ihrem Computer. Jeder Mord oder verdächtige Todesfall im Umkreis von fünf Meilen da, wo du bist, du bist der erste, bei dem sie vorbeikommen. ›Wo bist du letzte Nacht gewesen, Andy? Laß die Frage, weshalb wir das wissen wollen, wir sind hier diejenigen, die die Fragen stellen. Also, wo bist du letzte Nacht gewesen, Andy? Ah ja, kannst du uns das beweisen? Du bist also ins Kino gegangen, wo hast du gesessen, um welche Zeit hat der Hauptfilm angefangen? Was gab es noch, was hast du noch gesehen? Wieviel hast du für deine Eintrittskarte bezahlt? Wie bist du dorthin gekommen, wieviel hast du für die Fahrt bezahlt? Nun werd' mal nich' pampig, Andy, wir sind deine Freunde, wir stellen dir diese Fragen lediglich, um dich bei den nicht Verdächtigen einordnen zu können.‹

›Nicht verdächtig.‹ Das bestätigt es, du bist der erste gewesen, zu dem sie gekommen sind. ›Wir sind deine Freunde.‹ Dir kommt schon recht bald das Lachen, wenn du glaubst, daß du es bist. Du denkst, ja, das stimmt, ja, die sind meine Freunde, die sind diejenigen, die alles über mich wissen. Ich hab' keine andern Freunde oder Bekannten, die mich so kennen, die Bullen sind die einzigen, die alles über mich wissen, was es zu wissen gibt. Ja, stimmt, die sind meine Freunde, meine einzigen Freunde. Doch es is' nich' grade 'ne zweiseitige Beziehung. Die kommen man nur nach dir sehn, wenn sie glauben, daß sie dir vielleicht wegen 'ner Sache an die Karre fahrn können, die kommen nich' vorbei, nur um mal zu sehn, wie es dir geht und um über Belangslosigkeiten zu reden. Deine Freunde sind deine Feinde, deine Feinde sind deine Freunde. Es is' man so, wie auf meinen Fingern hier, hab' ich im Strafvollzug gemacht: Liebe und Haß, die gehörn zusammen, Jin und Yang.

Meine größte Schwierigkeit, das is', mit mir selbst zu leben, zu versuchen, mit mir selbst klarzukommen, das wahrnehmen, was ich getan hab'. Hab einem das Leben weggenommen, weil ich nich' den Tonfall in dem seiner Stimme leiden konnte, das war der einzige Grund. Was der auch immer gewesen is', wer der auch immer gewesen is', der is' nich' mit der Erwartung losgegangen, umgebracht zu werden, bloß weil er zu einem etwas gesagt hat, als er auf der Straße an ihm vorbeigegangen is'. Geht nich', daß ich ihm sein Leben zurückgebe oder Schadenersatz leiste. So hab' ich immer im Knast gedacht, und deshalb hat es für mich auch keine Erleichterung gegeben. Gab nichts, was ich man hätte tun können, um mir selbst wieder 'n bißchen Wert zu geben. Was ich gemacht hatte, war endgültig, unwiderruflich, und es is' aus keinem, auch nich' im entferntesten annehmbaren Grund passiert. Morden, um sich zu bereichern, das können die Leute verstehn. Oder Morden im Krieg, was Entfremdetes, die machen das sogar noch mit 'ner Art Heroismus. Du stirbst für dein Vaterland. Das is' wirklich sehr annehmbar, du kriegst Medaillen dafür und Beifall und Hochrufe. Du hast Menschen aus keinem andern Grund getötet, als aus dem, der dir gesagt worden is', deine Politiker sagen dir, daß es 'ne gute Sache is' und daß sie es erledigt sehn wollen. Ganz anders, was ich gemacht hab', du kriegst keine Medaillen oder Hochrufe dafür. Wo is' denn da die Wirklichkeit? Ich krieg's nich' zusammen. Es ergibt kein Sinn. Hab es wieder und wieder durchlebt, und doch ergibt es kein Sinn. Ich suche keine Entschuldigungen dafür, ich würde nicht mal dran denken, welche vorzubringen; das hab' ich nie gemacht. Gibt gute und gibt böse Mörder, und das is' etwas, das am Allerschlimmsten is'.

War spät am Abend, als ich die Straße langgegangen bin. Hab den Mann überholt. Hab ihn nich' gekannt, und für 'n Augenblick konnt ich nich' glauben, was passiert is'. Als ich an ihm vorbeigegangen bin, hat er seine Hand ausgestreckt und mir 'nen Klaps auf 'n Hintern gegeben. Und dann hat er ganz sanft hinter mir hergemurmelt, war wie 'ne Einladung, er hat gesagt: ›Oi, oi.‹ Sowas kann ich man nich' vertragen, hab' mein Messer bei mir gehabt, und hab' mich rumgedreht und zugestochen und hab' weiter auf ihn eingestochen. Ich sage nich', daß ich es laut gesagt habe, erinnere mich jedenfalls nich', daß ich es gemacht hab'; aber der Satz, den ich mir im Innern gesagt hab', war: ›Ich werd dich kaltmachen, jawohl, ich mach dich kalt.‹ Leute sagen das wirklich. Laut oder im Innern. Aber gewöhnlich nich', wenn sie 'n Messer in ihren Händen halten und wenn sie es wirklich tun.

Bin dorthin zurückgegangen, wo ich gewohnt hab', hab' bei 'ner Verwandten oder 'ner Freundin gewohnt. Eigentlich war sie beides, sie war von einem meiner Brüder die Schwiegermutter. Bin gerannt, bin außer Atem gewesen, war unter Schock. Sie hat mich gefragt, was passiert is', und ich hab' es ihr erzählt, und sie hat mich gefragt, ob ich will, daß sie die Polizei ruft. Hab nein gesagt, ich will es nich', noch nich', und sie hat mir 'ne Tasse Tee gemacht. Dann hab' ich gesagt, daß ich soweit bin, aber sie brauch nich' nach denen zu rufen, bin selbst hingegangen.

Was der alte Knastler zu mir gesagt hat, der hat gesagt, lies, arbeite an dir, studiere; ich hätte einen Verstand; gebrauche den; ich solle über etwas anderes nachdenken, als die ganze Zeit zu zeigen, wie knallhart ich bin. Das läßt sich nich' zeigen und is' es auch nich' wert.

Glaube, ich hatte vor nichts und niemand Angst. Doch am Anfang war ich so, ich hatte Angst vor Büchern. Textbücher, mit Wissen drinne: hab' gefunden, daß das Dinger war'n, die Angst machen. Bin losgegangen und hab' den Ausbildungsbeamten gefragt, werd nie den Blick in seinem Gesicht vergessen. ›Ich will studiern.‹ ›Du willst studieren, Andy, du?‹ ›Ja, ich, ich will studiern:‹ ›Was willst du studieren?‹ ›Was zum Teufel weiß denn ich, was ich studiern will, was für Sachen studiern denn die Leute?‹ ›Bist du auch sicher, daß du studieren willst?‹ ›Ja, natürlich, ich bin verdammt sicher.‹ Noch so 'ne Bemerkung und ich hätte dem sein Büro verlassen.

Also hab' ich studiert. Ich hab' englische Literatur und englische Sprache studiert, und hab' Psychologie und Soziologie und Mathematik studiert. Bücher haben mich nich' mehr abgeschreckt, hab' E. M. Forster gelesen, Aldous Huxley, Bertrand Russel, Jung, Leute von der Sorte. Hab aufgehört zu kämpfen, und hab' angefangen zu lernen, wie ich alles in die Arbeit legen kann, die ganze Heftigkeit und die Energie und die Kraft. Bin die ganze Nacht aufgeblieben und hab' gelesen, du hast es ab und zu mit dem komischen Flurbullen zu tun bekommen, der so anständig gewesen is', daß der dir das Licht in der Zelle über Nacht gelassen hat. Es war, als ob ich an 'ner Droge hing, lesen und lernen: je mehr du hast, um so mehr brauchst du. Die Bildungsabteilung hat mir 'n Platz im Externkurs für die mittlere Reife verschafft, am Ende hab' ich 'ne fünf bekommen.

Dann bin ich in ein andres Gefängnis gekommen, und ich hab' Glück gehabt, die Ausbildungsabteilung war sogar noch besser. Anstatt in der Wäscherei zu arbeiten, bin ich in die Ganztagsausbildung reingekommen und hab' weiter mit Literatur und Soziologie gemacht und hab' in beidem das Abitur abgelegt.

Die haben mich ermutigt, daß ich mich für einen vorläufigen Platz an 'nem Polytechnikum bewerbe, für die Zeit, wenn ich rauskomme. Wenn du dich bewirbst, glaub nich', daß die dich ernst nehmen, wenn du noch keinen Entlassungstermin hast. Hab dies und das probiert, bin aber nirgendwo rangekommen; das Beste, was ich bis jetzt bekommen habe, is' 'n vorläufiger Platz für nächstes Jahr, wenn ich mich bis dahin finanziell über die Runden bringen kann. Und so mache ich Gelegenheitsarbeiten, Aushilfe, Fahren, alles; und warte. Ich will das Studium nich' sausen lassen, wenn es irgendwie geht und wenn die Möglichkeit auf 'n Stipendium besteht. Kann man nich' mehr tun, als warten. Aber bin nich' sehr optimistisch, Zukunft is' nie gewesen, das viel Wirklichkeit oder Bedeutung für mich hatte. Was ich gern machen würde, is' Psychologie studieren, aber sie irgendwann, irgendwo, für irgendwas nutzen, weiß ich nich', denke gar nich' so weit voraus.

Als es geschehn is', das war zu einer von den Zeiten, da mein Vater und meine Mutter wieder zusammen waren. Ich hab' nich' in ihrem Haus gelebt, hab' bei 'nem Freund oder 'nem Bekannten gelebt, 'ne ganze Reihe von Orten, für 'ne gewisse Zeit, überall, wo ich so lange bleiben konnte, um von den ständigen Prügeleien und Streitigkeiten wegzukommen, die sich zwischen meinem Vater und meiner Mutter abgespielt haben. In der Nacht davor bin ich bei ihnen vorbeigegangen, um sie zu besuchen; mein Vater hatte wie gewöhnlich getrunken, und er und ich, wir hatten einen großen Krach, er hat mich beschuldigt, daß ich Geld von ihm gestohlen hätte. Ich hatte es nich' getan. Bin man wütend auf ihn gewesen, bin am nächsten Abend wieder zum Haus gegangen, um die Sache mit ihm zu klären. War 'n bißchen spät geworden, ich hatte 'n paar Drinks in 'ner Kneipe, bevor ich hingegangen bin. Als ich dorthin kam, war der schon weg, meine Mutter hat gesagt, daß der in irgend'ner Kneipe is' oder so, kann spät werden, bis er zurückkommt, also is' da kein Grund, warum ich noch warte. Sie hat gewußt, daß es einen weiteren großen Streit zwischen uns geben wird, falls ich da bin, wenn der zurückkommt. Sie wollte mich aus dem Haus haben. Sie sagte mir andauernd, daß ich nich' bleiben, sondern gehn soll. Am Ende hab' ich gesagt in Ordnung, ich gehe, und bin gegangen. Hab ihr nich' gesagt, daß es aus Frust gewesen is', gehe man nur los, um ihn zu suchen. Hab die Kneipen gekannt, in denen der getrunken hat, hab' gewußt, daß ich ihn in der einen oder andern finden werde. Ich wollte ihn finden, ich wollte dem was tun.

War spät am Abend und ich bin die Straße da langgegangen. Als ich an dem Kerl vorbeigegangen bin, hat der ›Oi, oi‹ gesagt und mich angegrapscht, und ich hab' mich rumgedreht und zugestochen. Eigentlich hab' ich nach meinem Vater gesucht. Mir geht das man wieder und immer wieder in meinem Kopf 'rum.

SIEBENTES GESPRÄCH

VALERIE SCOTT
MANCHMAL FRAGST DU DICH NOCH IMMER

Ein heißer Nachmittag im Sommer, Lachen vom Kinderspielplatz unten dringt durch das offene Fenster in ihre südlondoner Sozialwohnung im siebenten Stock. Klein; dunkle Haare und grüne Augen, ein grauer Faltenrock und eine steife weiße Bluse, hin und wieder räuspert sie sich nervös, wenn sie spricht. Auf einem niedrigen Tisch ein Tablett mit einem frisch gebügelten Deckchen, Tassen und Untertassen, die nicht zusammenpassen und ein Teller mit Biskuits.

Stört es Sie, wenn ich rauche? Eines Tages werde ich damit aufhören. Jeder sagt das, nicht wahr? Es ist lächerlich, ich gebe mehr für Zigaretten aus, als für das Essen. Doch ich trinke nicht; ich nehme an, das ist wenigstens etwas. Vorige Woche habe ich ausgerechnet, daß, wenn ich vierzehn Tage lang nicht rauche, dann könnte ich für dieses Zimmer einen schönen Teppich kaufen, den ich in einem Laden in der High Street gesehen habe. Und nochmal vierzehn Tage später ein Sofa, das ein Mann in seinen Gebrauchtwarenladen für Möbel reinbekommen hat, auf der anderen Seite der Siedlung.

Allmählich, Schritt für Schritt, werde ich es hinkriegen, daß es etwas ansehnlicher aussieht, und ich werde versuchen, dem Ganzen etwas Charakter zu geben. Irgendwie sieht es unbeständig aus, nicht wahr? Es ist auch so: ich werde hier nicht länger bleiben, als ich muß. Doch es hat auch Vorteile: diese ganze Siedlung ist wie ein Kaninchenbau, in dem man sich verlaufen kann. Keiner weiß, wer man ist, woher man kommt, und wohin man geht. Keiner nimmt dich zur Kenntnis. Es kann recht einsam sein, doch ich habe es lieber, wenn es so ist, ich kann für mich sein, bis ich mir mehr darüber im Klaren bin, was ich tun werde.

Ich bin elf Jahre im Gefängnis gewesen, und ich bin vor sechs Monaten herausgekommen, im Alter von einundvierzig Jahren. Ich bin sehr verbittert über das, was ich Ihnen erzählen werde, doch ich sage das lieber gleich zu Beginn, sonst schwebt es über mir, bis es ausgesprochen ist. Ich habe gedacht, einundvierzig, das ist nicht zu spät, um ein neues Leben anzufangen; und vor gar nicht langer Zeit, bloß ein paar Wochen her, da habe ich eine Anzeige in einem Magazin gesehen, wo eine Küchen- und Haushaltshilfe für ein älteres Ehepaar gesucht wurde, gar nicht weit von hier, und Wohnmöglichkeit vorhanden. Ich habe gedacht, das wäre gut, genau das, was ich will, irgendwo etwas zum Leben, alles hergerichtet, und ein wenig Taschengeld noch dazu.

Ich habe sie angeschrieben, und eine Woche später habe ich eine Antwort erhalten, nicht von dem Ehepaar, sondern von der Tochter und ihrem Ehemann, die mich gebeten haben, zu einem Einstellungsgespräch zu kommen. Sie haben mir erklärt, daß sie die Eltern nicht ein Altersheim bringen wollen, weil sie sich bis zu einem gewissen Grade noch um sich selbst kümmern können, aber sie würden glücklicher sein, wenn jemand die ganze Zeit über bei ihnen wäre, um für sie zu kochen und um den Großteil der Hausarbeit zu machen. Sie haben nicht allzuviele peinliche Fragen gestellt. Ich habe ihnen gesagt, daß ich im Ausland gewesen und zurückgekommen bin, weil meine Ehe auseinandergegangen ist und daß ich ein neues Leben anfangen möchte.

Sie haben gesagt, daß ich hingehen und mich mit dem älteren Paar treffen soll; und wenn sie mit mir zufrieden wären, und ich mit ihnen und ihrem Haus und der Unterkunft, die sie mir für meinen Eigenbedarf anbieten, dann könnte ich auf Grundlage einer zweimonatigen Probezeit anfangen. Die Frau war ein wenig besorgt: Ihre Mutter könne sehr griesgrämig und schwierig sein, sagte sie, und sie hätten eine Menge Probleme gehabt, Leute zu finden, die mit ihr auskommen und bleiben würden.

Ich bin dort vorbeigegangen, und das ältere Ehepaar war in Ordnung, ich mochte sie und sie haben mich anscheinend auch gemocht; sie zeigten mir, wo ich mein eigenes kleines, komfortables Wohnzimmer mit Schlafgelegenheit haben würde, mit Farbfernseher, meiner eigenen Kochnische und Toilette und alles; ich konnte mein Glück gar nicht fassen. Gerade erste aus dem Gefängnis gekommen, mit zweimal wöchentlicher Meldepflicht bei meiner Bewährungshelferin, mir war klar, daß es deswegen keine Probleme geben würde. Ich hatte jeden Tag freie Zeit, so daß ich mit dem Bus rüberfahren und sie treffen konnte. Bevor ich anfing, habe ich ihr davon erzählt, wie meine neue Adresse sein würde und alles andere, und sie hatte keinerlei Einwände.

Und so habe ich mit der Arbeit angefangen. Es stimmte, die alte Lady konnte manchmal ein wenig schwierig sein, wenn die Dinge nicht genau so waren, wie sie es wollte, aber das hat mich nicht belastet, besonders nach einigen Typen, die du so im Gefängnis kennenlernst, das kann ich Ihnen sagen. Und noch bevor wir das Ende der zweimonatigen Probezeit erreicht hatten, ist es die alte Lady selbst gewesen, die mich gefragt hat, ob ich auf Grundlage einer festen Anstellung auch weiterhin bleiben würde.

Als ich aber wieder zu meiner Bewährungshelferin gegangen bin und ihr davon erzählt habe, da hat es mir doch den Atem verschlagen. Sie hat gesagt, wenn es dauerhaft werden würde, dann müßte ich der Tochter und ihrem

Mann, die ja meine offiziellen Arbeitgeber sind, von meiner Vergangenheit erzählen: daß ich eine zu lebenslänglicher Haft Verurteilte bin, die wegen Mord elf Jahre eingesperrt war und die auf Bewährung entlassen worden ist. Ich bin total ausgerastet. Ich habe gesagt, was zum Teufel hat denn das bloß mit der Arbeit zu tun, ich bin kein Dieb, ich bin nicht wegen Diebstahl oder Unterschlagung verurteilt worden, warum zum Teufel muß ihr denn das gesagt werden? Aber sie hat darauf bestanden: Sie sagte, daß ich keine Wahl hätte, ich müßte es ihnen sagen, und darüber hinaus, sie würde es eine Woche später nachprüfen, ob ich es ihnen auch mitgeteilt hätte.

Ich habe mich so elend gefühlt, wie ich es gar nicht beschreiben kann. Ich habe die Tochter angerufen und gefragt, ob ich vorbeikommen und sie treffen könnte, es hätte sich etwas ergeben, worüber ich mit ihr reden müßte. Das erste, was sie sagte, war: ›Oh Gott, hat Mutter wieder mal verrückt gespielt?‹ Ich sagte nein, das ist es nicht, es wäre etwas, das ich ihr sagen müßte, aber es wäre nichts für's Telefon. Sie ist allein gewesen, als ich bei ihr zu Hause war; sie hat mich hereingebeten und mir einen Platz zum Sitzen angeboten. Ich hab' tief Luft geholt, und dann habe ich gesagt: ›Ich stehe unter Aufsicht einer Bewährungshelferin, und sie besteht darauf, daß ich Ihnen einige Mitteilungen mache.‹ Sie war sehr nett, sie lächelte und sagte, nun, viele Leute würden auf Bewährung sein, was ich denn getan hätte. Ich sagte nein, es ist nicht nur auf Bewährung, es ist zeitweilige Strafunterbrechung. Wie die meisten Leute, so hat auch sie nicht den Unterschied gekannt: Sie fragte, was das bedeuten würde. Ich sagte: ich wäre lange Zeit im Gefängnis gewesen, aufgrund einer Verurteilung zu lebenslänglicher Haft. Und das war es dann; ich mußte sagen weshalb: weil ich einen Mord begangen hatte. Ich hatte jemanden umgebracht, und ich war nur auf eine Genehmigung hin entlassen worden.

An ihrem Gesicht konnte ich sehen, daß es sie ziemlich geschockt hat. Sie sagte, daß sie offensichtlich keine Entscheidung allein treffen könnte, sie müßte darüber mit ihrem Mann sprechen, wenn er am Abend nach Hause kommt: Ich solle sie gegen neun anrufen, und sie würden mir ihre Entscheidung mitteilen. Als ich zur Tür hinausgegangen bin, klang sie wirklich bestürzt, sie sagte: ›Oh Gott, warum mußten Sie mir das erzählen?‹ Ich habe um neun angerufen: Sie hörte sich sehr traurig an, aber sie sagte, daß sie zuerst an die alten Leute denken müßten, und alles in allem hätten sie entschieden, weil, wenn Beamte von der Bewährungshilfe mich dazu aufgefordert haben, darüber zu sprechen, dann bedeute das auch, daß es dafür einen guten Grund geben muß. Es würde ihnen also sehr leid tun, sie fürchten aber, daß sie mich nicht länger behalten könnten; sie würden mir aber ein Extramonatsgehalt zahlen und mir jederzeit, wenn ich es wollte, ein gutes Empfehlungsschreiben geben.

Seitdem habe ich eine Halbtagsanstellung bei einem Hamburger-Stand gehabt, die zwei Wochen gedauert hat, dann bin ich vier Tage nicht da gewesen, wegen einer bösen Erkältung, und sie haben mir gesagt, daß ich mir nichts daraus machen sollte, wieder heimzugehen; dann bin ich für eine Woche Kellnerin gewesen und Bardame für zwei Abende, was ich aber aufgegeben habe, weil ich Kneipen hasse und Männer, die versuchen, sich an einen heranzumachen und die dir die ganze Zeit dreckige Witze erzählen. Abgesehen davon, nichts, und ich lebe so wie jetzt, von der Sozialfürsorge. Die Bewährungshilfe hat mir die Sache wirklich verdorben, so seh' ich das. Ich hatte meine Arbeit, meinen hübschen, kleinen Platz für mich selbst, ich habe hart gearbeitet und die kleinen Macken der alten Lady ertragen: und die haben mir alles total versaut.

Ich habe meine beste Freundin umgebracht, ein Mädchen mit Namen Sandra, als ich neunundzwanzig gewesen bin. Sie und ich, wir hatten zusammen eine Wohnung, und wir haben beide für denselben Typen gearbeitet, ein Mann, der Michael hieß. Er ist mein Freund gewesen, und ich hatte herausgefunden, daß er hinter meinem Rücken mit ihr zusammengewesen ist. Ich bin eine sehr eifersüchtige Person, sehr aufbrausend, und obwohl ich sehr klein bin und nicht so aussehe, bin ich körperlich stark. Ich habe Sandra zur Rede gestellt zu dem, was da vor sich gegangen ist, aber sie hat mich nur ausgelacht und verhöhnt. Da ist dann meine Wut übergekocht: Ich habe sie mit den blanken Händen umgebracht, ich habe nach ihrem Hals geschlagen und sie gewürgt. Nachdem ich es getan hatte, war ich entsetzt, und ich bin losgelaufen und habe mich selbst auf der Polizeiwache gestellt. Das zu sagen, hört sich vielleicht komisch an, aber während ich in Holloway in Untersuchungshaft gewesen bin und auf meinen Prozeß gewartet habe, war Sandra der einzige Mensch, von dem ich ständig gehofft hatte, er würde kommen und mich besuchen; ich habe sie sehr vermißt.

Michael hat sich natürlich nicht blicken lassen. Ich nehme an, daß er sechs oder acht andere Mädchen hatte, die für ihn arbeiteten, und er hat mich durch eine von ihnen ersetzt, die nun sein Betthäschen ist. Seit diesem Tag habe ich ihn nie wieder gesehen. Viele Leute können nur schwer verstehen, wie man einen Mann lieben kann, der einen in der Art zum Arbeiten anhält, wie er das mit mir gemacht hat; aber ich habe ihn wirklich geliebt, ich bin verrückt nach ihm gewesen. Ich habe ein schwieriges Leben gehabt und auch ein hartes, und äußerlich war ich hart und zäh, sehr. Aber wie jeder andere auch, habe ich Liebe und Zuneigung gebraucht, und das war es, was er mir auf seine Art gegeben hat, selbst wenn er es nebenbei noch mit ein oder zwei anderen getrieben hat. Während der vergangenen elf Jahre habe ich eine Menge Zeit gehabt, über mein damaliges Leben, sagen wir mal zwischen zwanzig und neunundzwanzig, nachzudenken, und ich kann immer noch nicht so richtig verstehen, warum meine Gefühle für ihn so stark gewesen sind. Aber sie waren stark, sie waren so stark, daß ich Sandra seinetwegen umgebracht habe, und das ist etwas, das ich nicht loswerden kann, nie.

Meine Mutter hat mir einmal erzählt, daß ich schon von klein auf immer schlecht gelaunt und jähzornig gewesen bin. Von meiner frühen Kindheit hab' ich nur Bruchstücke behalten, denn sie und mein Vater waren geschieden, noch bevor ich geboren wurde. Ich weiß nicht, ob es wahr ist oder nicht, aber sie hat mir erzählt, daß zur damaligen Zeit der Ehebruch der Frau der einzige Weg gewesen ist, wie man eine Scheidung erreichen konnte; also ist sie mit einem Mann für eine Nacht in ein Hotel gegangen. Wie sie behauptet hatte, war der Mann niemand, den sie gut gekannt hat, und sie war nur einmal mit ihm zusammen; es wäre in dieser Nacht gewesen, da das mit mir passiert ist. Sie sagte, daß sie nicht einmal seinen Namen kennen würde, also könnte sie mir nichts über meinen Vater sagen: Alles, woran sie sich erinnern konnte, war, daß sie geheult und geheult hat, als sie herausgefunden hatte, daß sie schwanger war. Sie hat mich nie gewollt, und sie hat auch nie vorgegeben, mich gewollt zu haben: Sie hat mich in eine ganze Reihe von Kinderheimen gesteckt, bis ich sechzehn war. Zu der Zeit ist sie mit jemand anderem verheiratet gewesen; sie hat mir mitten ins Gesicht gesagt, daß ich alt genug wäre, um meinen eigenen Weg in der Welt zu finden, und das hätte ich nun gefälligst zu tun.

Es ist unten in Kent gewesen: Herne Bay, irgendwo in der Drehe. Ich bin dorthin gegangen und habe als Hausangestellte in einem Krankenhaus gearbeitet, und ich habe in einem Wohnheim, das sie für die Mädchen hatten, gewohnt. Ich bin sehr unwissend und unschuldig gewesen, und ich habe gleich mit dem ersten Freund, den ich je gehabt hatte, geschlafen, und ich bin schwanger geworden. Ich bin noch nicht siebzehn gewesen, als ich ein Töchterchen bekommen habe, doch ich mußte wegen ihr aus dem Wohnheim in ein möbliertes Zimmer umziehen. Ich habe sie Adele genannt. Für ein Mädchen, das so jung gewesen ist, wie ich es war, ist es sehr schwierig, allein für ein Baby zu sorgen, das erst wenige Monate alt ist. Der Junge, Adeles Vater, wollte nichts von ihr wissen oder von mir. Aber einmal ist seine ältere Schwester mich besuchen gekommen. Sie hat gesagt, daß sie und ihr Mann Kinder haben wollen, aber nicht können. Und sie hat gesagt, wenn ich jemals finden würde, daß ich wirklich nicht klarkomme, wäre sie glücklich, Adele zu haben und sie als ihr eigenes Kind großzuziehen. Der Mann hatte eine gute Arbeit, und sie haben auch ein schönes Haus besessen, und eines Tages also, als ich wirklich am Boden und deprimiert war, bin ich zu einem Telefonhäuschen gegangen und habe sie angerufen und gesagt, wenn sie Adele wollen, dann könnten sie sie haben, nur daß sie herkommen müßten, um sie abzuholen, und dann auch schnell, bevor ich es mir anders überlegen würde.

In weniger als einer halben Stunde sind sie mit ihrem Auto dagewesen. Ich habe ihnen Adele gegeben und seitdem nie wieder nach ihr gesehen. Am Anfang habe ich sie gewöhnlich von Zeit zu Zeit angerufen, um zu fragen, wie es ihnen so geht, aber dann habe ich es nicht mehr getan. Kurze Zeit später ist der Mann wegen einer neuen Arbeit irgendwo hoch in den Norden verzogen, und wir haben allmählich den Kontakt verloren; ich habe seit Jahren nichts mehr von ihnen gehört oder davon, wo sie jetzt sind. Ich würde sie auch nicht wiedersehen wollen; ich bin sicher, daß sie mit ihnen ein besseres Leben hat, als ich es ihr hätte bieten können.

Nachdem sie weg war, hatte ich einen Gefühlsumschwung und bin irgendwie beinahe verrückt geworden. Ich bin mit jedem Mann mitgegangen, der mich gefragt hat, und am Ende, wie viele junge Mädchen, bin ich nach London und West End abgedriftet. Ich habe eine recht furchtbare Art von Leben geführt; die so ziemlich einzige Sache, die ich mir zugute halten kann, ist, daß ich nie Drogen genommen habe. Dann, nach einem Jahr oder zwei, habe ich Michael kennengelernt, und den Rest habe ich Ihnen ja erzählt. Das ist keine Zeit, auf die ich mit Freude oder Stolz zurückblicken kann, doch eigentlich gibt es gar keine Zeit in meinem Leben, von der ich das überhaupt sagen könnte.

Und Sie wissen ja, da ist noch immer dieses nagende Gefühl in mir, die Angelegenheit mit der Stellung als Haushälterin und Gesellschafterin, und wie man mich in die Klemme gebracht hat, so daß ich sie verloren habe. Ich nehme an, daß ich mir vielleicht etwas vormache, aber ich habe ehrlich und wirklich geglaubt, daß ich eine großartige Chance gehabt habe, um in meinem Leben vollkommen neu anzufangen. Mehr noch, es war genau zu der Zeit, als ich das auch wirklich gewollt habe. Im Gefängnis trifft man zwei Sorten von Menschen: Solche, die es nicht erwarten können, zu dem zurückzukehren, was sie als die strahlenden Lichter, den Glanz und den Nervenkitzel ansehen. Normalerweise sind das die Jüngeren, die noch nicht begriffen haben, wie sie ihr Leben verplempern. Und die andere Sorte, solche, die erwachsen und etwas reifer geworden sind: Sie haben begriffen, daß das Leben mehr ist, als nur Autos und Geld und Nervenkitzel. Alles, was sie wollen, ist ein wenig Frieden und Ruhe und die Möglichkeit, dem Leben etwas Sinn zu geben. So war ich, als ich herausgekommen bin, ganz bestimmt. Wenn also etwas geschieht, wie es mir gerade passiert ist, dann kann man nicht anders fühlen als: ›Tja, ist es das wirklich wert, es überhaupt noch zu versuchen?‹ Das ist keine gute Geistesverfassung für jemand, ganz und gar nicht.

Da ist auch noch etwas anderes, das über dem Kopf von einem schwebt, wenn man sowas wie ich gemacht hat. Es ist ständig da, das große, dicke Fragezeichen: Habe ich mich verändert? Als ich den Mord begangen habe, es gibt nur ein Wort dafür, war ich wie ein Tier. Danach, die ganzen ersten fünf oder sechs Jahre hindurch, in denen ich im Gefängnis war, ist es so geblieben. Ich bin ein richtiges Schwein gewesen, ja, das bin ich gewesen. ›Wenn mir jemand in den Weg kommt, dann hau' ich ihm eine rein', ich habe nicht aufgehört, so zu denken. Es hat keine Rolle gespielt, ob sie groß oder klein gewesen sind, ein Bulle oder ein Häftling, ich würde sie angehen und immer wieder angehen, bis ich flach auf dem Boden liege, allein vom Gewicht der vielen Wärter, die mich herunterdrücken. Ich habe Ärzte, Psychologen, Psychiater besucht, immer wieder, und sie alle haben mir immer das gleiche erzählt: Versuch dich in den Griff zu bekommen, Val, lerne, dich in den Griff zu bekommen oder du wirst nie rauskommen. Ich habe sie nicht gebraucht, damit sie mir das sagen, das wußte ich bereits selbst: Was ich nicht gewußt habe, und was sie mir auch nicht sagen konnten, war das Wie.

Schließlich ist es passiert, ich weiß nicht, wie oder warum. Als ich in die zweite Hälfte der Dreißiger gekommen bin, habe ich irgendwie das Gefühl gehabt, daß ich anfing, mich zu beruhigen, oder ich habe gedacht, daß es so wäre. Ich habe mich immer noch mit den Besten von ihnen herumgestritten und in der Wolle gehabt, aber ich bin kaum noch zu körperlicher Gewalt bereit gewesen. Ich habe die Veränderung bemerkt, und die Leute im Gefängnis haben sie auch bemerkt; so ist es auch gekommen, daß sie mir am Ende den Entlassungstermin gegeben haben, in achtzehn Monaten und unter der Bedingung, daß ich ihnen keinen weiteren Ärger mehr machen werde. Was ich dann auch nicht getan habe: Ich hatte es bezwungen, was immer es auch gewesen ist in mir, ich hatte mir selbst beigebracht, mich endlich wie ein vernünftiger Mensch zu benehmen. Genau so, wie ich es sage, habe ich darüber gedacht.

Und dann: Vielleicht ist es der Verlust der Wohnung und der Arbeit gewesen, der mich so aufgeregt hat oder was immer, ich weiß es nicht. Aber Freitag vor zwei Wochen bin ich hier im Supermarkt in der High Street gewesen, habe meinen Einkaufswagen herumgeschoben und in die Regale geschaut, und so ein junger schwarzer Bursche hat nach meiner Handtasche gelangt. Er hat sie nicht bekommen, aber ich habe mich zu ihm herumgedreht und habe ihn so kräftig vor's Schienbein getreten, daß ich doch glaube, er hat wahrscheinlich gerade jetzt erst wieder mit dem Herumhumpeln angefangen.

Nur, Sie wissen, hinterher: Ich bin zurückgekommen und habe mich hier in den Sessel gesetzt, und ich habe gezittert und gezittert und konnte nicht aufhören.

Ich hatte es wieder getan. Nach all den Jahren, in denen ich mir gesagt habe, ich würde es nie mehr tun, habe ich zugeschlagen; und das wegen einer so belanglosen Angelegenheit. Das macht einem klar, daß das, was auch immer in einem drin war, daß das nicht verschwunden ist. Wann wird also das nächste Mal sein? Warum wird es sein, und was wird passieren? Man kann nichts machen, aber manchmal fragst du dich immer noch.

Ich weiß nicht, wohin ich von hier aus gehen werde. Gegen Ende meiner Zeit drinnen, habe ich ein wenig Büroarbeit gemacht, Schreibmaschine schreiben, Anrufe annehmen und solche Dinge. Es ist natürlich nur oberflächlich, es muß ja so sein, und da ist ständig das Problem, daß man sagen muß, wo man studiert hat und wie man seine Abschlüsse bekommen hat und weshalb man keine richtige Erfahrung hat, außer in Holloway, im Frauengefängnis von Styal und in Askham Grange. Dann muß man das Spiel absagen, sofort absagen. Wenn man es nicht tut, wird es die Bewährungshilfe für einen absagen. Noch bevor man angefangen hat, fühlt man sich schon fast so, als ob man auf dem Müllhaufen gelandet ist.

Also ist die ehrlichste Antwort, daß ich nicht weiß, wohin ich gehen, und daß ich nicht weiß, was ich tun werde. Ich kenne keinen, und keiner kennt mich. In der Siedlung hier lebe ich wie eine Verborgene, und so möchte ich auch sein. Im Gefängnis habe ich mich entschieden; ich könnte mir nicht vorstellen, daß Kriminalität etwas ist, auf das ich mich einlassen würde, nicht sehr typisch; die meisten straffälligen Frauen sind wegen Beziehungskisten kriminell geworden, wenn Sie wissen, was ich damit meine. Sie leben mit einem Mann, der in dieser Szene steckt, kümmern sich um ihn, doch selbst machen sie eigentlich kaum etwas. Also ich kann nicht sehen, daß ich so etwas noch einmal machen würde, weil ich Männer nicht leiden kann, egal welcher Sorte. Ich meine nicht, daß ich eine Lesbe bin, denn das bin ich nicht; wenn man daran Interesse hat, im Gefängnis gibt es Dutzende von Gelegenheiten, aber es hat mich nie angesprochen, nicht einmal in elf Jahren. Aber die Vorstellung, mit einem Mann zusammenzuleben oder sogar einen zu heiraten, jetzt, in meinem Alter, das spricht mich auch nicht an. Man muß sich nur binden, und das höchstwahrscheinlich an die Sorte Mensch, von der man versucht, sich fernzuhalten. Ich sehe nicht, daß es passiert, es ist unmöglich, daß es passieren könnte, ich würde es nicht passieren lassen. Ich bin vielleicht in allen anderen Dingen unsicher, aber eine Sache, die ich wirklich weiß, ist: Nein, Ehe ist ganz bestimmt nichts für mich; nein, nein, ganz sicher nicht.

Sie zündete sich eine weitere Zigarette an, machte einen kräftigen Zug und starrte in die Zukunft, das Gesicht unbeweglich.

Vier Jahre später, an einem sonnigen Sonntagmorgen, die sechzig Leute der Kirchengemeinde klatschten rhythmisch in die Hände und stampften im gleichen Takt mit den Füßen, als sie eine mitreißende Version von ›Yes, Jesus Loves Me Evermore‹ sangen, begleitet von einer jungen, vierköpfigen Gruppe, die aus zwei Gitarristen, einem Saxophonisten und einem Keyboard-Spieler bestand: Die Arme in Verehrung gehoben, stieg sie in ihrem leuchtenden blu-

menbedruckten Kleid hüpfend die Stufen vom Altar herab, durch die Küsse, die Umarmungen und das Händeschütteln ihrer Freunde hindurch. Ihr lächelnder Ehemann lief weniger auffällig hinter ihr: ein schmaler Mann von fünfzig Jahren, bebrillt, das Haar angegraut, in einem maßgeschneiderten dunklen Anzug mit einem blaßblauen Hemd und einer weinroten Krawatte.

Eine Woche danach setzte sie das vergoldete Tablett ab, mit dem umstickten Deckchen und den passenden Tassen und Untertassen, dem Milchkännchen und der Zuckerdose, und sie lehnte sich zufrieden in einem der Armsessel zurück, im hellen, luftigen Wohnzimmer ihrer Apartmentwohnung im ersten Stock.

Oh ja, ich erinnere mich, natürlich. Es ist ungefähr so etwas gewesen wie: Nein, nein, ich werde niemals heiraten. War es nicht das? Also zeigt das doch gerade, daß man nie wissen kann, nicht wahr? Weder welche guten Dinge einen in der Zukunft erwarten, noch welche schlechten: wahrscheinlich ist es so auch am besten, in beiderlei Hinsicht, nicht wahr? Damals hatte ich gedacht, daß die Zukunft überhaupt nichts für mich bereithalten würde, daß ich keine Chance habe. Ich habe nie daran gedacht, mich selbst umzubringen, ich bin keine von der Selbstmördersorte, aber ich konnte einfach nicht sehen, daß es eine Chance für irgendeine Art von Glücklichsein gegeben hätte. Habe ich je Ihnen gegenüber erwähnt, daß es einen Laden für gebrauchte Möbel in der Siedlung gab? Ich hatte große Mühe, mit meinem Geld auszukommen, und so bin ich gewöhnlich zweimal in der Woche dorthin gegangen, um nach Gelegenheitskäufen zu schauen. Nicht so sehr für mich selbst, ich habe eher gehofft, daß ich etwas billig erstehen und es dann vielleicht für etwas mehr, als ich dafür bezahlt habe, weiterverkaufen kann. Ich habe nicht viel kaufen können, weil ich es mir nicht leisten konnte, aber als ich ein oder zwei Leute kennengelernt hatte, ließ ich sie wissen, daß ich mich für sie umschauen würde, falls sie etwas brauchten. Ich glaube nicht, daß ich jemals mehr als ein oder zwei Pfund Plus in der Woche gemacht habe, weil es immer nur Kleinkram gewesen ist, aber es hat mir Beschäftigung verschafft, neben meinem Kummer und meinen Sorgen.

Der Mann, der den Laden geführt hat, George, war wirklich ein netter Kerl: ganz anders als die Sorte von Männern, mit denen ich vorher so viel zu tun gehabt hatte. Er war sehr ruhig und hat selbst nie sehr viel gesprochen, und er ist immer höflich und nie eine Krämerseele gewesen. Er hat es mir nie verwehrt, herumzugehen und mir stundenlang sein Lager anzusehen. Ich glaube, daß er ziemlich genau wußte, was ich da mache, daß ich nämlich hier und da die absonderlichsten Dinge aufgekauft habe, um sie dann weiterzuverscherbeln, aber das hat ihn anscheinend nicht gestört. Nach einer Weile hat er mir Sachen gezeigt, die er billig aufgekauft hatte, und er hat sie mir für nicht viel mehr angeboten, als er selbst dafür bezahlt hat.

Er war etwas älter als ich, aber nicht viel, und das war eigentlich alles, was ich über ihn wußte. Ein weiterer guter Zug an ihm war, daß er nie irgendwelche neugierigen Fragen über mich gestellt hat. Ich habe es auch nie so empfunden, daß er versucht hätte, sich an mich heranzumachen: Er hat nur über die Möbel gesprochen. Ich habe jetzt vergessen, was für ein Stück es genau gewesen ist, aber eines Tages hatte ich etwas gekauft, und ich fragte ihn, ob er es in meine Wohnung bringen könnte; also hat er es an einem Sonntagmorgen, zusammen mit einem Freund, vorbeigebracht: Ich glaube, es war ein Kleiderschrank oder vielleicht auch eine Kommode. Ich habe ihnen eine Tasse Kaffee angeboten, und sein Freund hat die ganze Zeit geredet, während sie da waren; George saß da, sehr ruhig und höflich, aber ich glaube, daß er an der Einrichtung der Wohnung erkannte, daß ich dort allein lebte.

Viele Männer würden die Sache ausgenutzt und ihren

Vorteil daraus gezogen haben, doch nicht er. Ich bin noch ein oder zwei Mal in seinen Laden gegangen, die Dinge sind wie gewöhnlich verlaufen, und dann, eines Morgens, hat er mich auf eine Tasse Kaffee in sein Büro auf der Rückseite eingeladen; er hat erklärt, daß er mir das schuldig sei. Danach gingen die Dinge noch immer nur sehr, sehr langsam vonstatten: Er war so schüchtern, daß ich manchmal fast den Eindruck hatte, daß er noch nie etwas mit Frauen in seinem Leben zu tun gehabt hat. So war es aber nicht, er ist verheiratet gewesen und war geschieden, doch er war sicherlich nicht einer von denen, die Mitleidsgeschichten darüber erzählen, was für ein unglückliches Leben sie geführt haben. Das Besondere an ihm war: Genau so, wie er mich nicht bedrängt hat, so hat er auch keine Fragen über mich gestellt. Ich kann ehrlich sagen, daß unsere Beziehung als Freundschaft begonnen hat, und es ist wenigstens sechs Monate dabei geblieben, bevor es irgendetwas darüber hinaus gegeben hat. Ich bin diejenige gewesen, die es vorangetrieben hat, und er ist zufrieden gewesen, es so zu belassen, wie es war.

Schließlich sind wir dann doch mehr als nur Freunde geworden, und er ist zu mir in die Wohnung gezogen. Das Stichwort Heirat ist nie gefallen, und wir haben uns nie hingesetzt und uns gegenseitig das Herz über unsere Vergangenheit ausgeschüttet. Ich erinnere mich an einen Tag, als ich es zum ersten Mal überhaupt erwähnt habe; ich sagte: ›Du weißt, daß ich im Gefängnis gewesen bin, nicht wahr?‹ Alles, was er getan hat, war mit den Schultern zucken. Ich fühlte, daß ich ihm etwas mehr erzählen müßte, also habe ich gesagt: ›Für sehr lange Zeit.‹ Seine Antwort darauf war lediglich ein weiteres Achselzucken, und er sagte: ›Ich vermute, daß das alles schon lange Zeit her ist.‹ Als ich letztendlich dazu gekommen bin, ihm die ganze Geschichte zu erzählen, schien er davon in keiner Weise betroffen zu sein. Er sagte so etwas ähnliches wie: ›Gut, das liegt jetzt alles in der Vergangenheit«, und nicht mehr. Von Zeit zu Zeit hat er mir ein wenig von seinem eigenen vorherigen Leben erzählt, er sei immer schnurstracks und geradezu gewesen, seine vorhergehende Ehe sei schiefgegangen, und er wäre glücklich, indem er macht, was er in seinem Laden tut: Möbel aus zweiter Hand verkaufen, selbst wenn er dabei nicht viel mehr Geld verdienen kann, als er gerade zum Leben braucht.

Die nächste Sache war, daß ich schließlich eine Arbeit als Telefonvermittlerin in einer kleinen Firma von Zeitungsgroßhändlern und Buchverkäufern in der Stadt gefunden hatte. Der Job war in einer Abendzeitung annonciert, und als ich zum Einstellungsgespräch ging, habe ich ihnen glattweg gesagt, daß ich wegen Mordes im Gefängnis gesessen habe und daß ich nur auf Bewährung draußen bin. Ich habe gedacht, daß ich so Zeit sparen könnte, als wenn ich erst die Arbeit bekommen und sie dann wieder, durch die Bewährungshilfe, verlieren würde. Es sind zwei ältere Herren in Anzügen und mit Brillen gewesen, die mich befragten, doch anstatt von ihren Stühlen zu fallen, wie ich es eigentlich erwartet hatte, haben sie bloß genickt und gesagt, gut, wenn das mit der Bewährungshilfe in Ordnung geht, würden sie mich auf Probe nehmen.

Davon war ich wirklich begeistert, und ich habe hart gearbeitet: Es ist eine Chance gewesen, und ich war entschlossen, das Beste daraus zu machen, nie zu spät zur Arbeit kommen oder einfach freinehmen, ohne ihnen vorher Bescheid zu sagen und solche Sachen. Die Arbeit wurde nicht gut bezahlt, und es war ausgesprochen langweilig, weil es nur so ein kleines Unternehmen war und auch nicht sehr unternehmungslustig, aber es war das, was ich gebraucht habe, eine Möglichkeit, Ruhe zu finden.

Dann ist mir noch etwas passiert, und das war sehr wichtig: Ich würde sogar sagen, daß es das Wichtigste war, was jemals in meinem Leben geschehen ist. Bis zu diesem Zeitpunkt war ich nie in irgendeiner Hinsicht eine Gläubige; und die Art und Weise, in der ich es jetzt erkläre und woran ich fest glaube, ist, daß es sozusagen ein Bestandteil von Gottes Plan für mich ist, daß ich bis dahin nicht reif war, um den Glauben zu erfahren. Ich bin nie ein großer Leser gewesen, aber in der Firma, in der ich nun arbeitete, haben wir auch ein oder zwei Taschenbücher über das Christentum gehandelt, und ich begann, mich sehr für dieses Thema zu interessieren. Ich glaube fest daran, daß Gott für jeden einen Plan hat und daß er immer wirkt, obwohl man vielleicht zu keiner Zeit etwas davon bemerkt. Für mich hat sich zweifellos bestätigt, daß es so ist, denn nur wenige Wochen, nachdem ich angefangen habe, mich dafür zu interessieren, bin ich nach der Arbeit auf dem Nachhauseweg die Straße entlanggegangen, und eine völlig fremde Frau kam gerade aus der Kirche, und wir sind mehr oder weniger ineinander gerannt. Sie war etwa im selben Alter wie ich, sehr freundlich, und wir haben angefangen, uns zu unterhalten. Das Ende davon war, daß sie mich gefragt hat, ob ich nicht am nächsten Sonntag mit zur Kirche kommen würde, um zu sehen, was ich davon halte.

Es ist keine traditionelle Kirche oder was, was die meisten Leute dafür halten. Wir haben einen Vorsteher, aber keinen eingesetzten Pfarrer; jeder, der es möchte, kann ein Gebet sprechen oder etwas über Jesus sagen, und wir singen sehr viel, gemeinsam mit dieser Gitarrengruppe, die aus jungen Leuten besteht. Es macht wirklich großen Spaß und ist gar nicht feierlich oder düster, und ich denke, so sollte Religion sein. Manchmal haben wir eine Kirchengemeinde von sage und schreibe einhundert Leuten, weiße und schwarze, alle gemeinsam. Es hat mein ganzes Leben total verändert.

Einige Leute würden sagen, daß ich ein wiedergeborener Christ geworden bin, aber ich glaube nicht, daß die Bezeichnung, die du der Sache gibst, wichtig ist. Was zählt ist, daß du dein Leben Gott geöffnet hast und daß du ihn darüber für dich wachen läßt.

Doch am Anfang hat es auch seine komischen Seiten gehabt. George ist nicht religiös gewesen, ehrlich gesagt, ich glaube nicht, daß er jemals in seinem Leben den Fuß in eine Kirche gesetzt hat. Er wollte nicht mit mir hingehen, doch da er nun einmal so ist, wie er eben war, hat er auch nicht versucht, es mir auszureden, er hat es mir überlassen, das für mich selbst zu entscheiden. Und so hat es ihn wirklich erschreckt, als ich ihm eines Tages sagte, daß wir nicht mehr so weitermachen können wie bisher, es sei Sünde, nur so zusammenzuleben, und entweder müßten wir uns trennen oder heiraten, und ich würde solange nicht wieder mit ihm schlafen, bis wir verheiratet wären. Ich glaube nicht, daß er anfangs gedacht hat, daß ich es auch wirklich so meine. Er sagte, daß ihm eine Ehe reichte, so wie wir waren, würden wir völlig glücklich sein, und warum wir denn nicht so weitermachen könnten. Ich habe nein gesagt, ich könne nicht mit mir und zugleich auch mit Gott leben, wenn wir das tun würden, und er müßte sich entscheiden. Er hat nicht gestritten: George hat nie gestritten. Er sagte, wenn ich es so haben wolle, dann müsse es eben so sein. Aber er ist zu ängstlich gewesen, um sich jemals wieder ein Leben lang voll und ganz an einen anderen Menschen zu binden. Wir haben uns nicht gezankt: Wir hatten ein langes Gespräch in aller Ruhe, und wir haben uns dafür entschieden, daß wir uns trennen. Der folgende Tag war ein Sonnabend, und ich bin einkaufen gegangen; als ich zurückkam, hatte er seine Sachen gepackt und war gegangen. Auf dem Tisch hatte er mir einen lieben Gruß und ein paar Blumen zurückgelassen, und das war's. Als ich vom Einkaufen zurück war und alles so gefunden hatte, habe ich mich an den Tisch gesetzt und geheult. Er ist eine gute Seele gewesen, und ich dachte, daß ich ihn verloren hatte.

Er war zu seiner Schwester gegangen, um bei ihr zu wohnen. Sie hatte eine Wohnung ganz in der Nähe seines Ladens, ich glaube, alles in allem, ist er zwei Monate dort gewesen. Ich habe ihn schrecklich vermißt; aber ich habe mein Gewissen befragt, und ich habe zu Gott gebetet, daß er mir die Kraft geben möge, in dem fortzufahren, wovon ich wußte, daß es das Richtige ist. Ich muß gestehen, daß ich auch ein oder zwei Mal zu ihm gebetet habe, er möge mir George zurückbringen, falls das möglich wäre. Und wenn ich jemals einen Beweis gebraucht hätte, für die Kraft der Liebe Gottes für jeden einzelnen Menschen, selbst für einen, der so viel gesündigt hat wie ich, hätte ich ihn ganz sicher schließlich auch erhalten. Eines Sonntags klingelte es an der Wohnungstür, und da stand George. Er sagte, daß er ohne mich nicht weiterleben könnte, und ob ich ihn nicht bitte heiraten würde. Typisch George, sehr kurz, geradeheraus und einfach, nur dieser eine Satz. Er sagte, er weiß, daß ich wüßte, daß er nicht in der gleichen Art über das Christentum denkt wie ich, wenn ich ihn aber mitnehmen würde, wenn ich hingehe, dann würde er ab und zu mit mir in die Kirche kommen, um zu sehen, ob es ihn umstimmen könnte.

Für uns war es nicht möglich, in der Kirche zu heiraten, und zwar aus einer ganzen Reihe von Gründen, die zu kompliziert sind, um sie alle zu erklären: So mußte es denn eine Aufgabe für den Standesbeamten werden. Meine Leute von der Kirchengemeinde waren von der Hochzeit begeistert, sie haben sich wirklich für mich gefreut, daß George zurückgekommen war, und sie haben ihm einen solchen Empfang bereitet, daß er wirklich davon überwältigt gewesen ist. Ich glaube, eine Sache, die ihn am meisten überraschte, war, daß ihm langsam dämmerte, daß alle Leute in unserer Kirchengemeinde, junge und alte, von meiner Geschichte gewußt haben, daß ich eine lebenslange Haftstrafe wegen Mordes verbüßt hatte. Er fragte mich, wie sie das herausbekommen haben, und ich habe ihm die Wahrheit gesagt, daß nicht sie es herausgefunden haben: Ich selbst habe es ihnen eines Abends während einer Versammlung erzählt, als etwa dreißig Leute dagewesen sind. Er sagte, es muß eine sehr mutige Sache gewesen sein, das zu tun, doch ich habe ihm noch etwas anderes gesagt, was auch wahr gewesen ist, nämlich, daß ich überhaupt keinen Mut gebraucht habe, weil ich es ihnen sagen wollte, und ich habe lange vorher gewußt, daß sie mir nicht den Rücken kehren würden. In ihrer Mitte habe ich gefühlt, daß ich geliebt werde und daß ich sicher bin, also ist es einfach gewesen.

Ich bin nun seit zwei Jahren Christin, und dann, ein Jahr nachdem er ein paar Mal in der Kirche gewesen war, sagte George, daß er auch anfangen wolle, regelmäßig hinzugehen. Nicht lange, nachdem er das geäußert hatte, wollte er auch Christ werden, was mich über alle Maßen glücklich gemacht hat, weil ich wußte, daß es ihm viel Freude bringen würde. Vor sechs Monaten ist er dann einer geworden, und wir haben die Kirchgemeinde gefragt, ob wir eine Segnung unserer Ehe erhalten könnten. Natürlich haben sie ja gesagt, und vergangenen Sonnabend, als wir sie gehabt haben, ist der glücklichste Tag gewesen, den ich je in meinem Leben erlebt habe.

Was nun kommt müssen wir abwarten und sehen, was Gott für uns vorsieht. Wohl noch mehr Freude. Da bin ich mir sicher. George arbeitet noch immer in seinem Laden für gebrauchte Möbel, und ich arbeite hin und wieder ein paar Stunden für die Kirche; die Großhandelsfirma hat zugemacht. Wir haben dieses kleine Apartment gemietet, wir sind bei allen möglichen Dingen von der Kirche aus mit dabei, Geselligkeitsabende, Geldsammlungen für Wohltätigkeitszwecke, Besuch bei Leuten, die krank sind oder Probleme haben, um zu versuchen, ihnen die Hilfe und den Trost des Herrn zu bringen. Wir beide würden glücklich sein, wenn wir so weiterleben könnten.

Ich habe da wirklich eine Idee, obwohl mir das schon eine

ganze Weile durch den Kopf geht. Es ist so, daß ich am liebsten versuchen würde, etwas für junge Frauen zu tun, die im Gefängnis sind oder noch nicht lange wieder heraus. Als ich drin gewesen bin, habe ich mehr als genug von ihnen getroffen, ich glaube, wir haben bereits darüber gesprochen, wie sie anscheinend fest entschlossen sind, auch weiterhin ihr Leben zu vergeuden, nachdem sie wieder draußen sind, die Köpfe immer noch voll von verrückten Ideen über das flotte Verbrecherleben. Also, ich habe das alles selbst durchgemacht, es gibt nichts, was sie mir über das Gefängnis und die Zeit hinterher noch erzählen könnten. Ich kann ihnen ehrlich sagen, daß ich genau wie sie war, sogar noch ein ganzes Ende schlimmer, als die meisten von ihnen. Und ich fühle mich jetzt so, daß ich mit ihnen auch reden und ihr Freund sein und daß ich für sie eine ständige Hilfe bleiben könnte; das zu tun, wäre etwas wirklich Lohnenswertes. Ich würde gern dabei mithelfen, ein Wohnheim für sie einzurichten.

Ich habe also die Vorstellung, daß ich bald anfangen werde, mich zu erkundigen, um zu sehen, ob die Leute vom Strafvollzug es überhaupt in Erwägung ziehen werden, daß eine zu lebenslänglicher Haft Verurteilte mit ehemaligen Häftlingen arbeitet. Ich bin von Tag zu Tag mehr davon überzeugt, daß es das ist, was der Herr mich zu tun heißt. Aber wenn das nicht klappt, dann weiß ich, daß es bedeutet, er hat stattdessen noch etwas anderes für mich vorgesehen. Ich freue mich, darauf zu warten, ich freue mich sehr.

Du lieber Himmel, warten Sie, entschuldigen Sie mich bitte, ich muß nach dem Ofen sehen, ich rieche, daß etwas verbrannt ist, ich hab' es vergessen! Ich habe gewußt, daß Sie kommen, und da habe ich doch einen Kuchen gebacken!

ACHTES GESPRÄCH

WILLIAM DAVENPORT
BILLY DER BULLE

Ein stämmiger Mann in einem verblichenen T-Shirt und Jeans, Größe: ein Meter dreiundneunzig, Gewicht: mehr als einhundertfünfundzwanzig Kilogramm; auf das winzige Zweisitzersofa im Vorderzimmer eines Reihenhauses mußte er sich seitlich verkrampft hinsetzen. Er sprach mit ruhiger Stimme und einem Akzent aus dem Norden, gelegentlich nippte er an einem rot-grün gestreiften Becher mit Orangensaft. Er war zweiunddreißig Jahre alt.

Als ich noch ein Schuljunge war, war es fast so, als ob ich ein König wäre. Bereits mit zwölf oder dreizehn, müssen Sie wissen, bin ich nicht nur der größte Junge der Klasse gewesen, ich war der größte Junge der ganzen Schule. Es hat mir nichts ausgemacht, ob ich gebildet war oder nicht: Ich habe es so gesehen, daß ich das nicht gebraucht habe, nicht bei dem Stand, den ich hatte, und mit dem Ruf. Ich war groß, schwer, kräftig, mit einem bloßen Schubser konnte ich jeden umstoßen. Die ganze Schule hat das gewußt, und ich auch, und ich habe meinen Ruf aufrechterhalten, indem ich das mindestens zweimal in der Woche demonstrierte. Ich bin zu einem der Burschen aus der obersten Klasse gegangen, irgendeiner, wer, hat keine Rolle gespielt, bloß um einen Streit vom Zaun zu brechen und um Gelegenheit zu einer Schlägerei mit ihm zu haben. In Gedanken habe ich so eine Art Liste geführt, wer als nächster an der Reihe ist, und wenn sie mir nichts getan hatten, habe ich sie beschuldigt, daß mir jemand erzählt hat, sie hätten etwas Schlechtes über mich gesagt. ›Billy der Bulle‹, das war mein Spitzname, und so habe ich mich auch benommen, das habe ich gern gehabt. Ich erinnere mich: Da gab es mal einen Tag, als der Vater eines anderen Burschen in die Schule gekommen war, um den Direktor zu treffen und sich bei ihm zu beschweren, weil sein Sohn erzählt hatte, daß ich ihn verprügelt hätte. Der Direktor ließ mich holen, und als ich in sein Arbeitszimmer getreten bin, ist der Bursche aufgestanden, ich glaube in der Absicht, mich zu beschimpfen. Er ist gar nicht so klein gewesen, und er war auch ziemlich gut gebaut; aber mir ist er doch bloß bis hierher gegangen. Und so hat er mich dann auch nur angestarrt, seinen Mund gehalten und sich wieder hingesetzt. Nachdem er gegangen war, hat der Direktor zu mir gesagt: ›Davenport‹, mit aller Vernünftigkeit hat er das zu mir gesagt, müssen Sie wissen. ›Davenport, du willst dir doch wohl nicht den Ruf einhandeln, der Rabauke der Schule zu sein, oder?‹ Ich habe gesagt: ›Oh nein, Sir, das will ich nicht‹, und dabei habe ich so gut ich nur konnte, versucht, es nicht so klingen zu lassen, da es doch genau das gewesen war, was ich eigentlich gewollt habe.

Ich habe mich einen Dreck darum gekümmert, daß ich nicht beliebt war. Ich glaube, wenn du in der Schule bist, dann zählen diejenigen, die sich in dieser oder jener Weise vom Rest unterscheiden. Du konntest ein sehr kluger Kopf sein, alle Stipendien gewinnen, um zur Universität gehen zu können und dergleichen mehr: Also, darauf konnte ich nicht hoffen; ich war ein richtiger Kraftmensch, und ich wollte auch nie etwas anderes sein. Oder wenn du einer von den Sportlern warst, der beste Fußballspieler der Schulmannschaft, der Bobby Charlton der Provinz; und wenn das nicht, dann warst du vielleicht ein Athlet und konntest rennen und springen und alle Medaillen am Sporttag gewinnen. Auch von denen bin ich keiner gewesen: ich habe nicht die geringste Koordinationsfähigkeit zwischen Hand und Auge gehabt, und wenn es ans Rennen und Springen gegangen ist, dann war ich einfach schwer und behäbig und habe mich nicht angestrengt. Deshalb blieb mir nichts anderes übrig, als mir einen Namen als großer, starker Kerl zu machen, keiner würde mit ihm Streit haben wollen, und jeder würde sich auf die richtige Seite stellen. Es ist nichts, um darauf stolz zu sein, was ich jetzt sage, aber früher habe ich so gedacht: nämlich daß doch einige Leute vom Schulpersonal sich vor mir in acht genommen haben, wegen meiner Größe und auch meines Rufs.

Es gibt keine Entschuldigung dafür, aber ich glaube, wenn du anfängst, darüber nachzudenken, dann hätte ich in gewisser Hinsicht vielleicht noch viel schlimmer sein können, als ich war. Was ich damit meine ist, daß ich meine Kraft für nichts Schlimmeres als Prügeln genutzt habe. Ob das nun deshalb gewesen ist, weil die Schule, in die ich gegangen bin, in Rochdale war, also nicht so richtig nah genug an, sagen wir mal Manchester oder Liverpool, denn dort soll es mehr als genug schwere Verbrechen geben, in die ein junger Bursche hineingezogen werden kann; ich weiß es nicht. Ich glaube, daß das vielleicht etwas damit zu tun hat. Aber vielleicht habe ich mehr Schwein als irgendwas gehabt, ich habe nie die Sorte von Leuten getroffen, die mich da hätten einführen können. Ich bin nie groß an krummen Dingen interessiert gewesen, nicht am Klauen, nichts in der Art. Ein anderer Faktor war vielleicht, daß auch meine Familie nicht kriminell gewesen ist, sie war es nie und sie ist es auch jetzt nicht. Mein Vater ist ein aufrichtiger Mann, der hart im Beleuchtungsbau arbeitet; ich habe einen Bruder, der vollkommen in Ordnung ist, und meine Schwester ist verheiratet und hat zwei Kinder. Soweit ich weiß, hat keiner von ihnen jemals im Leben etwas Schlechtes begangen. Und meine Mutter ist so eine Frau, daß sie schnurstracks wieder zum Laden zurückgehen würde, wenn sie denkt, daß sie einen Fehler gemacht und ihr zuwenig abkassiert haben, und mein Vater ist nach Kleingeld für die Parkuhr herumgerannt. Das wohl einzige, was mich in meiner Kindheit aus dem Gleichgewicht gebracht hat, war, daß beide, mein Bruder und meine Schwester, gut in der Schule gewesen sind und ich nicht mit ihnen mithalten konnte, und ich habe gewußt, daß ich das nie können würde.

Aber langsam dämmerten auch mir die Dinge, nämlich, daß ich nicht ihre Bildung brauchte, ich könnte gut ohne das auskommen, nicht nur gut, sondern besser als sie, indem ich mir meinen eigenen Lebensunterhalt verdiene. Als sie die Schule verlassen haben, ist meine Schwester in eine Bank eingetreten und hat einen ansehnlichen Job gehabt, der ihr so weit genug eingebracht hat, daß sie einmal in der Woche ins Kino gehen und eine Woche im Jahr Urlaub in Blackpool machen konnte, während mein Bruder, der seine Ausbildung an einem technischen College fortgesetzt hatte, für die Abschlüsse paukte, um in die Elektrotechnik einzusteigen; also auch er hatte kein Geld. Aber ich, ich bin reicher als sie beide gewesen und als mein Vater und als alle, alle zusammen, ohne irgendwelche Bildung.

In der Zeit, noch bevor ich aus der Schule kam, hat es einen Ort gegeben, der mich immer faszinierte, die Wochenmärkte, vor allem das, was Sie womöglich Trödelstände nennen: alte Uhren, Lampen, Porzellannachttöpfe, dieses altmodische Tafelsilber in Holzschachteln, ich glaube, sie haben sie Besteckkasten genannt – all diese Dinge, die die Leute rausgeschmissen haben, weil sie sie nicht mehr länger behalten wollten. Ich habe früher nach der Schule und an den Wochenenden Stunde um Stunde damit verbracht, auf den Märkten herumzulaufen und zu sehen, was sie da haben. Und die Preise zu studieren: Für wieviel konntest du Schildpatthaarbürsten an einem Stand in Oldham erstehen, für wieviel konntest du sie wieder an jemand anders verkaufen, der einen Stand in Bury hatte. Um diese Zeit bin ich auch aus der Schule gekommen, ich hatte mir bereits selbst ein wirklich gutes Grundwissen über Preise und Werte angelernt, und ich bin wohl drauf und dran gewesen, ein kleines, hübsches Geschäft aufzubauen, indem ich kaufte und verkaufte. Ich habe mich selbst nie festgenagelt mit einem eigenen Stand an einem festgelegten Ort: Stattdessen habe ich mich die ganze Zeit hin und her bewegt, habe Sonderangebote aufgekauft und meine Kenntnisse verbessert. Es ist alles sauber und über dem Ladentisch gewesen, ich habe geklautes Zeug zu Schleuderpreisen nicht angefaßt, oder ohne etwa nachzufragen, woher etwas kommt, nichts dergleichen. Ich habe mich auch nicht auf teures Zeug eingelassen wie etwa Antiquitäten, wo ich nicht so bewandert gewesen bin.

Ich habe die Freiheit genossen, müssen Sie wissen, die Tatsache, daß ich für mich selbst gearbeitet habe: Ich konnte entscheiden, an welchen Tagen und zu welchen Stunden ich arbeite, wie ich gerade Lust hatte. Es war wirklich Ironie. Ich habe keine Bildung gehabt, ich konnte nicht zusammenzählen, und ich konnte kaum meinen Namen schreiben; aber es war zu der Zeit, als es gerade losgegangen ist, daß diese billigen elektronischen Taschenrechner aufgekommen sind, und für jemand, der die ganze Zeit Preisnachlaß und Gewinnspanne im Auge behalten mußte, und alles in Prozenten, waren sie unbezahlbar. Ich hatte keine Ambitionen, ein großer Geschäftsmann zu werden, oder etwas im großen Stil zu starten: Ich bin glücklich gewesen, mir selbst meinen Lebensunterhalt zu verdienen, meiner Mum und meinem Dad meine Unterkunft und ein bißchen darüber hinaus bezahlen zu können, und am meisten, daß ich jeden Morgen, wenn ich aufwachte, mich darauf gefreut habe, zu handeln, zu kaufen und zu verkaufen, wo immer ich hingegangen bin.

Ein gewöhnlicher Bursche, das war alles, was ich gewesen bin, nicht sehr clever im Sinne Schulbildung und dergleichen Dingen, aber mit einem guten Geschäftssinn. Das ist die Art, wie ich mich selbst einschätzen würde; und als ich anfing, erwachsen und ein bißchen reifer zu werden, ich glaube, da habe ich auch angefangen, eine Art netterer Mensch zu werden, in dem Sinn, daß ich aufgehört habe, mich soviel mit den Leuten in der Wolle zu haben, und ich habe mich verantwortungsvoller und mehr wie ein Erwachsener benommen. Ich meine zum Beispiel, daß ich nie meine Größe benutzt habe, um jemanden in Geschäftsangelegenheiten einzuschüchtern; ich habe nicht mehr gedroht oder mich geprügelt. Ich wollte, daß man mich gern hat, ich wollte, daß die Leute, mit denen ich Geschäfte machte, mich kennen sollten als jemand, der freundlich und zuverlässig und immer absolut ehrlich ist. Zu der Zeit bin ich achtzehn geworden, ich muß wohl einer der jüngsten Markthändler in Lancashire gewesen sein, und ich hatte es gern, daß Käufer und Verkäufer, die viel älter waren als ich, mit mir wie mit ihresgleichen gehandelt haben. Jeder hat mich immer mit dem Vornamen angesprochen, und das ist auch so etwas gewesen, das ich gern hatte. Viele Frauen in mittleren Jahren sind richtig mütterlich zu dir geworden, haben dir Tassen mit Tee gebracht und Kuchen und Zeug, haben dich gefragt, wie es deinen Eltern geht: Es hat alles wirklich gut ausgesehen.

Ich habe oft gedacht, daß es doch komisch ist, wie dein ganzes Leben für immer verändert sein kann, wie es bei meinem gewesen ist, nur durch einen einzigen Zufall, der sich ergibt. Es stimmt, das kann sein, und manchmal ist es so, aber manchmal ist doch auch das nicht so sehr lustig.

Bis wohin sind wir beim letzten Mal gekommen? Ah ja gut, ich rede zur Zeit nicht so viel, ich bemühe mich eher zu vergessen.

Ich habe eine Menge Freunde gehabt, junge in meinem Alter ebenso wie ältere Leute, die ich auf den Märkten kennengelernt hatte. Frauen und Männer. Ich sage Freunde, aber niemand von ihnen stand mir wirklich nahe, also sollten sie richtigerweise Bekannte genannt werden. Ich weiß nicht, ob Sie das wissen oder nicht, aber in Nordengland, besonders unter den jungen Leuten, ist London der große Renner, wo jeder hingehen will. Für viele Jugendliche ist es nicht deshalb, weil sie vor allem dort wohnen wollen, es ist mehr die Vorstellung, daß in London das Gefühl von Spannung herrscht, alles, was passiert, passiert dort. Was mich angeht, ich bin genauso gewesen, und bis zu dem Zeitpunkt, von dem ich rede, war ich noch nie dort gewesen.

Also an diesem Tag, es war ein Dienstagmorgen glaube ich, bin ich in einem Autopark in Bolton gewesen und habe diesen Typ getroffen, Keith, er war mehr oder weniger in meinem Alter und hat dieselbe Art von Dingen gemacht, um sich den Lebensunterhalt zu verdienen. Wir standen bei einer Limousine, ein großer alter Morris, und während wir schwatzten, habe ich zufällig die Schlüssel gesehen, die noch in der Zündung steckten. Ich habe sie Keith gezeigt und war dabei ein bißchen sarkastisch über Leute, die so gedankenlose Sachen machen. Keith sagte, er lachte und hat es zuerst als Spaß gemeint, er sagte: ›Ich frag' mich, ob genug Sprit drin ist, daß wir damit bis London reichen.‹ Und ich habe gesagt, es war immer noch als Spaß gemeint: ›Warum sehn wir nicht mal nach?‹ Und das haben wir gemacht und haben uns reingesetzt, Keith hat gestartet, und wir sind aus dem Autopark herausgefahren. Wir waren keine Autodiebe, wir sind überhaupt keine Diebe gewesen, keiner von uns beiden; soweit wir überhaupt darüber, was wir da anstellten, nachgedacht haben, war es so, daß wir nichts anderes unternahmen, als ein Stückchen damit herumzufahren, was man so Spritztour nennt.

Doch es sollte anders kommen. Schon bald sind wir aus

Bolton heraus gewesen und in Richtung Manchester gefahren; und dann sind wir von dort aus weiter, Stockport, Hazel Grove, Buxton, die ganze Zeit immer noch lachend, daß wir ja nach London fahren würden, wenn der Sprit reicht. Derby, Stafford, glaube ich, dann Rugby; und ab dann ist es Ernst geworden, wir waren viel weiter gefahren, als wir eigentlich beabsichtigt hatten. Doch am Ende sah es so aus, als ob der Sprit alle ist, also sind wir zu einem Fernfahrer-Café gefahren und haben das Auto in einiger Entfernung vom Hauptgebäude geparkt; dann sind wir auf eine Tasse Kaffee hineingegangen. Da war ein Lkw-Fahrer am Tisch, der uns gefragt hat, wohin wir denn wollten: Wir sind noch immer ganz verrückt gewesen, und so haben wir ›London‹ gesagt. Er hat uns angeboten, uns mitzunehmen, und wir haben es gemacht, und er hat uns irgendwo im Norden von London abgesetzt, Barnet oder Enfield, soweit ich mich erinnern kann. Ich weiß noch, daß es dunkel war, und wir sind hungrig gewesen, und beide hatten wir keinen Pfennig Geld, aber wir haben ein großes Hotel gesehen, eine Art von modernem Hochhaus mit einer Menge von Autos, die davor geparkt waren, und wir haben uns dafür entschieden, in einem davon diese Nacht zu schlafen. Am nächsten Morgen waren wir hungriger denn je, aber wir haben beobachtet, wie ein Lieferwagen mit Lebensmitteln die Küche beliefert hat, und wir sind außer Sichtweite herumgelungert, bis wir unsere Chance sahen, dann sind wir hinausgesaust und haben eine Kiste mit Fleischpasteten und etwas Milch geklaut.

Bis zu diesem Zeitpunkt ist alles ziellos und ohne Plan abgelaufen, wir hatten nicht ernsthaft über irgendwelche Folgen nachgedacht. Was wir beabsichtigten, war, weil wir so nah an London waren, wollten wir tagsüber ins Zentrum gehen, einige der Sehenswürdigkeiten anschauen und dann wieder per Anhalter nach Hause in den Norden zurückfahren. Wir hatten beide überhaupt keine Vorstellung davon, wie groß die Stadt war: Als wir da am nördlichen Stadtrand waren, dachten wir, daß Picadilly und Buckingham Palace und die Tower Bridge und der Rest, daß das alles wahrscheinlich nur ein zehnminütiger Fußmarsch von uns entfernt sein würde. Ich glaube, wir haben tatsächlich etwas davon gesehen, aber die Hauptsache, an die ich mich erinnere, ist der Hunger und die Müdigkeit den ganzen Tag lang und das Mitfahren mit Lastern und Lieferwagen, die uns anscheinend nirgendwohin, lediglich in einen anderen Teil von London brachten. Wir, als Dorftrottel, kannten nicht mal die Namen der Hälfte aller Plätze oder wo sie gelegen waren, im Verhältnis zu unserem vermeintlichen Aufenthaltsort; und gegen Ende des Tages landeten wir in einer Art von großem Park, irgendwo in Richtung Südwesten. Ealing oder dort in der Drehe. In der Nähe vom Parkeingang haben wir eine Tasse Tee an einem Getränkewagen getrunken, und wir sind mit einem anderen Burschen aus dem Norden ins Gespräch gekommen, er hat uns erzählt, daß er seit vier Jahren in London lebt und daß er uns zu einem Arbeiterwohnheim bringen könnte, wo sie uns eine billige Übernachtung geben. Wir sind ihm um den Hals gefallen.

Es war ein sehr eigentümlicher Ort, dieses Wohnheim, wirklich. Ein paar Jahre später hat es einen großen Skandal gegeben, in den der Kerl, der es geleitet hat, verstrickt war; er hat ein Heidengeld damit gemacht, daß er Wohlfahrtsunterstützung für Leute beanspruchte, die gar nicht dort gewohnt haben, und jetzt ist es geschlossen worden. Wir aber waren zu der Zeit dort, als es bei ihm noch florierte und er noch nicht geschnappt worden war. Er erklärte uns, daß er ausgebucht sei, daß er auch nicht ein Zimmer mehr hätte, um uns unterzubringen, aber er sagte, daß er noch ein Heim hätte, ein paar Meilen entfernt, das von einem anderen geleitet würde, den er als Manager eingesetzt hatte. Also sind wir dorthin gegangen. Es war ganz schön spartanisch und nicht sehr sauber, mit überall reingequetschten Betten, nicht nur in den Schlafräumen, auch auf den Korridoren und im Keller. Der sogenannte Manager war eine Art von äußerst unflätigem Cockney, der diese oder jene Sorte von Gewalttätigkeiten auf dem Kerbholz hatte, wie wir später herausfanden. Aber wie ich schon gesagt habe, wir sind äußerst unbeleckt gewesen: Soweit es uns betroffen hat, waren wir einfach froh, irgendwo eine Bleibe zu haben, um so mehr, als er uns sagte, daß er in ein paar Tagen Zahlungen von der Wohlfahrt für uns bekommen könnte. Er hat uns einige Formulare zur Unterschrift gegeben, und ich erinnere mich, als wir gerade dabei waren, sagte er: ›Macht bloß nicht so'n Blödsinn und tragt dort etwa euern wirklichen Namen ein.‹

Dort sind wir für etwa drei oder vier Tage geblieben; für uns ist kein Geld angekommen, und so war herumlungern und warten alles, was wir tun konnten. Dieser Cockney-Typ hat jedem von uns ein paar Pfund als Taschengeld gegeben, und er sagte, daß wir das Geld mit ihm begleichen könnten, indem wir einige Besorgungen für ihn machen würden. Wie ich Ihnen schon gesagt habe, ich bin nicht sehr helle gewesen, und ich habe ja dazu gesagt, was es auch immer sein würde, da ich froh war, diese Gegenleistung für ihn tun zu können, solange, bis unser Geld eintreffen würde, weil er uns doch aufgenommen hatte.

Am nächsten Tag hat er mich und einen anderen Burschen gefragt, ob wir nicht mit seinem kleinen Lieferwagen zum Hauptwohnheim fahren und einen Kerl von dort herüberbringen könnten, er wolle mit ihm über Geschäftliches reden. Wir haben uns nichts weiter dabei gedacht, zumindest ich nicht. Wir sind zu dem anderen Heim gefahren und haben nach dem Bewohner gefragt, dessen Name uns gegeben wurde, und wir haben zu ihm gesagt, daß wir gekommen sind, um ihn mit in unser Wohnheim zu bringen. Ich hatte keine Ahnung, daß es eine Drohung sein sollte und daß es meine Größe war, die dazu benutzt wurde, ihm Angst zu machen, damit er auch ja ruhig mitkommt. Er hat bloß genickt und gesagt, daß er kommen und uns keinen Ärger machen würde; und ich, ich hatte keinerlei Vorstellung, warum er das alles sagen mußte. Wir haben ihn in unser Wohnheim mitgenommen und haben ihn in einem Zimmer, zusammen mit dem Cockney-Typ, alleingelassen. Ich habe erst viel später herausgefunden, daß er gewußt hat, wo sich irgend jemand aufhält, und der Cockney-Typ wollte ihm Angst machen, damit er ihm das sagt. Er hatte Erfolg, aber wie ich schon sagte, das hat sich alles abgespielt, ohne daß ich irgend etwas gewußt oder Interesse daran gehabt habe. Dumm wie Bohnenstroh.

Am nächsten Abend wurde mir gesagt, daß es einen weiteren Job für mich geben würde, und zwar sollte ich diesmal mit zwei anderen in einem Auto irgendwohin fahren, um einen anderen Typ herzubringen. Der Cockney trug mir auf, daß ich mit dem Typ hinten sitzen und ihn nicht aus den Augen lassen sollte. Ich glaube, er hat auch gesagt, daß er vielleicht Ärger machen wird; doch da habe ich mich gerührt und gesagt, daß er ihn ruhig mir überlassen kann. Ich hatte immer noch nicht die ganze Bedeutung der Sache geschnallt, wozu ich da war, und worauf ich mich da eingelassen hatte; um es freiweg zu sagen, es ist so gewesen, daß ich angeheuert war, um Leute einzuschüchtern. Egal, als wir den Typ hatten und er mit mir nach hinten ins Auto verfrachtet wurde, von da an begann es mir ein wenig zu dämmern: Er war ein kleiner Ire in mittlerem Alter, er war sehr nervös und hat mich ständig gefragt, warum Benny, der Cockney, ihn sehen wollte.

Wir hatten seinetwegen durch halb London gemußt, und nachdem wir eine halbe Stunde oder länger gefahren waren, sagte er, daß er platzen würde, weil er mal pinkeln muß und ob wir nicht für eine Minute irgendwo Halt machen könnten. Wir haben an einem Platz an der Straße angehalten, wo es ein paar Bäume gab, und der Ire ist ausgestiegen und stand für eine Minute mit dem Rücken zu uns, so, als ob er an einen Baum pinkeln würde. Es dunkelte, und dann, plötzlich, hat mir der Fahrer zugeschrien: ›Schnapp ihn, Bill!‹, weil der Ire in einem Graben, in den er gesprungen war, außer Sichtweite geraten war. Ich bin ihm nachgerannt, schwerfällig wie ich war, und habe den Halt verloren und bin in den Graben auf ihn drauf gefallen; innerhalb von dreißig Sekunden stapelten sich auch die andern beiden über uns im Graben.

Ich entschuldige mich nicht. Alle sagen immer, daß sie sich nicht mehr erinnern, nicht wahr? Es stimmt aber, ich erinnere mich nicht mehr: Ich kann nur soviel sagen, daß es wie eine Balgerei auf einem Schulspielplatz gewesen ist, überall Arme und Beine, und jeder hat in alle Richtungen geschlagen. Aber dann ist ein Messer ins Spiel gekommen; nicht ich bin derjenige gewesen, der es gezogen hat, weil ich keins gehabt habe, ob es aber dem Iren selbst gehört hat oder einem von den anderen, ich weiß es nicht. Es ist dauernd heruntergefallen und erst hat es der eine und dann der andere gegriffen. Aber er war derjenige, der damit erstochen wurde, und er war tot. Er ist nicht nur umgebracht worden, er wurde geschlachtet: Während der Verhandlung haben sie gesagt, daß der Ire mehr als dreißig Stichwunden gehabt hat.

Wir sind zum Wohnheim zurückgefahren, und wir alle haben einfach nur gewartet. Ich weiß nicht, ob die anderen geschlafen haben, aber ich weiß, daß ich nicht geschlafen habe: Ich habe nur so dagesessen auf dem Rand meines Bettes; ich habe nicht gegessen, mich ausgezogen oder dergleichen. Am nächsten Morgen, ganz zeitig, gerade als es hell wurde, hat jemand die Treppe heruntergeschrien: ›Polizei!‹, und ich bin einen Kellergang entlanggerannt, und am Ende habe ich ein Fenster aufgestoßen und bin herausgeklettert. Auf dem Rasen stand ein junger Polizist und hat gewartet, unmittelbar vor meiner Nase. Er sagte: ›In Ordnung Junge, bleib, wo du bist und leg die Hände oben auf deinen Kopf, du bist gekascht.‹ Er hatte etwa die Hälfte meiner Statur, ich hätte ihn mit einer Hand hochheben können; ich blieb aber stocksteif, wie er gesagt hatte und habe die Hände auf meinen Kopf gelegt.

Gefängnis, was gibt es über neun Jahre Gefängnis zu sagen, das sich so wesentlich von dem unterscheidet, was jeder andere auch sagen kann? Ich war neunzehn, als ich verurteilt wurde, nachdem ich fast ein ganzes Jahr in Untersuchungshaft gewesen war; meine Familie ist sehr gut zu mir gewesen, obwohl ich in Brixton war und sie alle hier im Norden gelebt haben, haben sie mich regelmäßig besucht, während wir auf das Verfahren gewartet haben. Ich habe es gewußt, und sie haben es gewußt, daß ich Lebenslänglich bekommen werde und daß es keine Alternative dazu gegeben hat; die Frage konnte nur sein, wie lange mußte ich auf die Eröffnung des Verfahrens warten, und dann, danach, wie lange mußte ich absitzen.

Es ist schwer zu versuchen, meine Gefühle zu beschreiben, als ich schließlich verurteilt wurde: größtenteils Erleichterung, daß das Warten vorbei war, glaube ich. Meine Eltern waren vollkommen niedergeschmettert davon, obwohl ich ihnen gesagt hatte, daß sie nicht auf etwas anderes hoffen sollten, aber meine eigenen Gefühle waren mehr die von Resignation. Ich bin für den grundlosen Tod von jemandem verantwortlich gewesen, jemand, mit dem ich keinen persönlichen Streit gehabt hatte, den ich nicht gekannt hatte, mit dem ich weniger geredet hatte, als mit Ihnen bisher. Was war dafür eine gerechte Bestrafung? Das ist eine Frage, die nicht zu beantworten ist: Alles, was man sagen kann ist, was es auch immer war, es ist weniger gewesen als eigentlich verdient.

Doch eine Sache, zu der ich schon beizeiten während meiner Haft entschlossen gewesen bin, war die, mein Bestes zu versuchen, um aus der Inhaftierung keine gänzlich negative Erfahrung zu machen. Das hört sich widersprüchlich an, wenn ich es so sage: aber ich bin nicht aus einem kriminellen Umfeld gekommen, bevor das geschehen ist, und ich wollte nicht zulassen, daß es mich hinterher zu einem Kriminellen machen würde. Ich meine damit nicht, daß ich kein Krimineller bin, denn ich bin einer von der schwersten Sorte, aber ein anderer Lebenslänglicher, mit dem ich mich, kurz nachdem ich die Haftstrafe angetreten hatte, unterhielt, hat gesagt, ich erinnere mich: ›Versuch es mit soviel Würde zu nehmen, wie du nur kannst, Junge, du weißt nie, irgendwie kommt vielleicht etwas Gutes dabei heraus.‹ Er war einer von den wenigen, die ich besser kennengelernt habe, ältere Männer, die längere Haftstrafen verbüßen und die mir geholfen haben. Ich versuchte, den jungen Ganoven und Schlägertypen aus dem Weg zu gehen, um mich nicht hineinziehen zu lassen in diese Gefängniskultur von Schlägereien und Drogen und Homosexualität und Aufmüpfigkeit gegenüber der Autorität und dem Sich-nicht-zerbrechen-Lassen und dem ganzen Mist. Stattdessen habe ich das gemacht, was mir gesagt wurde, habe meinen Kopf gebeugt und bin sauber geblieben, und ich habe mich ständig abgerackert, um Möglichkeiten zu finden, damit ich mich verbessern kann. Das hat auch geklappt. Ich bin erwachsen geworden, bin gereift: Ich bin als ein Junge ›reingegangen‹, und ›rausgekommen‹ bin ich als ein Mann.

Man hört von Leuten, die im Gefängnis die mittlere Reife und das Abitur machen und sogar externe Universitätsabschlüsse. Von Anfang an habe ich gewußt, daß ich nicht den Grips oder die Intelligenz für dergleichen Dinge habe, aber ich dachte, daß ich vielleicht wenigstens ein bißchen weiterkommen könnte, als ein nahezu völliger Analphabet zu sein. Ich habe eine Bewerbung für eine Ganztagsausbildung eingereicht: Sie haben mir ein paar Testaufgaben gegeben und mir gesagt, daß ich so weit zurück sei, daß ich Hilfsunterricht haben müßte, der einfach dazu da ist, dich auf eine Stufe zu bringen, von der aus du anfangen kannst. Nur um Ihnen eine Vorstellung davon zu geben: Obwohl ich einigermaßen lesen konnte, wenn es ans Schreiben ging, wußte ich nicht, ob das Wort für zweimal eins ›t-o‹, ›t-w-o‹ oder ›t-o-o‹ buchstabiert wurde; oder Wörter wie ›f-o-r‹ und ›f-o-u-r‹ und ›t-h-e-r-e‹ und ›t-h-e-i-r‹, von denen hatte ich auch keine Ahnung. Ich habe meine Mutter gebeten, mir ein Wörterbuch zu schicken, und wenn ich etwas gelesen habe, dann habe ich ständig die Dinger nachgeschlagen und versucht, sie mir einzuprägen.

In einigen Gefängnissen haben sie ein recht gutes Ausbildungssystem, und in anderen wiederum sind sie noch ganz schön hinter dem Mond. Ich habe großes Glück gehabt, in solchen gewesen zu sein, wo ich war: Leicester, um damit einmal anzufangen, und dann Nottingham. Sie haben dort gehabt, was man Sprachlabor-System nennt, wo sie dir ein Textbuch und Tonbänder zur selbständigen Arbeit geben, so daß du in deinem eigenen Tempo vorangehen kannst und nicht in die Verlegenheit kommst, wie ein Trottel vor dem Rest der Klasse dazustehen.

Eine weitere Sache war, daß ich meiner Familie geschrieben und gesagt habe, daß sie jedem, der nach mir fragt, sagen sollen, daß ich es am liebsten hätte, wenn sie mir von Zeit zu Zeit ein Buch zum Lesen schicken würden. Es war mir egal, welche Art Buch, es konnte eigentlich jede Art von Buch sein: Wild-West-Romane, Krimis, Biographien, Belletristik, Tatsachenberichte, alles. Ich habe gesagt, erzählt ihnen, daß ich versuche, mir selbst Bildung anzueignen. Ich habe doch gerade mal Lesen gelernt, also war alles und jedes gefragt, und je größer die Auswahl, um so besser. Die Resonanz, die ich darauf hatte, war phantastisch: meine Zelle sah manchmal aus, als ob mehr Bücher darin wären, als in der Gefängnisbibliothek.

Wenn ich auswählen sollte, was auf mich den größten Eindruck von allen gemacht hat, dann war das eins, von dem ich nie und nimmer etwas gehört oder gewußt hätte, wenn ich nicht im Gefängnis gewesen wäre. Ich habe es zugeschickt bekommen, nachdem ich etwa fünf Jahre abgesessen hatte, von der Schwester eines Freundes meiner Mutter, die eine Nonne war. Sie hat es geschickt, ohne einen Brief dazu zu schreiben oder etwas dergleichen: Eine Postkarte war alles, darauf stand: ›Mit guten Wünschen‹. Es war ein Buch mit Gedichten von T.S. Eliot, und es hieß ›Vier Quartette‹: Es sind vier, voneinander unabhängige lange Gedichte, und jedes von ihnen ist nach einem kleinen Ort, irgendwo, benannt; ich weiß nicht warum, aber ich nehme an, weil die ihm beim Schreiben durch den Kopf gegangen sind. Das erste ist ›Burnt Norton‹, und die drei anderen sind dann ›East Coker‹, ›Dry Salvages‹, das sind ein paar Felsen oben an der Nordostküste von Amerika, und das letzte ist ›Little Gidding‹, wovon ich glaube, daß es in Lincolnshire oder Leicestershire liegt. Als ich das erste Mal versucht habe, darin zu lesen, konnte ich einfach nicht schlau daraus werden; und ich konnte es auch nicht beim zweiten oder selbst beim zweiundzwanzigsten Mal. Doch dann, plötzlich eines Tages, ist es so gewesen, als ob jemand ein grelles Licht einschaltet, und alles fing an, eine Menge Bedeutung zu haben, und ich konnte verstehen, worum es ihm ging. In meinem ganzen Leben habe ich nie zuvor etwas Derartiges gelesen: Es war eigentlich nicht so sehr, daß er zu dir spricht, vielmehr bringt er seine eigenen Gedanken auf Papier und läßt dich dabei zusehen, wie sie durch sein Gehirn hindurchgehen.

Ich habe es gelesen und gelesen und gelesen; und es gab große, lange Passagen davon, die ich auswendig gekonnt habe. Nicht, weil ich mich jemals hingesetzt und sie gelernt habe, das hab' ich nicht gemacht, sondern weil sie ständig in meinen Kopf hineingeströmt sind, in derselben Art und Weise, wie ich mir vorstelle, in der es bei ihm gewesen ist. Ich erinnere mich noch, wie ›Burnt Norton‹ anfängt:

Die Zeit jetzt und die Zeit davor
Sind beide vorhanden vielleicht in der Zeit danach,
Und die Zeit danach, enthalten in der Zeit davor.

Und wie ich gesagt habe: Du mußt es zweiundzwanzig Mal lesen, bevor du verstehst, worum es ihm geht; aber wenn du es einmal verstanden hast, dann folgst du von dort an seinem Gedankenstrom. Oder ein paar andere Zeilen, die ich immer gern gehabt habe, waren aus ›Little Gidding‹, sie gehen so:

Was wir den Anfang nennen, ist oft das Ende,
Und ein Ende zu machen, heißt einen Anfang zu machen,
Das Ende ist, von wo wir beginnen.

Für mich hat das irgendwie meine ganze Einstellung zusammengefaßt, als ich aus dem Gefängnis gekommen bin. Ich habe Glück gehabt, sie waren mir gegenüber sehr milde, und ich habe nur neun Jahre absitzen müssen, was in etwa der Durchschnitt war. Das ist das Ende davon gewesen, und von dort würde ich wieder beginnen. Auch ohne jeglichen Beweis, ist es richtig zu sagen, daß ich als ein Besserer wieder herausgekommen bin, als der ich ›reingegangen war: Ganz bestimmt, soweit es die Bildung betroffen hat und auch mit zumindest einigen Fortschritten in meiner Persönlichkeitsentwicklung. Doch es ist sehr schrecklich, daß das auf Kosten des Lebens von einem anderen sein mußte, das muß dazu gesagt werden. Es ist etwas, das ich nicht mehr ungeschehen machen kann, aber es hätte niemals passieren dürfen: wenn sie mich für immer drin behalten hätten, so wäre es nicht mehr gewesen, als ich eigentlich verdient hätte, dessen bin ich mir sehr wohl bewußt.

Zumindest habe ich mein Zuhause und meine Familie gehabt, um wieder dahin zurückzugehen, was mehr ist, als viele Männer im Gefängnis von sich sagen können. Ich hatte auch eine gute Bewährungshelferin: Ich habe sie immer noch, und sie ist eine große Hilfe gewesen. Ich bin jetzt fast fünf Jahre unter ihrer Aufsicht, drei Jahre, seit ich entlassen wurde, und davor war sie mehrmals ins Gefängnis gekommen, um mich zu besuchen und mir zu helfen, mich auf das Rauskommen vorzubereiten. Sie hat mir gesagt, daß es schwierig werden würde, Arbeit zu finden, und sie hat recht gehabt; sie schlug vor, daß ich von dem Geld sparen sollte, in der Zeit, in der ich vom Gefängniswohnheim aus gearbeitet habe, um Fahrstunden zu nehmen, was mir eine Qualifikation verschaffen würde, die sich vielleicht als nützlich erweisen könnte.

Eine Woche, nachdem ich draußen war, habe ich meine Fahrprüfung bestanden. Dann habe ich begonnen, nach Arbeit zu suchen. Ich weiß nicht, wie vielen Jobs ich hinterhergerannt bin, die ich aber nicht bekam, und dadurch wurde ich sehr deprimiert. Ich habe meiner Bewährungshelferin erzählt, eine Sache, zu der ich mich entschlossen hätte, wäre, daß ich gleich zu Beginn eines jeden Interviews, zu dem ich hingehe, mit der Wahrheit herausrücke, was ich auch getan habe, wo immer ich gewesen bin. Ich begann anzunehmen, daß es das war, was jeden davon abschreckte, mich anzustellen. Ich weiß noch immer nicht, ob es das war oder nicht, du kannst dir da nie sicher sein. Ich weiß, daß auch Sheila, meine Bewährungshelferin, angefangen hat, sich darüber zu wundern; aber es ist meine Idee gewesen, und ich wollte, solange ich konnte, daran festhalten. Weil sie gesehen hat, daß Nichtstun mich fertig macht, hat sie mir eine freiwillige Tätigkeit bei einem Wohltätigkeitsverein vermittelt, so daß ich Güter für die WRVS mit einem Lieferwagen ausgefahren habe, und das hat mir geholfen, da ich nicht mehr so viel Zeit hatte, herumzusitzen und darüber nachzudenken, wie schlecht es mir doch ging. Ich bin kein Trinker, und so habe ich nicht viel Geselligkeit gehabt, und mir war nicht klar, wie ich Freunde finden konnte, außer auf den

Märkten, wohin ich aber wirklich nicht wieder zurückgehen wollte, ich hatte das Interesse daran verloren.

Aber man sagt ja, wenn du geduldig bist und lange genug wartest, dann wird sich etwas ergeben, und in meinem Fall hat sich etwas ergeben, oder besser gesagt, zwei Sachen haben sich ergeben. Ich hatte damit angefangen, ein wenig in die Kirche zu gehen, und ich habe in unserer Ortskirche einen ziemlich großen Zirkel von Leuten in meinem Alter, also Anfang dreißig, vorgefunden. Viele von ihnen waren junge verheiratete Paare, ich aber hatte Glück genug, daß ich dort Fräulein Marian getroffen habe, die jetzt meine Frau ist. Sie ist eine sehr ruhige und schüchterne Sorte von Mensch, und ich habe irrsinnig viel Zeit gebraucht, den Mut aufzubringen und sie einzuladen. Sie hat alles gewußt, was es über mich zu wissen gab, weil ich, kurz nachdem ich eingetreten bin, im Zirkel meine Geschichte erzählt habe, in derselben Art, wie ich sie Leuten erzählte, die ich nach Arbeit fragte. Keiner von ihnen hat sich von mir abgewendet, aber ich habe gedacht, daß eine junge, alleinstehende Frau vielleicht nicht bereit ist, mit jemand, der getan hat, was ich gemacht hatte, ins Kino oder in die Disko zu gehen, soweit damit allein ausgehen gemeint war.

Sie war ein Lichtblick, der mich davor bewahrt hat, zu tief abzurutschen; ähnlich wie Sheila hat auch sie mich ständig ermutigt, damit ich mich weiter um eine Arbeit bemühe. Die andere Sache war, daß mich nach einer Weile die Ausfahrten mit dem Lieferwagen für WRVS nachdenklich werden ließen: Anscheinend gab es da eine unzählige Menge von Leuten, die Pakete oder kleine Gegenstände von hier nach dort befördert haben wollten, also habe ich bei kleinen ortsansässigen Firmen und Geschäften angefragt, ob sie eine solche Sache für nützlich halten würden. Die meisten von ihnen haben zugestimmt, also habe ich mich entschlossen, es mit einem Geschäft zu versuchen. Und ich habe mir gedacht, gut, wenn du nicht fragst, wirst du es nie bekommen, also bin ich zur Bank gegangen und habe ihnen von der Idee erzählt und gefragt, ob sie mir ein Darlehen geben, damit ich einen kleinen Lastwagen kaufen kann. Ich war überrascht, sie haben ja gesagt, sie würden mir zweitausend Pfund leihen. Das haben sie auch gemacht, und ich habe mir einen schmucken kleinen Lastwagen aus zweiter Hand gekauft und habe angefangen.

Zuerst ist es ein Kampf gewesen, aber es ist das, was ich immer noch mache, und von dem Tag an habe ich nicht mehr zurückgeblickt. Ich arbeite sehr hart, manchmal elf Stunden am Tag, sogar an Sonnabenden oder Sonntagen, aber ich habe mir einige sehr gute Verbindungen aufgebaut, und ich decke den Ort und ein angrenzendes Gebiet von etwa zweihundert Quadratmeilen ab. Die Leute wissen, daß ich immer auf Achse bin und daß ich immer innerhalb von vierundzwanzig Stunden ausliefere, und jetzt habe ich einige Aufträge auf Vertragsbasis, was heißt, daß ich eine solide und geregelte Arbeitsgrundlage besitze.

Vor zwei Jahren haben Marian und ich geheiratet; dann, im vorigen Jahr, als sich herausstellte, daß sie schwanger war, haben wir mit der Wohnungssuche begonnen, und wir haben dieses Haus gefunden, das nahe zu ihren und zu meinen Eltern gelegen ist. Es ist das billigste gewesen, das wir finden konnten: es hat oben zwei und unten zwei Zimmer, mit einem Bad und einer Toilette als Anbau auf der Rückseite. Wir haben es sieben Monate bevor unser Anthony geboren wurde gekauft. Wir waren beide überglücklich, als uns die Wohnungsgesellschaft mitteilte, daß sie uns eine Hypothek geben würde: Ich bin selbständig gewesen und habe mir nicht vorstellen können, daß meine Chancen so gut sind, ich konnte nur eine sehr geringe Sicherheit bieten. Doch trotzdem, sie haben es gemacht. Ich habe viel Glück gehabt, und so ist es mir auch in vielerlei Hinsicht in meinem Leben ergangen, es gibt keinen, dem das mehr klar wäre als mir selbst.

Jetzt bin ich seit vier Jahren draußen; Sheila sagt, daß die Zeit reif ist, da sie an das Innenministerium den Antrag auf Aufhebung meiner Bewährungsbedingungen stellen will. Um es Ihnen offen zu sagen, und damit soll nichts gegen sie gesagt sein, ich glaube nicht, daß es in meinem Fall irgendeinen Unterschied in dieser oder jener Hinsicht machen wird. Soweit es mich betrifft, bleibt es sich gleich, ob ich mich immer noch mit ihr treffen muß oder nicht. Am Anfang ist sie eine große Hilfe für mich gewesen, hat mir viel Unterstützung gegeben, aber die Dinge, die für mich den entscheidenden Ausschlag gegeben haben, sind, erstens, meine Ausbildung im Gefängnis, zweitens, daß ich ein Zuhause und eine gute Familie hatte, um zurückzukommen, drittens, eine Arbeit zu haben und sie zu dem auszubauen, zu dem sie sich anscheindend entwickelt, und viertens und am allerwichtigsten, daß ich meine eigene Familie habe. Marian und Anthony sind alles für mich, und wir hoffen, daß es einmal so sein wird, daß wir es uns leisten können, ein Brüderchen oder ein Schwesterchen für ihn zu haben.

Unser Leben ist sehr gewöhnlich und einfach: Für mich heißt das hauptsächlich Arbeit mit ein paar freien Stunden, wenn ich Zeit habe, sie mir zu nehmen, und für Marian heißt es, für Anthony, mich und das Haus zu sorgen. Für jemand anderen scheint es vielleicht kein sehr interessantes Leben zu sein, aber es ist etwas, von dem ich im Gefängnis niemals gedacht hätte, daß ich dazu je wieder die Möglichkeit haben würde. Und ich sage noch immer das, was ich am vergangenen Abend sagte: Ich kann es weder mir noch irgend jemand anderem gegenüber rechtfertigen, daß ich es in irgendeiner Art und Weise wirklich verdiene.

NEUNTES GESPRÄCH

PHILIP DERBYSHIRE
ETWAS FURCHTBARES IST GESCHEHEN

Es war neun Uhr an einem Sonntagmorgen. Ich bin losgegangen, um meine Frau zu finden. Ich habe gewußt, daß ich sie finden und es ihr erzählen muß. Als erstes bin ich zu ihrer Mutter gegangen, ich habe gedacht, daß sie vielleicht die Nacht über dort geblieben ist, aber dort war sie nicht. Dann bin ich zu ihrer Schwester gegangen, aber dort ist sie auch nicht gewesen, und so habe ich angefangen, alle ihre Freunde nacheinander aufzusuchen. Ich glaube, es war beim dritten Versuch, als ich sie schließlich gefunden habe, bei einer jungen Frau namens Pat, die sie kannte. Ich habe zu Pat gesagt: ›Kann ich bitte Lorna sprechen, würdest du ihr bitte sagen, daß sie einmal an die Tür kommen soll?‹ Als sie gekommen ist, habe ich sie gebeten, mit mir nach Hause zu kommen, aber sie wollte erst nicht, wegen dem großen Krach, den wir am Abend vorher miteinander gehabt haben. Ich habe gesagt: ›Bitte, Lorna, bitte, du mußt mit mir nach Hause kommen, etwas Furchtbares ist geschehen.‹ Sie hat wohl an meinem Gesicht gesehen, daß es Ernst gewesen ist, denn sie hat genickt und gesagt, gut, dann würde sie mitkommen, ich müßte nur warten, bis sie sich etwas angezogen hat.

Um diese Zeit am Sonntagmorgen war kaum jemand auf den Straßen, überall war es sehr still. Keiner von uns hat ein Wort gesagt. Wir sind zurück zu der Sozialwohnung gegangen, in der wir gelebt haben, und ich habe die Tür geöffnet. Unsere dreijährige Lucy stand weinend im Korridor, und so hat Lorna sie in den Arm genommen und sie gedrückt und gesagt, daß alles wieder gut ist, sie sei wieder da. Ich habe Lorna gebeten, daß sie bitte in Jacks Zimmer gehen und nach ihm sehen soll; sie fragte weshalb, was denn los sei. Ich habe gesagt: ›Gib mir Lucy, ja, und geh bitte hinein und sieh nach ihm, ob es ihm gut geht. Ich glaube, ich hab' ihm etwas getan, ich glaube, ich hab' ihn ganz schlimm verletzt, bitte geh und sieh nach.‹

Sie ist zu dem Zimmer am Ende des Korridors gegangen und hat die Tür aufgeschlossen, denn die hatte ich zugemacht, damit Lucy nicht hinein konnte, und sie ist hineingegangen. Nach einer Minute kam sie zurück. sie hat mich nicht angesehen, sie stand nur da und starrte an die Wand. Ganz ruhig hat sie gesagt: ›Du hast ihn umgebracht, Phil. Er ist tot.‹

Ich hab' es gewußt. Es gab nichts zu sagen. Ich habe Lucy ein kleines Küßchen auf die Wange gegeben und zu ihr gesagt: ›Es tut mir so furchtbar leid, meine liebe Kleine, ich glaube, ich werde dich und Mummy jetzt für eine lange Zeit nicht sehen.‹

Das mußte einfach raus. Ich will Ihnen das gleich als erstes sagen, damit Sie sich eine Meinung bilden können. Er hat die ganze Nacht lang geweint, und als ich ihn frühmorgens um sechs aus dem Kinderbett genommen habe, hat er immer noch geweint, er hat das Bett vollkommen durchweicht und gründlich eingekackt. Ich habe ihn geschüttelt und ihm eine runtergehauen, damit er aufhört zu heulen. Er hat weitergemacht. Er konnte mich nie leiden, und er hat es mit Absicht getan, und so habe ich ihn noch einige Male geschlagen und ausgeschimpft. Ich fuhr fort, ihn anzuschreien und zu schlagen. Ich habe geschrien: ›Ich weiß, daß du mich nicht leiden kannst, du kleiner Bastard. Sag mir, daß du mich liebst. Los, sag es, sag es.‹ Vom Abend vorher brannte noch ein Feuer im Kamin, ich habe ihn ins Feuer geworfen. Er hat immer noch geschrien, also habe ich ihn aus dem Feuer gezogen und ihn ins Spülbecken gesteckt und habe kochendes Wasser aus einem Topf über ihn gegossen. Dann habe ich ihn noch einige Male geboxt und geschlagen und ihn gegen die Wand geschleudert. Ich weiß nicht genau, wann er aufgehört hat zu schreien, ich weiß nicht genau, wann er tot war.

Ich habe ihn in sein Gitterbettchen zurückgelegt und habe für lange Zeit meinen Kopf in die Hände vergraben, dagesessen und darüber nachgedacht, was ich getan hatte, nämlich meinen achtzehn Monate alten Sohn zu Tode geprügelt und seinem Leben ein Ende gesetzt zu haben. Dann habe ich gehört, wie Lucy im anderen Zimmer aufgewacht war und zu weinen anfing, und so habe ich die Tür zugemacht und hinter mir verriegelt und bin zu ihr gegangen. Ich habe gesagt: ›Sei jetzt ein braves Mädchen und bleib hier und geh nicht in das andere Zimmer, denn ich habe die Tür verriegelt.‹

Es mußte erstmal raus, sie müssen davon wissen, damit Sie entscheiden können, ob Sie kommen und mit so einem wie mir reden wollen, einem Menschen, der getan hat, was ich gemacht habe.

Manchmal verfiel er während seiner Rede in langes Schweigen, er blickte niedergeschlagen auf eine nicht angezündete Zigarette zwischen seinem Daumen und seinem Zeigefinger, das Feuerzeug vergessen in der anderen Hand haltend. Manchmal, wenn er durch seine Erinnerungen stolperte, sahen seine Augen wie Gespensterhöhlen aus, noch immer voller ungläubiger Fassungslosigkeit über das, was geschehen ist, obwohl es doch vor zwanzig Jahren geschehen war.

Er hat allein in einem großen möblierten Zimmer mit Schlafgelegenheit gewohnt und war ohne Arbeit. Er aß wenig und ernährte sich hauptsächlich, wie er einmal mit einem kurzen Lachen erklärte, von Zigaretten, Bier, Kaffee, hübschen Frauen, Sandwiches und Schlaftabletten. Dunkelhaarig, stämmig, mit einem gepflegten Bart.

Lorna und ich haben geheiratet, als wir beide achtzehn waren. Sie war schwanger, aber das ist für uns nicht der Grund zur Heirat gewesen, zumindest nicht von meiner Seite, und ich glaube auch nicht von ihrer. Sie war das Mädchen aus dem Nachbarhaus, und seit ich vierzehn war, bin ich in sie verliebt gewesen. Während meiner gesamten Teenager-Zeit ist sie das einzige Mädchen für mich gewesen. Wir waren beide in derselben Klasse, in der Schule in Derby, und wir sind immer zusammen zur Schule und nach Hause gegangen, ganz schön eng zusammen, jeden Tag.

Ich war ein bißchen Rowdy und ein bißchen Angeber, und ich habe von einem ziemlich frühen Alter an Probleme gehabt: Fahrräder klauen und Motorräder und Autos, und auch noch ein paar andere Sachen, wenn ich und meine Kumpels irgendwo mal so einfach einsteigen konnten, etwa in einen Werkzeugladen oder bei einer Reifenfirma. Man sagt, wenn du schon als Jugendlicher kriminell wirst, dann kommt das von einem kaputten Elternhaus oder weil du in schlechter Gesellschaft bist, aber in meinem Fall hat das nicht gestimmt. Meine Mutter und mein Vater sind glücklich gewesen, und sie sind es immer noch, meine Geschwister waren ihr ganzes Leben lang immer ehrlich; und was die schlechte Gesellschaft betrifft, so würde ich sagen, daß ich es gewesen bin, zu dem andere Jungs gekommen sind, ich war da immer ein bißchen der Anführer. Lorna hätte ein ausgleichender Einfluß sein können, aber es war nicht ihre Schuld, daß sie es nicht gewesen ist; sie konnte es nicht leiden, wenn ich geklaut und Ärger bekommen habe.

Als ich mit sechzehn die Schule verlassen hatte, hab' ich eine Menge verschiedener Arbeiten gehabt, aber keine war sehr befriedigend. Es war hauptsächlich, weil mich der Gedanke, für meinen Lebensunterhalt zu arbeiten, nicht so sehr interessierte. Ich bin ganz gut in mechanischen Dingen zurechtgekommen, und für ein paar Wochen hatte ich Arbeit in einer Werkstatt oder Autogarage, aber dann, nach ein paar weiteren Wochen, habe ich mir keinen Kopf mehr darüber gemacht, frühmorgens aufzustehen, und ich habe mir überlegt, mich statt dessen lieber ein bißchen umzusehen, ob es was zu Klauen geben würde.

Das erste Mal, als man mich weggebracht hat, kam ich in eine Jugendstrafanstalt, drei Monate, für Diebstahl und unerlaubte Benutzung eines Autos, Fahren ohne Zulassung und Versicherungsausweis und was noch so dazugehört. Wir haben bei Lornas Mutter gelebt, und ich erhielt mein Urteil am selben Tag, da sie wegen Lucys Geburt ins Krankenhaus gegangen ist. Die Jugendstrafanstalt ist nicht sehr gut in dem, was sie eigentlich leisten soll, nämlich junge Menschen von einem kriminellen Leben abschrecken, indem sie einem kurzen, starken Schockerlebnis ausgesetzt werden. Nach meiner Erfahrung hat es gewöhnlich den entgegengesetzten Effekt gehabt, jedenfalls bei mir und auch, soweit ich gesehen habe, bei anderen Leuten. Es verschafft dir einen Status, du kannst dich nicht als richtigen Ganoven bezeichnen, solange du nicht wenigstens einmal in der Jugendstrafanstalt gewesen bist.

Egoistisch, hab' die ganze Zeit natürlich nur an mich gedacht. Ich habe gewußt, daß sich Lorna bei ihrer Mutter gut fühlen würde, und als sie unser gerade erst geborenes Baby mitgebracht hat, um es mir zu zeigen, habe ich die üblichen Versprechungen gemacht, ich werde zur Ruhe kommen, wenn ich wieder draußen bin und einen festen Job annehmen, aber es war mehr Gerede als alles andere, ich glaube, wir haben das beide gewußt. So wie ich jetzt bin, kann ich von Mitte vierzig zurücksehen und sagen, daß ich sehr unreif war, und Lorna ist auch sehr unreif gewesen, wir beide waren weit davon entfernt, erwachsen genug zu sein, um ein Baby zu haben und eine Familie zu gründen. Aber das könnte man von einer Menge junger Leute sagen, Tausende und aber Tausende, und doch kommen die meisten von ihnen durch.

Wie auch immer, als ich rausgekommen bin, ging das Leben mehr oder weniger genauso weiter, zumindest ist es für mich so gewesen, trotz der ganzen Versprechungen, die, wie ich denke, Lorna ohnehin nicht für bare Münze genommen hat. Ein bißchen Arbeit, ein paar Gaunereien, wieder ein bißchen Arbeit, in dieser Art. Doch trotzdem war es anders geworden, wegen dem Baby, das wir hatten; wir rutschten an die Spitze der Liste für sozial Bedürftige, und wir haben eine Wohnung bekommen. Wir haben gedacht, das ist prima, doch es dauerte nicht lange, bis sich auch die Kehrseite zeigte. Lorna hatte ein Baby, um das sie sich kümmern mußte, und das hat viel Zeit in Anspruch genommen; das Baby hat schlecht geschlafen, das hat sie fertig gemacht, und sie hat das Leben zu Hause bei ihrer Mutter vermißt. Sie fing an, sehr deprimiert zu werden. Ich würde es mal so sagen wollen: Sie hat auf mir herumgehackt und mir die ganze Zeit die Hölle heiß gemacht, weil ich keinen Job hatte und weil ich bei der Klauerei zuviel riskierte. Es war was dran an dem, was sie sagte; sie ist mehr im Recht gewesen als ich, aber das habe ich nicht zugegeben. Wir haben einige große Streitereien gehabt, haben uns gegenseitig aus Leibeskräften angeschrien, und mehr als einmal ist sie von mir weggegangen und hat Lucy mit sich mit zu ihrer Mutter genommen. Doch soviel wir auch stritten, es stimmt, was ich gesagt habe, nämlich daß sie die einzige Frau war, die ich jemals geliebt habe; es hat immer damit geendet, daß wir wieder zusammengewesen sind.

Eine andere Sache, die ich im Nachhinein über die Art unserer Unreife sagen kann, ist, daß wir nach einem Streit uns nie zusammen hingesetzt und wie Erwachsene über die Dinge geredet haben, wir hatten uns gegenseitig bis zur Schreierei und Schlägerei hochgeschaukelt. In der Hinsicht habe ich mich jetzt gebessert, und ich glaube, sie auch, aber zu der Zeit, als es nötig gewesen wäre, waren wir dazu nicht fähig.

Es war nicht lange, nachdem wir die Wohnung bekommen hatten, daß Lorna wieder schwanger wurde, und es war etwa zu der Zeit, als ich anfing, mir ein paar Sorgen zu machen. Nur, meine Art des Besorgtseins war, noch mehr Eifer bei den Gaunereien zu zeigen, nicht aber bei der Arbeit. Das Ergebnis war, daß ich noch größeren Ärger bekam, und es hat damit geendet, daß ich in eine Besserungsanstalt geschickt wurde. Und so ist Lorna wieder allein gewesen, mit einem kleinen Kind und ein anderes unterwegs, und ihr Mann in der Besserungsanstalt. Ich weiß immer noch nicht, was es anfangs gewesen ist, das mich auf den Gedanken brachte, daß sie das Kind erst empfangen hat, nachdem ich schon in Untersuchungshaft genommen worden war, bevor ich später in die Besserungsanstalt kam. Als sie mich besuchen kam, habe ich sie der Sache beschuldigt und ihr gesagt, ich weiß, daß das Baby, das sie haben wird, nicht von mir ist. Ich habe eindeutig versucht, ihr weh zu tun, und ich kann mir das nur so erklären, daß ich das wegen meiner eigenen Lage getan habe. Dort drinnen hörst du eine Menge über Männer, deren Frauen Babys haben, die nicht von ihnen sind, es ist doch natürlich, daß das geschieht. Aber ich hatte überhaupt keinen wirklichen Grund, Lorna zu beschuldigen, und ich habe gewußt, daß ich keinen hatte. Doch, ob ich es nun tatsächlich geglaubt habe oder nicht, ich denke wirklich, daß es schon damals gewesen ist, als ich zum ersten Mal anfing auf Jack ärgerlich zu werden, und ich habe es in meinem Kopf wuchern lassen.

Er wurde geboren, während ich in der Besserungsanstalt war, er ist mit Lorna zusammengewesen und nicht ich, er hatte sich zwischen uns gestellt: Ich denke, das sind die Gefühle, die ich hatte. Während ich drinnen gewesen bin, habe ich solche Stimmungsschwankungen gehabt; ich würde ihn nicht anerkennen und nichts mit ihm zu tun haben wollen, denn er war nicht von mir. Zu der Zeit, als ich rauskam, bin ich innerlich wirklich sehr hart gewesen; ich bin mir sehr im Unklaren gewesen über meine Gefühle für ihn. Und er war zu der Zeit wohl vierzehn Monate alt, nehme ich an.

Wir haben es sehr schwer gehabt mit Lucy, als sie klein war, weil sie viel geschrien hat und uns viele schlaflose Nächte bereitet hat. Ich habe gedacht, daß es vielleicht mit Jack besser werden würde, aber er ist nicht besser gewesen, er war noch schlimmer. Lorna und ich hatten unsere großen Streitereien immer darüber, wer an der Reihe mit Aufstehen war und wer nach ihnen zu sehen und ihre Windeln zu wechseln hatte, und ich habe das wirklich nicht gern gemacht: Ich habe gedacht, daß das alles Aufgabe der Frau wäre; vor allem aber habe ich gefühlt, daß Lorna ihn mehr geliebt hat als mich; und ich war mir sicher, daß auch er sie mehr liebte als mich, ich habe gedacht, daß ich von der Art und Weise, in der er mich angesehen hat, ablesen konnte, daß er mich nicht mochte. Erst nachdem ich aus der Besserungsanstalt gekommen war, fing ich an, ein Teil von seinem Leben zu werden, und zu der Zeit war er vierzehn Monate alt, und so weiß ich wirklich nicht, was ich von ihm in dieser Hinsicht in seinem Alter erwartet habe, ich war jemand, der für ihn ein völlig Fremder gewesen ist. Ich habe alle diese Gedanken und Absichten auf ihn übertragen. Ich weiß, daß es falsch von mir war, aber das hat mich nicht davon abgehalten, es trotzdem zu tun.

Am Abend, bevor ich seinem Leben ein Ende setzte, hatten Lorna und ich eine weitere von unseren großen Streitereien, und sie ist weggegangen und hat gesagt, daß sie zu ihrer Mutter zurückgehen würde, ich und die Kinder wären ihr egal. Da war sie schon wieder schwanger, aber das habe ich nicht gewußt. Lucy war alt genug, um zu merken, was los gewesen ist, und ich erinnere mich, als ich sie ins Bett gebracht habe, hat sie ihre Arme um meinen Hals geschlungen und mich geküßt und gesagt: ›Ist ja gut, Daddy, ich werde mich um dich kümmern, bis Mummy zurückkommt.‹ Sie und ich, wir hatten immer ein enges Verhältnis. Ich habe Jack nur in sein Gitterbettchen im anderen Zimmer verfrachtet, habe das Licht ausgeschaltet und ihn allein gelassen. Ich glaube nicht, daß ich ihm überhaupt etwas zu essen gegeben hatte, und ich habe gewußt, daß ich ihn nicht gewindelt hatte: Es hat mich immer angeekelt, wenn er naß war und eingekackt hatte.

Er hat die ganze Nacht gebrüllt und geschrien, und ich habe nicht geschlafen, ich habe nur dagelegen und hab' Haß auf ihn in mir gefühlt.

In meiner Verhandlung habe ich auf Anraten meines Rechtsanwalts nicht ausgesagt; ich glaube, daß er gedacht hat, was ich auch sage, es würde die Dinge nur schlimmer machen, und so habe ich alles zugegeben und habe geschwiegen. Der Rechtsanwalt sagte, daß er nichts zu meiner Verteidigung anführen könnte, und der Richter erklärte in seinem Plädoyer, daß ich von Ärzten und Psychiatern untersucht worden sei, und sie hätten keine Anzeichen von Geisteskrankheit oder Anomalität festgestellt. Er hat mich zu Lebenslänglich verurteilt, was ich auch erwartet hatte.

Manchmal, bevor er erzählte, stand er am Fenster und starrte ins Leere hinaus, als ob er auf einen Gedanken wartete, der von innen her kommen und ihm zu einem Anfang verhelfen würde.

Wissen Sie, Wörter sind doch eigenartige Gebilde, nicht wahr? Ich glaube, so etwa die letzte Sache, die ich Ihnen beim vorigen Mal erzählt habe, war, daß der Richter mich zu Lebenslänglich verurteilt hat. Aber das trifft es nicht genau, denn als ich ins Gefängnis kam, bin ich gefühlsmäßig vollkommen tot gewesen. Ich habe überhaupt nichts empfunden, ich wollte nichts empfinden. Ich wollte nichts denken, und ich wollte auch nicht wissen, was irgend jemand anders über mich gedacht oder gefühlt hat, den Gedanken daran konnte ich einfach nicht ertragen. Im Gefängnis ist es dann für mehr als vier Jahre so geblieben: Wenn mir meine Eltern geschrieben hatten, habe ich ihre Briefe nicht beantwortet, und als mir Lorna nach einer Weile schrieb, daß sie ein weiteres kleines Mädchen hat und daß sie sie mir gern zeigen würde, habe ich nichts darauf erwidert. Ich wollte nicht in der Gegenwart sein, ich kann es nicht anders sagen. Aber ich wollte auch nicht in der Zukunft sein, ich wollte nicht daran denken, womöglich einmal in ihr zu leben, alles war sinnlos, sogar darüber nachzudenken, daß es sinnlos ist, war sinnlos. Es ist keine Trauer oder Selbstmitleid gewesen, ich kann mich nicht entsinnen, daß ich viel geweint oder mich selbst bemitleidet habe. Es war eine Art von völliger Taubheit, eine Art von Schockzustand, in dem ich mich befand, wenn man für so eine lange Zeit überhaupt in einem Schockzustand sein kann. Wenn jemand mit mir geredet hat, dann war plötzlich der Klang seiner Stimme weg, und sie ist immer leiser geworden, als ob er in ein anderes Zimmer geht und ich ihn durch die Wand hindurch reden hören würde. Oder manchmal, wenn ich etwas sagte, dann habe ich mitten im Satz aufgehört, mich umgedreht und bin weggegangen. Ich bin ins Gefängnis verbracht worden, und dann habe ich mich selbst da drinnen in ein weiteres Gefängnis gesteckt, habe mich abgeschottet, so daß mich keiner sehen oder erreichen konnte. Niemand hat mir das jemals gesagt, aber der Mensch, den ich am wenigsten sehen oder erreichen wollte, bin offensichtlich ich selbst gewesen.

Auch jetzt denke ich noch oft in demselben Raster, seit all den zehn Jahren, die ich nun draußen bin. Ich habe große Angst vor Gefühlen: die von anderen Leuten, aber besonders auch meine eigenen, ich werde sie nicht zeigen oder herauslassen, niemals wieder. Ich habe sie so lange für mich behalten, daß ich nicht glaube, daß ich es jetzt überhaupt noch könnte, selbst wenn ich wollte. Doch das will ich auch nicht, und ich glaube auch nicht, daß ich das überhaupt je wieder will.

Nach vier Jahren da drinnen, fing ich an, etwas aufzutauen, an der Oberfläche, wie Sie es nennen könnten. Man sagt, das ist die durchschnittliche Zeitdauer, die die meisten Leute brauchen. Nein, da mußte nicht erst etwas Besonders passieren, um das zu bewirken; ich habe nur angefangen zu begreifen, daß ich dem Tag ins Auge blicken muß, an dem ich vielleicht entlassen werde und wieder draußen leben würde. Das ist kein Erwachen, das ist kein Schimmer von Hoffnung oder irgend etwas Schnulziges oder Sentimentales in der Art. Bei einigen Leuten wird es religiös, oder ein Mädchen fängt an, ihnen Briefe zu schreiben. Für mich ist es ein langer, verdammter Kampf mit der Wirklichkeit gewesen: Ich wollte in meinem Gefängnis bleiben, nicht denken oder fühlen müssen, und ich habe, so stark ich nur konnte, dagegen angekämpft, es an mich heranlassen zu müssen. Aber es hat nichts genützt, die ganze Zeit über habe ich das Wissen in mir gehabt, daß ich das, was ich getan hatte, auch wirklich getan habe, und so sehr ich mich auch von den Konsequenzen abschotten wollte, ich konnte nicht weiterhin abgeschottet bleiben, nicht für immer, ich mußte mich den Leuten stellen.

Ich habe an Lorna geschrieben und gesagt, wenn sie noch immer zu mir auf Besuch kommen will, würde ich sie sehen wollen. Es dauerte lange, bevor sie antwortete, aber schließlich hat sie es getan, und ich habe ihr eine Besuchserlaubnis zugeschickt, und sie ist gekommen. Es war über fünf Jahre her gewesen, seit ich sie gesehen hatte, aber sie hatte sich kaum verändert. Auch meine Gefühle für sie hatten sich nicht verändert, ich habe sie noch immer innig geliebt. Ich habe ihr gesagt, daß ich die Scheidung will. Sie sagte, daß sie das nicht möchte, wie lange es auch dauern würde, bis ich wieder herauskomme; sie wollte, daß wir es versuchen. Ich habe nein gesagt, ich will das nicht. Sie hat gesagt, daß sie mich noch immer sehr liebt, aber ich habe nicht dasselbe erwidert, sondern nur wiederholt, daß ich mich von ihr scheiden lassen will. Dann hat sie mir gesagt, daß sie zwei Jahre, nachdem ich ins Gefängnis gekommen war, ein weiteres Baby von einem anderen Mann erwartet hätte, aber sie hat keine Kinder von einem anderen haben wollen, nur meine; und sie hat es sich wegmachen lassen. Sie und der betreffende Bursche hätten die Absicht gehabt zu heiraten, aber es wäre auseinandergegangen. Sie hat gesagt, trotz der Sache würde sie gern mit mir verheiratet bleiben wollen, wenn ich noch etwas für sie empfinde, und sie hat versprochen, auf mich zu warten. Meine einzige Erwiderung war, daß es so oder so keinen Unterschied machen würde, soweit es die Unterbrechung und den anderen Mann betrifft. Es spielt keine Rolle dabei, und es hat auch nichts damit zu tun, aber ich würde immer noch die Scheidung wollen. Sie hat geweint, sie hat mir hinterher einen langen Brief geschrieben und mich gebeten, es mir noch einmal zu überlegen. Aber ich habe dasselbe zurückgeschrieben: daß ich meine Meinung nicht ändern werde.

Ich hatte Angst. Ich hatte Angst, daß alle meine Gefühle wieder hervorbrechen könnten, gerade weil ich sie geliebt habe. Ich würde das nicht wieder zulassen, nie wieder. Am Ende war sie einverstanden, und wir wurden geschieden. Es ist schwierig, das jemandem zu erklären, auch schwierig, es mir selbst zu erklären, nämlich daß ich mich von ihr scheiden lassen mußte, obwohl ich wußte, daß ich sie noch immer geliebt habe.

Ich fühle mich heute abend nicht so sehr in der Stimmung zu erzählen, wollen wir vielleicht losgehen auf einen Drink?

An den anderen Abenden begann er sofort zu erzählen, fast wie unter Zwang.

Heute abend, bevor Sie gekommen sind, habe ich darüber nachgedacht, daß ich mit Ihnen in der vergangenen Woche, oder war es die Woche davor, über emotionale Unreife gesprochen habe. Das ist eine komische Sache. Ich weiß nicht warum, aber ich glaube, ich bin irgendwie innerlich erstickt, als es geschehen ist; und seitdem bin ich mehr oder weniger in dem Gefühlszustand eines Neunzehn- oder Zwanzigjährigen verblieben. Es hat mich überrascht, denn seit ich wieder draußen bin, habe ich eine ganze Reihe von Freundinnen gehabt, und fast jede von ihnen ist ein Mädchen in diesem Alter gewesen, achtzehn oder neunzehn. So läuft es immer noch, während ich doch gut und gern über vierzig bin: Das Mädchen, mit dem ich derzeit zusammenlebe, ist achtzehn, und die davor war es auch, und die davor ist neunzehn gewesen.

Nein, ich sehe in Frauen, vielleicht sollte ich besser Mädchen sagen, nicht nur jemanden zum Bumsen. Ich mag absolut keine Dinge bloß für eine Nacht. Ich bin nicht so einer. Es muß schon eine richtige Beziehung sein, ein Liebesverhältnis. Das ist nicht dasselbe wie Liebe, jedenfalls nicht für mich: Am Anfang sage ich dem Mädchen immer, daß es nichts von Dauer sein wird, es wird immer nur so lange dauern, bis der eine oder andere von uns weiter will. Keine Bindung. Doch ich halte mich nicht immer daran, ich werde auch eifersüchtig. Aber es muß eine Art Verbindung auf Zeit sein, wenigstens für eine Weile ein festes Zusammensein, zusammen leben und nicht ein paar Mal ins Bett rein und raus, und das war's dann. Ich bin immer ehrlich darüber, was mich selbst betrifft, mein Strafregister, was ich getan habe. Und ich kann ehrlich sagen, daß ich noch nie ein Verhältnis mit einer Frau gehabt habe, woran das irgend etwas geändert hätte. Ich weiß nicht genau, wie viele es insgesamt gewesen sind, alles in allem vielleicht zehn oder zwölf in zehn Jahren. Aber es hat nicht eine gegeben, die mich aus dem Grund verlassen hat. Meist bin eher ich derjenige gewesen, der Schluß gemacht hat; der Reiz, den sie für mich haben, fängt an nachzulassen.

Es ist schwer zu sagen warum. Jetzt, da ich darüber nachdenke – Ich glaube, daß das stimmt, aber ich habe das alles vorher nicht gründlich durchdacht – sobald es losgeht, das irgendein Verdacht sich in meinem Kopf breit macht, laufe ich Gefahr, daß meine Gefühle für jemanden zu tief werden, dann ist es das Ende, dann will ich, daß es aufhört. Ich habe Sex gern, ich schlafe gern mit Frauen; womit ich nicht klarkomme, ist jede Art von gefühlsmäßiger Nähe. Ich weiß nicht, wie ich mit Gefühlen umgehen soll, nicht mit wirklichen, tiefen Gefühlen, ich habe Angst, daß sie vielleicht mit mir durchgehen. Ich muß Liebesbeziehungen auf einem sehr oberflächlichen Stand halten: ein Lachen, ein Spaß, herumspielen, nie über etwas Ernsthaftes oder Tiefergehendes sprechen. Ich glaube nicht, daß ich eine richtige, ganz und gar erwachsene Beziehung mit einer Frau haben könnte, weil ich es schon zu Anfang nicht bis dahin kommen lassen werde. Doch das glaube ich eigentlich nicht. Die einzige Frau, die ich wirklich liebe, noch immer, ist Lorna, und ich werde nie wieder zu ihr zurückkehren.

Ja, manchmal spreche ich doch mit ihr darüber, ja. Das letzte Mal, als sie und ich darüber gesprochen haben, war erst im vergangenen Jahr. Sie lebt gar nicht weit weg, wir sind immer in Verbindung geblieben; manchmal, wenn wir uns in der Stadt über den Weg laufen, trinken wir zusammen eine Tasse Kaffee oder so. Sie hat mir geschrieben und gefragt, ob wir uns einmal extra treffen könnten, sie wolle nochmal mit mir reden. Ich habe gewußt worüber: dieselbe Sache wie vorher, könnten wir es nicht nochmal miteinander versuchen? Sie hat nie wieder geheiratet, und die beiden Mädchen sind jetzt erwachsen und selbst verheiratet. Diesmal hatte sie gesagt, daß sie mit ihnen darüber gesprochen hätte, und beide haben ihr zugestimmt, daß es schön wäre, wenn wir heiraten würden. Ich habe nein gesagt, wie immer, und sie muß ihnen erzählt haben, daß ich das gesagt habe. Innerhalb einer Woche haben mir beide Briefe geschrieben, worin gestanden hat, wie sehr Lorna es möchte, und mich gebeten, es mir nochmal zu überlegen.

Doch ich darf es nicht, ich darf es einfach nicht; ich werde nie in der Lage sein, ihr das richig zu erklären, oder den Mädchen, oder Ihnen oder irgendeinem anderen, am wenigsten wohl mir selbst. Doch ich weiß, daß es falsch sein würde, ich weiß es, selbst wenn ich nicht sagen kann, warum. Ich habe Ihnen einmal gesagt, daß ich nicht an Gott glaube, und ich glaube auch wirklich nicht an ihn. Aber womöglich gibt es doch eine Art höheres Wesen. Ich fühle, daß ich das Schicksal versuchen würde oder wie immer Sie das auch nennen wollen, und es würde wieder etwas Furchtbares geschehen, es würde eine Art von Rache geben. Es ist zuviel geschehen, als daß es jemals Vergebung geben könnte. Ein unschuldiges Kind ist von meiner Hand gestorben, das ist nicht etwas, was jemals wieder ausgelöscht werden könnte.

Ja, das ist richtig. Wenn da jemals Vergebung für mich sein sollte, gewährt von einem Gott oder von Lorna, was sie schon getan hat, wie ich denke, oder von meinen Töchtern, so werde ich sie doch aber mir selbst niemals gewähren, unter keinen Umständen. Wenn jeder einzelne Mensch in der Welt, in dieser und in der nächsten, wenn sie auch alle sagen würden, Phil, wir vergeben dir, würde ich das doch niemals zu mir selbst sagen. Es würde nicht die ganze Welt sein, die das sagt, denn ein Mensch würde dabei fehlen, und der bin ich. Dieser Gedanke ist immer in meinem Hinterkopf, und manchmal kommt er nach vorn und löscht alles andere aus, ich sitze vielleicht in einem Café oder an der Bar in einer Kneipe, oder ich gehe bloß die Straße entlang, und ich sehe vielleicht einen jungen Burschen von etwa zwanzig Jahren: Und ich stelle fest, daß ich ihn anstarre, und … ich kann nicht die Augen von ihm abwenden, weil der Gedanke irgendwie in meinem Kopf explodiert, daß er dasselbe Alter hat, in dem Jack jetzt sein würde, daß er vielleicht genauso aussehen würde wie der junge Mann, reden und dastehen und sich bewegen in genau derselben Art und Weise. Und Jack würde es nicht können, meinetwegen.

Mehr als einmal habe ich gedacht: Wenn wir noch immer die Todesstrafe hätten und der Richter hätte mich dazu verurteilt, und ich wäre gehenkt worden, dann wäre das das Ende gewesen. Manchmal habe ich gedacht, daß hätte nie so schlimm sein können, wie dazu verurteilt zu sein, mit der ganzen Reue weiterzuleben. Wissen Sie, die lassen einen nicht raus, bevor man nicht Reue zeigt für das, was man getan hat, das ist eins von den Dingen, die sie berücksichtigen, bevor sie es machen. Gott, ich habe sie gefühlt, und ich fühle sie immer noch. Ich habe jede Art von Behandlung gehabt, im Gefängnis und draußen, gegen Depression, Paranoia, Selbstmordanwandlungen, aber keine hat mich je geheilt. Das äußerste, was passierte war, daß die Symptome gelindert wurden: ein wenig und nur für eine Weile, und dann sind sie wiedergekommen. Es gibt keine Heilung, nicht für mich. Mein Lebensende, das wird meine Heilung sein. Nichts anderes.

Ich muß mir auch darüber im klaren sein, daß das nicht nur in mir arbeitet. Es steht immer auf der Tagesordnung, es ist immer da, auch in den Köpfen anderer Leute.

Vor etwa drei Monaten bin ich für ein paar Tage nach London gefahren, und während ich dort war, habe ich Lucy angerufen und sie gefragt, ob ich kommen könnte, um sie zu besuchen, ich würde gern sehen, wie es ihr geht und wo sie lebt und auch ihr erstes Kind, das sie vor kurzem bekommen hatte. Sie hat ja gesagt, natürlich könnte ich kommen, ihr Mann hatte wegen etwas Geschäftlichem nach Schottland gemußt, aber sie würde mir ein gutes Essen kochen mit einer Flasche Wein dazu. Das hat sie tatsächlich getan, und wir haben einen wunderbaren Abend gehabt und eine wirklich gute und lange Unterhaltung. Sie hat mir ihren kleinen Jungen vorgezeigt, und er ist prächtig gewesen.

Als ich zurückgekommen war, habe ich meiner Bewährungshelferin alles erzählt, und wie gut es gewesen ist. Ich habe ihr erzählt, wie nett Lucy zu mir war und wie wunderbar ihr Baby sei, wie ich mit ihm auf einer Decke auf dem Fußboden gespielt hätte, als sie mal kurz raus zum Eckladen gegangen war, um eine neue Flasche Wein und ein paar Zigaretten zu holen. Meine Bewährungshelferin hat mich unter strenger Aufsicht, und sie schreibt alle paar Monate Berichte darüber, wo ich gewesen bin und was ich gemacht habe. Also erzähle ich ihr immer alles, nicht nur deshalb, sondern auch, weil sie interessiert ist. Ich habe gewußt, daß sie alles hineinschreiben würde, aber weder mir noch ihr kam es in den Sinn, weshalb wir darüber nicht aufrichtig sein sollten.

Zurückgekommen ist ein Brief vom Innenministerium. Pauline, das ist meine Bewährungshelferin, sie hat nichts gesagt, als ich zu ihr hinging, um zu berichten; sie hat ihn mir nur gegeben, damit ich ihn lese. Darin stand, daß sie mir in deutlichster Form sagen sollte, daß ich nie wieder so eine Sache machen darf. Es wäre mir niemals wieder gestattet, unter Androhung, wieder ins Gefängnis gebracht zu werden, wenn ich es doch tun würde, eine Situation herbeizuführen, in der ich allein mit einem Kleinkind bin. Das war es, was sie mir nach mehr als zwanzig Jahren über mich und meinen Enkel gesagt haben. Als ich es gelesen hatte, fühlte ich mich, als ob ich den Mund voller Asche gehabt hätte.

In dieser Woche entscheiden Sie, worüber wir sprechen sollen. Nicht doch, alles, was Sie wollen.

Ja, richtig, der einzige Weg, den es gibt, ist der, völlig ehrlich darin zu sein. Der Grund, weshalb ich nach zehn Jahren noch immer unter einer derartigen Aufsicht stehe, ist mein schlimmes Führungszeugnis. Pauline wird es Ihnen erzählen, wenn Sie sie fragen. Ich habe ein paar sehr kritische Fehltritte begangen, deretwegen man ohne weiteres meine Bewährung hätte aufheben können. Verrückte Sachen, blöde Sachen, Tony. Ich fahre mit dem Auto, wenn ich etwas getrunken habe: Ich habe Fahrverbot, und mir ist meine Fahrerlaubnis weggenommen worden, aber ich mache es immer noch. Und ich bin in Schlägereien verwickelt und werde wegen Tätlichkeiten verklagt. Mein Führungszeugnis, das ich während der Aufsichtszeit bekomme, ist wirklich nicht gut. Im vorigen Jahr habe ich einen Kerl geschlagen, der mit meiner Freundin geflirtet hatte. Er hat mich vors Gericht gebracht. Ich habe eine hohe Geldstrafe erhalten und einen harschen Brief vom Innenministerium bekommen, ein wirklich harscher Brief. Unverantwortlich, das einzige Wort, mit dem Sie mein Benehmen bezeichnen können.

Warum? Also ... sehen Sie, ich glaube, eins der Probleme muß etwas sein, das tief in mir ist, es ist mir wirklich gleich, ob ich wieder ins Gefängnis zurückgeschickt werde. Drinnen zu sein, macht mir keine Angst, gedanklich bin ich ein Gefangener, egal, ob ich drinnen oder draußen bin. Jedesmal, wenn ich Ärger habe und die Polizei mich vor Gericht bringt, sieht mich die Bewährungshelferin an und seufzt, und sie sagt: Gut, ich werde kommen und für dich sprechen, Phil, aber wie lange das noch so weitergehen wird, daß ich dich draußen behalten kann, das weiß ich wirklich nicht. Ich kann mir kein Herz fassen, und sagen: ›Sieh mal, Pauline, gib doch auf, es macht doch nichts, wenn sie mich zurückschicken, ehrlich, es macht nichts.‹ Sie kommt zum Gericht und bringt auch weiterhin Entschuldigungen für mich vor. Vielleicht keine Entschuldigungen, das ist nicht das Wort dafür, aber sie sagt, daß ich große Probleme gehabt habe und daß ich mein Bestes versuche und daß es mir nicht helfen wird, wenn man mich wieder zurückschickt. Dann nimmt sie mich wieder mit zu ihrem Büro und macht mich so zur Sau, das haben Sie noch nicht gehört. Wegen mir hat sie ihren eigenen Kleinkrieg mit dem Innenministerium, und sie macht das großartig, aber ich fühle mich nicht gut dabei, sie das auch weiterhin tun zu lassen.

Ihre Aufsicht? Also, die Strenge ist unterschiedlich. Manchmal läßt sie mich nur einmal im Monat zu sich kommen; wenn sie dann aber sieht, daß ich eine emotional schwierige Phase durchmache, läßt sie mich alle vierzehn Tage erscheinen oder auch jede Woche. In den vergangenen zwei Jahren hat sie die Zügel ziemlich straff gehalten. Ich ärgere mich darüber, ja, wirklich, oft. Aber sie ist immer aufrichtig zu mir. Immer wenn sie einen Bericht über mich abschickt, zeigt sie mir, was sie geschrieben hat und sagt mir, daß ich auch etwas dazu schreiben und meinen Kommentar darunter setzen müßte. Wir haben auch große Auseinandersetzungen, ich brause auf und beklage mich, aber sie bleibt immer ruhig und gelassen. Ich habe nie eine Frau wie sie erlebt, ich habe nie einen Menschen wie sie gekannt.

Manchmal spricht Pauline mit mir darüber, daß ich irgendeine Form von psychiatrischer Hilfe haben sollte. Doch ich rede nur mit ihr darüber, ich gehe nie so weit zuzustimmen, daß sie sich vielleicht für mich erkundigt. Ich sage ihr, und es stimmt auch, daß ich es sehr schwer finde, darüber zu reden. Vor ein paar Jahren hat ein Bewährungshelfer aus der Gegend eine Gruppe von Lebenslänglichen zusammengebracht, wir haben uns alle in seinem Büro getroffen und haben unsere Probleme besprochen, mit denen wir im Leben nach unseren lebenslänglichen Haftstrafen konfrontiert wurden. Wir sind vier Leute gewesen, auch eine Frau war dabei; einmal sind es auch fünf gewesen. Mir ist es so erschienen, daß wir so verschiedene Individuen waren, daß wir eigentlich überhaupt keine gemeinsamen Probleme gehabt haben. Die Frau hat ihren Mann umgebracht, weil der sie geschlagen hat, und obwohl sie bedauerte, daß sie ihn umgebracht hat, hat es ihr doch nicht richtig leid getan, daß er tot war. Einer der Männer hatte einen anderen Mann bei einer Schlägerei in einer Kneipe umgebracht, und ich glaube nicht, daß ihm das allzu viele Probleme bereitet hat. Für ihn ist es ein offener Kampf gewesen, in dem auch er derjenige hätte sein können, der dabei ums Leben kommt. Bei den anderen Leuten habe ich vergessen, was sie angestellt haben.

Aber sehen Sie, woran ich mich am meisten erinnere ist, daß ich mich sogar in so einer Gruppe als völliger Außenseiter gefühlt habe. Ich war jemand, der etwas weitaus Schlimmeres getan hatte als die übrigen von ihnen. Das ist ständig ein von mir losgelöstes Ich gewesen, das die Dinge von außen betrachtet und gesagt hat, daß ich recht hätte. Ich bin in keiner Hinsicht wie sie gewesen. Ihre Probleme waren von der Art, damit klarzukommen, daß sie, nachdem sie lange Zeit im Gefängnis gewesen waren, sich nun den Bedrohungen stellen und versuchen mußten, wieder ins gewöhnliche Leben zurückzugehen. Das sind nicht meine gewesen: Und sie sind es noch immer nicht. Meine sind von anderer Art, sie haben mit dem Verbrechen selbst zu tun, das, wie man es auch immer sieht, brutal, unmenschlich und grausam gewesen ist, verübt an einem wehrlosen Kind. Harte Worte, ja, sehr harte, aber doch nicht hart genug. Wir haben einmal vor ein paar Wochen darüber gesprochen, nicht? Sie stellten entsetzliche Fragen, und ich gab entsetzliche Antworten. Aber Ihre Worte und meine Worte, keins davon beschreibt das wahre Ausmaß der Entsetzlichkeit dessen, was ich getan habe. Sie fragen, ich antworte. Wir beide hören meinen Antworten zu, und zwanzig Jahre, nachdem es geschehen ist, kann ich es immer noch nicht glauben, das derjenige, der das seinem eigenen Kind angetan hat, ich gewesen bin.

Ja, Sie könnten Recht haben, wenn sie das sagen, ja. Ich fühle wirklich, daß ich ins Gefängnis gehöre. Es gibt gute und schlechte Tage, aber selbst an den guten Tagen ändert sich dieses Gefühl nicht. Die unmittelbare Umgebung beeinflußt es nicht, wie auch immer. Ich habe einmal ein Buch von einem Lebenslänglichen gelesen, ich glaube, er hat sich Zeno genannt, nach einem griechischen Philosophen, der ein stoisches Verhältnis zum Leben gehabt hat. Er hat dasselbe gesagt, er gehöre ins Gefängnis. Ich bin kein Philosoph, ich bin mir nicht mal sicher, was ein Stoiker ist. Es ist nichts, um darauf stolz zu sein, und es ist nichts, wehalb man mutig sein muß, lediglich ein dumpfer Schmerz und das Wissen, daß ich, um die Wahrheit zu sagen, die Grenzen der normalen Gesellschaft überschritten habe und niemals wieder in sie aufgenommen werden kann. Ich denke nicht, daß ich richtig in der Gesellschaft lebe, und ich habe es nie gekonnt, weil ich nicht ihr vollwertiges Mitglied bin, ich gehöre nur theoretisch dazu, ich sage das mal so. Ich stehe außerhalb der Menschheit, sowohl in den Augen dieser Menschheit als auch in meinen eigenen.

Ich sage Ihnen mal was. Niemand anders weiß das, und ich weiß selber nicht, weshalb ich Ihnen das erzählen muß, aber weil das unser letzter Abend ist, will ich es tun. In der obersten Lade der Kommode dort, unter meinen Socken und Taschentüchern und Zeug, auf dem Boden, vergraben unter einem Stück Zeitungspapier, mit dem die Lade ausgelegt ist; da liegt ein kleines Päckchen. Es ist ein brauner

Umschlag, zugemacht mit Siegelband. Wenn es jemals ein Feuer geben sollte und ich müßte hier raus, das ist die Sache, nach der ich suchen würde, nach der ich greife und die ich mitnehme. Selbst wenn es bedeuten würde, andere Sachen im Zimmer zurückzulassen, das würde ich nehmen. Wo ich auch hingegangen bin, ich habe es immer bei mir gehabt, ich bringe es an jeden Ort mit, an dem ich lebe. Aber ich habe es nie geöffnet und nie hineingesehen, nicht ein einziges Mal, und ich bin sicher, daß ich es nie tun werde. Ich habe Lorna um das, was darin ist, gebeten, als ich aus dem Gefängnis gekommen bin, und es ist so, wie sie es mir gegeben hat, zugeklebt in einem Umschlag. Es ist ein Foto von mir und Jack, das sie im Park aufgenommen hat, ein paar Wochen, bevor ich ihm das Leben nahm.

ZEHNTES GESPRÄCH

BETTY DREW
MEINE GESCHICHTE

Im Alter von sechzig Jahren ist Betty Drew nunmehr seit fast fünf Jahren auf Bewährung aus dem Gefängnis entlassen. Sie kann für sich in Anspruch nehmen, von den zu lebenslänglicher Haft Verurteilten diejenige zu sein, die am längsten im Gefängnis war: Sie hat dreißig Jahre in Haft verbracht.

Sie lebt im Norden von London, in einer Parterrewohnung eines Hauses, das der Stadt gehört; es ist ein paar hundert Yards entfernt von einem großen städtischen Park mit geometrisch angelegten Gärten, Gehölzen und weitem offenen Heideland. Aus der Entfernung, bei kaltem Wetter, erscheint sie wie ein kleiner Gummiball, wenn sie für ihren Hund die Stöckchen wirft. Genau ein Meter zweiundfünfzig groß, trägt sie einen alten marineblauen Düffelmantel, ausgebeulte braune Hosen, dicke, kniehohe Arbeitsgummistiefel und einen weiten, wasserdichten Regenumhang. Ein dicker dunkelgrüner Wollschal ist mehrmals um ihren Hals gewickelt, auf dem Kopf eine schwarze, gefaltete Mütze mit einem Schirm und Ohrenschützern. Ihre Kleidung nähert ihren Umfang nahezu der Körpergröße an.

Ihr graues Haar ist kurzgeschnitten mit einem Pony. Wenn sie spricht, ist ihre Stimme laut und barsch: Sie schwenkt ihre

Arme, pafft unaufhörlich Zigaretten, die sie halb aufgeraucht, eine nach der anderen, in einem überquellenden Zinnaschenbecher auf ihrem Schoß ausdrückt. Sie sitzt aufrecht auf einem großen alten Sessel, wobei ihre Füße nach vorn abstehen, weil sie zu kurz sind, um den Boden zu erreichen; und darunter, am Sessel, liegt ihre große schwarz-braune deutsche Schäferhündin, den Kopf zwischen den Pfoten, die nichts Gutes verkündenden Augen weit geöffnet und starrend; sie sieht aus, als ob sie sofort bereit wäre, bei der geringsten Bewegung, die ihr vielleicht nicht zusagt, aufzuspringen.

Mit ihr zu reden war etwas schwierig, wie der Versuch, ein Interview mit einem vollaufgedrehten Wasserhahn zu führen. Die Worte flossen aus ihr heraus wie ein endloser, heftiger Schwall und konnten niemals durch Fragen oder Einwürfe, egal welcher Art und egal wie unverblümt, aufgehalten oder auch nur für einen Augenblick gebremst werden. Sie redete über jede Unterbrechung hinweg und folgte ihrem Gedankenfaden, sich weiter und weiter von dessen Ursprung entfernend, bis sie ihn vollends verloren hatte: Aber sie setzte ihre Rede mit wachsender Inbrunst fort, indem jeder neue Gedanke den zufälligen nächsten hervorbrachte. (Ein, aber wirklich nur ein Beispiel davon ist als Illustration dem Text beigegeben.)

Schon bald begann ich daran zu verzweifeln, wie ich eine Methode finden konnte, wie ich eine Form oder einen Zusammenhalt in das bringen konnte, was sie gesagt hat; und ich begann, niedergedrückt und ärgerlich zu werden. Inzwischen wurde sie zunehmend enthusiastisch, ihr Zutrauen und ihre Mitteilsamkeit wuchsen täglich. Nach all ihren einsamen und unfreundlichen Jahren hatte sie endlich jemanden gefunden, der ihr zuhörte. Ich begann die wachsende Nähe dahingehend zu fürchten, ihr sagen zu müssen, daß ich das Interview nicht mehr fortsetzen könnte, wie zurückweisend und schmerzhaft das auch für sie sein würde. Alles, was ich nach fast vierzehn Tagen hatte, war eine Amö-

benkolonie von Geräuschen, die sich täglich spalteten, reproduzierten und vervielfachten und ihre Größe in jedem Gespräch, das wir gehabt haben, verdoppelten.

Aber ich hatte sie falsch eingeschätzt: Als ich ihr schließlich fragmentarisch aber beharrlich zwischen ihren Wolkenbrüchen der Erinnerungen die Schwierigkeiten begreiflich machte, sagte sie, sie wisse, was ich meine. Sie sagte, daß sie aber gern weitermachen möchte, wenn das in irgendeiner Art möglich wäre. Im Ergebnis haben wir eine Liste der wesentlichen Abschnitte ihres Lebens zusammengestellt, und sie hat über diese gesprochen, und nur über diese, mit Aufzeichnungen, die sie jedesmal vorher unter verschiedenen Stichwörtern vorbereitet hatte. Sie hat selbst entschieden, welche die bedeutenden Abschnitte gewesen sind und welche anderen ›unbedeutend waren, so daß man sie ausfüllen kann, wie man gern möchte‹.

Das hat eins der Probleme gelöst, aber ein anderes blieb die ganze Zeit über bestehen. Ich habe schreckliche Angst vor deutschen Schäferhunden.

20 Jahre	Angeklagt und verurteilt wegen Mord
27 Jahre	Entlassung auf Bewährung
28 Jahre	Nach sieben Monaten wieder ins Gefängnis eingeliefert zur Fortsetzung der Haftstrafe
32 Jahre	Entlassung aus dem Gefängnis nach weiteren drei Jahren Haft
33 Jahre	Nach sechs Monaten wieder ins Gefängnis eingeliefert zur Fortsetzung der Haftstrafe
46 Jahre	Entlassung aus dem Gefängnis nach weiteren dreizehn Jahren Haft
48 Jahre	Für neunzehn Monate draußen gewesen, wieder ins Gefängnis eingeliefert zur Fortsetzung der Haftstrafe
55 Jahre	Entlassung nach weiterer siebenjähriger Inhaftierung

Meine Geschichte. Teil eins. Meine Kindheit.

Ich wurde in Barnstaple geboren, und ich habe eine Schwester, die zwei Jahre jünger ist als ich. Meine Mutter hat mich nie gewollt, sie hat mich geschlagen, in Schränke eingeschlossen und solche Sachen. Ich war ein lautes kleines Mädchen, und mir wurde einmal gesagt, daß ich seit meinem zweiten Lebensjahr schwierig gewesen sei. Mein Vater war bei der Eisenbahn, und er hat meine Schwester Sally vergöttert, er hat sie viel mehr geliebt als mich. Er ist gestorben, als er siebenundvierzig war, und ich war dreizehn, und ich habe mich mein ganzes Leben lang schuldig gefühlt, weil es während eines Streits gewesen war, den wir miteinander hatten. Er ist wegen irgend etwas wütend auf mich gewesen, und ich habe ihn angeschrien, und er hatte einen Herzinfarkt und ist gestorben, bevor der Doktor kam. Hinterher kannst du nie sagen, daß es dir leid tut, aber ich hätte es gern gesagt, denn manchmal hat er mir tatsächlich Wärme und Zuneigung gegeben. Ich habe auf seinen Knien gesessen, und er hat mir vorgelesen, Geschichten, aber auch aus Nachschlagewerken wie Enzyklopädien. Er hat sich immer Buchausgaben über die Zeitung zuschicken lassen. Einige, an die ich mich erinnere, waren eine vollständige Ausgabe von Charles Dickens' Werken in zwölf Bänden, die Harmsworth Enzyklopädie und eine vollständige Werkausgabe von Shakespeare.

Ich habe meinem Vater viel näher gestanden als meiner Mutter, sie hat mich nicht gemocht, denn ich glaube nicht, daß ich der Vorstellung entsprochen habe, die sie davon hatte, wie ein Mädchen sein sollte. Mein entscheidender Eindruck von ihr ist der gewesen, daß sie kein Mensch war, der Zuneigung zeigen konnte, aber ich weiß nicht, ob das richtig ist oder nicht. Wenn ich seitdem darüber nachgedacht habe, glaube ich, daß sie wahrscheinlich auch kein sehr glückliches Leben gehabt hatte. Sie hat mit mir und meiner Schwester nicht viel geredet oder gelacht oder

Spiele gespielt, wie das mein Vater getan hat. Sie war ein unnahbarer Mensch. Zum Beispiel hat sie mir nie etwas über Sex gesagt. Als ich meine erste Regel mit etwa zwölf bekommen habe, sah ich Blut zwischen meinen Beinen, und ich habe große Angst gehabt und bin in die Küche gerannt, um es ihr zu erzählen. Sie hat überhaupt nichts gesagt, mit verbissenem Blick rief sie nur: ›Bleib hier!‹ und ist aus dem Zimmer gegangen. Als sie zurückkam, legte sie eine Packung Binden auf den Tisch und sagte: ›Hier, die mußt du von jetzt an einmal im Monat benutzen.‹

Ein anderes Mal habe ich sie über die Ehe befragt, und warum die Leute heiraten, und wie das sein würde. Sie hat die Fragen nicht richtig beantwortet, alles, woran ich mich erinnern kann, ist, daß sie gesagt hat, wenn ein Mädchen groß wird, dann heiratet sie und das bedeutet, daß ihr Mann bestimmte Rechte hat. Sie hat nicht mehr als das gesagt, und so habe ich sie gefragt, was das heißt, was das für Rechte sind, und sie hat nur geantwortet, daß sie nicht darüber reden würde, und ich würde das schon selbst herausfinden.

An etwas anderes kann ich mich aus meiner Kindheit nicht erinnern, außer, daß sie insgesamt weder glücklich noch unglücklich war, eben weitgehend normal.

Zweiter Teil. Mein Leben als junges Mädchen, mein Aufenthalt im Sanatorium und wie ich Janet kennengelernt habe, bis dahin und einschließlich, wie ich sie umgebracht habe.

Ich habe nicht viel Bildung gehabt, ich habe oft in der Schule gefehlt, weil ich kein gesundes Kind war; als ich fünfzehn wurde, hat man festgestellt, daß ich Tuberkulose habe. Damals hatten sie nicht alle diese Medikamente, die sie heutzutage haben; wenn du es gehabt hast, ist es ziemlich kritisch für dich gewesen, und viele Leute sind daran gestorben. Du mußtest in ein Spezialkrankenhaus gehen, das nannte man Sanatorium, wo eine Menge Leute waren, die alle dasselbe gehabt haben. Du mußtest still liegen und dich ausruhen, das ist die einzige Behandlung dort gewesen. Du hast gehustet und Blut gespuckt, und das haben auch alle anderen Patienten getan, und viele von ihnen sind gestorben. Es war erschreckend, als junges Mädchen an einem solchen Ort zu sein. Das einzige, worüber jeder geredet hat, war das Sterben. Es war eine abgeschlossene Welt, und du hast gefühlt, daß dich keiner versteht, außer den anderen Patienten. Sie hatten dieselbe Krankheit, und sie waren die einzigen, mit denen du sprechen konntest, keinerlei Leute von außerhalb. Es ist ein bißchen wie ein Gefängnis gewesen, keiner, der das nicht erlebt hat, weiß, wie es wirklich ist.

Sie hatten dort Lernklassen, aber die waren nicht sehr gut, und ich habe eine Menge Dinge verpaßt. Entweder hast du dich zu krank gefühlt, um zum Unterricht zu gehen, oder sie konnten oft keine Lehrer finden, weil die Angst hatten, mit Leuten in Kontakt zu kommen, die Tuberkulose haben. Und das hat es also zu einer sehr abgeschlossenen Welt gemacht, wie ich schon sagte.

Du hast sehr intensive Freundschaften mit anderen Leuten geschlossen, weil über dir ständig die Drohung schwebte, daß es dir plötzlich schlechter gehen könnte und daß du sterben könntest. Manchmal haben sie dich für ein Wochenende nach Hause gehen lassen, aber das hat sich nicht sehr bewährt. Du hast gemerkt, daß deine Familie Abstand zu dir hält, weil sie sich sonst vielleicht anstecken könnte, und die Leute sind aus demselben Grund nicht zu dir auf Besuch gekommen. Es hat mir nie etwas ausgemacht, wieder ins Sanatorium zurückzugehen, ich habe es dem Zuhause-Sein vorgezogen.

Meine liebste Freundin unter all den anderen Patienten war Janet, ein Mädchen, das zwei oder drei Jahre älter als ich war und die sehr schön gewesen ist. Wir haben immer lange Spaziergänge in den Anlagen des Sanatoriums gemacht, und manchmal haben wir uns an den Händen gehalten, und ein paar Mal haben wir uns auch geküßt. Wir sind beide ganz unschuldig gewesen, und unsere Beziehung war nicht mehr als große gegenseitige Zuneigung. Wir haben dieselben Bücher gelesen und Schallplatten abgespielt und im Freizeitraum zusammen getanzt. Ich habe gewaltig für sie geschwärmt, und sie hat etwas weniger gewaltig für mich geschwärmt. Damals war man bei solchen Themen bei weitem nicht so offen wie jetzt, und man hat über solche Dinge wie lesbische Liebe nicht gesprochen, weil kaum jemand das Wort jemals gehört hatte oder gewußt hat, was es bedeutet. Auch hat keiner daran gedacht, irgendwas körperlich miteinander zu machen. Also sollte ich das, was wir miteinander gehabt haben, als eine lesbische Beziehung ohne Sex bezeichnen.

Von Zeit zu Zeit konntest du für eine Probezeit aus dem Sanatorium entlassen werden und nach Hause gehen und sehen, wie du dich fühlst. Janet war verheiratet, und manchmal ist ihr Mann gekommen, um sie zu besuchen, aber sie sind nicht sehr glücklich zusammen gewesen, und sie äußerte, daß sie nicht gern mit ihm zusammenlebt, daß sie aber nirgendwo anders hingehen könnte. Sie sagte, daß er auch nicht mit ihr leben wollte, weil er Angst hatte, Tuberkulose zu bekommen. Manchmal war sie Hause, während ich im Sanatorium blieb, und sie ist gekommen und hat mich besucht. Und umgekehrt, wenn sie dort gewesen ist, habe ich sie besucht. Und natürlich waren wir auch manchmal zusammen dort, in dieser Art und Weise ist es so an die zwei, drei Jahre gegangen, und dann kam der Tag, an dem ich draußen gewesen bin und sie auch herausgekommen ist, und ich habe sie gefragt, ob sie nicht kommen würde, um in unserem Haus zu leben. Ich hatte mit meiner Mutter und meiner Schwester darüber gesprochen, und sie waren einverstanden, denn wir hatten ein freies Zimmer.

Wir hatten beide, was sie als langwierige Krankheitsbesserung bezeichnen, und wir haben immer darüber gesprochen, was wir machen würden, um in der Zukunft, wenn wir beide völlig gesund wären, ein gemeinsames neues Leben anzufangen. Aber wir haben uns auch oft gestritten, was hauptsächlich meine Schuld war, weil ich sehr eifersüchtig gewesen bin. Sie war ein sehr ruhiger Mensch, aber ich bin sehr laut und aggressiv gewesen und bin oft auch tätlich auf sie losgegangen, dann bin ich in Tränen ausgebrochen und habe gesagt, daß es mir leid tut, und sie hat immer ihre Arme um mich gelegt, und wir haben uns wieder vertragen. Von Zeit zu Zeit ging sie, um ihren Mann für ein oder zwei Tage zu besuchen, und ich habe mich immer elend und unglücklich gefühlt, wenn sie dorthin gegangen ist, und ich habe mir Sorgen gemacht, daß sie vielleicht eines Tages nicht mehr zurückkommen würde.

Dann hat sie mir einmal erzählt, daß sie bei ihm gewesen sei, und er hätte seine Rechte geltend gemacht, und daß sie sie ihm gewähren müßte. Das waren dieselben Worte, die meine Mutter zu der Zeit gebraucht hatte, von der ich Ihnen schon erzählt habe. Ich habe nicht gewußt, was das bedeutet, und so habe ich Janet gefragt, und nachdem sie es mir erzählt hatte, hat es mich ganz krank gemacht. Ich wollte nicht, daß sie geht, aber ich habe zu ihr gesagt, daß das widerlich sei, und sie müßte das Haus verlassen. Sie hat ihre Tasche gepackt und erklärt, daß sie zu ihrer Mutter gehen würde, und sie ist gegangen.

Ich bekam einen Wutanfall, und ich habe zu meiner Mutter und zu meiner Schwester gesagt, daß ich zum Haus ihrer Mutter gehen würde, um sie umzubringen. Sie haben versucht, mich davon abzubringen, aber ich bin losgegangen, und ich habe ein Jagdmesser mit einem Horngriff mitgenommen, das ich im Jahr zuvor gekauft hatte. Ich hatte das damals wirklich mit der Absicht getan, falls ich jemals ihren Mann treffen sollte. Ich bin zu dem Haus von Janets

Mutter gegangen, und ihre Mutter hat die Haustür geöffnet, und dann ist Janet gekommen, und wir standen auf dem Hausweg, und ich habe sie angebrüllt und angeschrien. Ihre Mutter hat versucht, Janet wegzuziehen, aber ich stürzte ihr hinterher und stach ihr mit dem Messer in die Brust. Ich habe nur einmal zugestochen, aber sehr heftig, und sie haben gesagt, daß es genau durch den Brustknochen hindurchgegangen ist, genau hier etwa.

In dem Moment sind meine Mutter und meine Schwester mit dem Taxi eingetroffen, weil sie sich Sorgen gemacht hatten, was passieren könnte. Dann kam auch die Polizei, und sie haben mich zur Polizeiwache gebracht und mich des versuchten Mordes angeklagt, weil zu dem Zeitpunkt Janet noch nicht tot gewesen war, aber sie lag im Sterben.

Während sie im Krankenhaus war, hat sie vor ihrem Tod noch eine Erklärung auf dem Sterbebett abgegeben und gesagt, was passiert ist und daß ich ihr schon vorher gedroht hätte, sie umzubringen, was gestimmt hat. Dann ist sie gestorben, und die Anklage lautete auf Mord, was zu dieser Zeit ein Schwerverbrechen war, das heißt eines, wofür du gehenkt werden konntest, denn es gab immer noch die Todesstrafe.

Während ich im Gefängnis war und auf mein Verfahren wartete, bin ich wieder schwer an Tuberkulose erkrankt, und ich mußte im Gefängnishospital untergebracht werden. Ein Anwalt der Krone ist zu mir auf Besuch gekommen, und er sagte, daß er sein Bestes für mich tun werde, aber er würde mir keine großen Chancen einräumen, die Polizei hätte viele Liebesbriefe, die ich an Janet geschrieben hatte, und sie würden sie alle bei Gericht vorlesen. Ein Doktor ist gekommen und hat mich untersucht, und er sagte, er glaube nicht, daß ich überhaupt noch lange leben werde. Im Hospitaltrakt des Gefängnisses habe ich mich sehr krank gefühlt, aber ich hatte nicht den Eindruck, daß sie mich sehr freundlich behandelt haben. Ich hatte jemanden umgebracht, ich hatte Briefe von der Sorte geschrieben, die eine Frau nicht an eine andere schreiben sollte, und ich hatte Tuberkulose, und so hat mich jeder behandelt, als ob ich drei Dinge hätte, denen sie nicht zu nahe kommen wollten, und sie haben sich auf Abstand gehalten.

Als es an der Zeit war, daß ich vor Gericht zu erscheinen hatte, hustete ich viel Blut. Sie haben mir gesagt, daß ich die ganze Zeit völlig ruhig liegen sollte, und als ich äußerte, daß ich mich schuldig bekennen würde, haben sie gesagt, daß das gut wäre, weil es bedeutet, daß ich mich nicht ins Kreuzverhör begeben und mich nicht bewegen müßte, und sie könnten mich auf einer Tragbahre in den Gerichtssaal bringen. Das haben sie dann auch gemacht, und sie haben sie auf zwei Kisten abgestellt, die dort standen, wo der Rechtsanwalt und der Protokollschreiber ihren Platz hatten.

Todesurteil für ›Sterbendes‹ Mädchen

Gestern wurde in Devon Assizes durch Richter Pilcher die Todesstrafe über die zwanzigjährige Elizabeth Anne Drew für den Mord an der sechsundzwanzigjährigen Mrs. Janet Margeret Jones aus Plymouth verhängt. Die Geschworenen, denen drei Frauen angehörten, benötigten siebzig Minuten, um ihr Urteil zu fällen. Drew, die an einer schweren Krankheit leiden soll und wahrscheinlich unheilbar ist, vernahm das Urteil von der Tragbahre aus, auf der sie im Gerichtssaal lag, offensichtlich ohne Gefühlsregung und wurde im Anschluß von einem Krankenauto in das Amtsgefängnis überstellt.

Der Vertreter der Anklage erklärte, daß Mrs. Jones die tödliche Stichwunde mittels eines Hirschfängers von Drew zugefügt wurde, da sie es abgelehnt hatte, zu ihr zurückzukehren und mit ihr zusammenzuleben, und daß es eine vorsätzlich begangene Tat sei. Er sagte: ›Es war ein klarer Fall von kaltblütigem, gefühllosem Mord.‹

Der Chefarzt des Gefängnisses, Dr. R. Brown, sagte aus,

daß es Drew während ihrer Untersuchungshaft abgelehnt hätte, von ihm befragt zu werden. Er hätte sämtliche Beweise und Unterlagen sorgfältig studiert, und er bekundete, daß nach seiner Meinung die Angeklagte gesund gewesen sei, als sie mit dem Hirschfänger den Körper der getöteten Frau durchstochen hat. Er stimme nicht Drews Anwalt zu, der angezweifelt hatte, daß die Angeklagte wußte, was sie tat. Er bejahte, daß er bei Geisteskrankheiten nicht über eine qualifizierte Aussagekompetenz verfüge, außer Erfahrungswerten.

Der Verteidiger, Mr. J.C. Maude, Anwalt der Krone, unterstellte Drew, daß sie eine Geisteskrankheit habe und sich im Augenblick des Mordes nicht des Unterschieds zwischen Richtig und Falsch bewußt gewesen sei. Er nahm gleichfalls Bezug auf ihre kritische körperliche Verfassung und stellte fest: Es sei nicht möglich gewesen, den Effekt der Langzeitbehandlung, einschließlich der Verabreichung von Medikamenten, abzuschätzen. Er bat die Geschworenen, sich zu dem Urteilsspruch schuldig, aber unzurechnungsfähig zu entschließen.

In seinem Plädoyer an die Geschworenen beschwor Richter Pilcher die Geschworenen, sich in ihren Überlegungen nur auf einen einzigen Fakt zu konzentrieren: ›Sie ist des Mordes schuldig, wenn Sie nicht annehmen, daß sie zu der Zeit, da sie den Stich ausgeführt hat, krank im Sinne des Gesetzes gewesen ist.‹ Er erklärte, daß es ganz offensichtlich sei, daß Drew und Mrs. Jones während ihres Zusammenseins einer pervertierten Leidenschaft nachgegangen seien. Die Geschworenen mögen Ekel oder Mitleid empfinden, daß dergleichen existiere, es gäbe aber keinen Zweifel, daß die Verhaftete Mrs. Jones ›leidenschaftlich zugetan‹ war. ›Ihr Geisteszustand ist eine Frage der Tatsachen, und deshalb ist es eine Frage für Sie, meine Damen und Herren Geschworenen.‹

(Aus einem zeitgenössischen Pressebericht)

Was der Richter zu mir sagte, als er mich zum Tode verurteilt hat? Das brauche ich nicht aufzuschreiben, denn ich kann mich genau, Wort für Wort auswendig, daran erinnern. Er sagte: ›Elizabeth Anne Drew. Sie sind zwanzig Jahre alt, und es ist meine Pflicht, über Sie das einzige Urteil zu verhängen, welches das Gesetz für ein vorsätzlich begangenes Tötungsverbrechen vorsieht. Das Urteil des Gerichts lautet, daß Sie von diesem Ort in ein rechtmäßiges Gefängnis überführt werden und von dort zum Platze der Hinrichtung, wo Sie den Tod durch den Strang erleiden werden, und daß ihre Leiche innerhalb der Mauern des Gefängnisses begraben wird, in welchem Sie zuletzt vor der Hinrichtung inhaftiert sein werden; und möge der Herr Ihrer Seele gnädig sein. Schafft sie weg.‹

Meine Geschichte, wie es anfänglich im Gefängnis gewesen ist.

Nachdem ich zum Tode verurteilt worden war, hat man mich in die Todeszelle im Gefängnis von Exeter gebracht. Das erste, was sie mit dir machen, ist wiegen und einen Sack von gleichem Gewicht herstellen, mit dem sie am Seilende üben, so daß sie herausfinden, wie die richtige Länge für deinen Fall sein sollte. Wenn das Seil zur kurz ist, bricht es dir nicht das Genick, du wirst nur dahängen und langsam zu Tode stranguliert, und wenn es zu lang ist, kannst du zu tief fallen, und es kann dir den Kopf abreißen. Die Todeszelle ist unmittelbar neben dem Hinrichtungsstand, lediglich eine Tür dazwischen, so daß du nur wenige Schritte gehen mußt, wenn sie kommen, um dich zu hängen, und du kannst hören, wie sie nachts mit dem Sack üben, wenn sie glauben, daß du schläfst.

Meine Mutter und meine Schwester sind jeden Tag gekommen, um mich zu besuchen, aber da war immer eine Glaswand zwischen uns, und sie sind stets verlegen gewesen und wußten nicht, was sie sagen sollten. Ich wollte sie eigentlich auch nicht sehen. Ein anderer, der mich jeden

Tag besuchte, war der Gefängniskaplan. Ich habe nichts zu ihm gesagt, weil es nichts zu sagen gab, aber er ist immer wieder gekommen und fragte mich ständig, ob sich meine Einstellung zur Reue geändert hätte.

Insgesamt bin ich acht Tage in der Todeszelle gewesen, und ständig sind die Ärzte gekommen, um mich zu untersuchen. Ich habe mich gefühlt, als ob ich an meiner Krankheit sterbe und an der Menge Blut, die ich hustete, und ich habe gehofft, daß ich sterben würde, bevor sie kommen und mich hängen.

Dann kam eines Nachmittags der Gefängnisdirektor in meine Zelle, mit einem Brief, den er mir vorlesen müßte, wie er sagte. Er war vom Innenminister und besagte, daß in Anbetracht meines Gesundheitszustandes mein Todesurteil in eine lebenslängliche Haftstrafe umgewandelt worden sei. Nachdem er gegangen war, haben mir die Gefängniswärter in meiner Zelle die Hand geschüttelt und mich beglückwünscht. Am Ausdruck ihrer Gesichter glaubte ich zu sehen, daß es nicht sehr aufrichtig gewesen ist, weil sie anscheinend dachten, ich wäre so krank, daß ich sowieso sterben würde, und sie waren erleichtert, da ich ihnen Ärger erspart hatte.

Am nächsten Tag wurde ich in das Gefängnis von Holloway verlegt, wo sie ein richtiges Hospital hatten. Ein schottischer Arzt kam, um mich zu untersuchen, und er sagte zu mir, daß er fest entschlossen wäre, mein Leben zu retten. Ich konnte ihn nicht leiden, und ich habe ihm geantwortet, daß ich nicht leben will, aber er sagte, daß er es versuchen würde, ob ich wollte oder nicht. Er schickte mich zwecks einer Operation, bei der eine meiner Lungen entfernt werden sollte, in ein öffentliches Hospital nach Middlesex. Dort war ich zehn Tage, und dann wurde ich in den Hospitaltrakt nach Holloway zurückgeschickt, und ich habe dort fast zwei Jahre unter der ärztlichen Behandlung dieses Doktors verbracht. Er sagte, daß ich Ruhe und Fürsorge brauche, und keine Anstrengung. Er war eine sehr seltsame Art von einem Mann, sehr schottisch, sehr unvermittelt, und die ganze Zeit über, in der ich mit ihm zu tun hatte, hat er niemals gelächelt oder ein freundliches Wort zu mir gesprochen. Alles was er sagte, war sehr schroff: ›Umdrehen, damit ich Ihren Rücken abhören kann, husten, Sachen wieder anziehen‹, immer in dieser Art.

Dann erklärte er eines Tages, er hätte alles für mich getan, was er tun konnte, und ich wäre so gesund, wie ich nur sein könnte, aber ich müßte auf mich aufpassen, und wenn ich mich müde fühlen würde, sollte ich mich hinlegen. Er teilte das alles auch dem Gefängnispersonal mit und sagte, daß mir nur leichte Arbeiten erlaubt wären, und so haben sie mich in die Bibliothek gesetzt. In dem Maße, wie ich meine Kräfte zurückgewann, wurde ich auch wieder sehr aggressiv und habe mich ständig gestritten und geschlagen und in Schwierigkeiten gebracht. Laß das Elsa! Die Direktorin hat mich eines Tages in ihr Büro rufen lassen und gesagt, sie könnten nicht mehr für mich tun in Holloway, und sie würden mich nach Askham Grange schicken, wo es von mir und meinem Benehmen abhängt, wie lange es dauern würde, bis ich auf Bewährung herausgelassen werde.

Ich habe Askham Grange nicht mehr als Holloway gemocht, und ich habe auch dort ständig Probleme gehabt. Elsa wird unruhig, weil ihre Fressenszeit schon vorbei ist, und sie will, daß ich sie füttere und mit ihr Gassi gehe, deshalb muß ich gleich aufhören. Schließlich haben sie mir in Askham Grange gesagt, daß sie mich auf Bewährung rauslassen würden. Ich glaube, insgesamt bin ich zwischen sieben und acht Jahren im Gefängnis gewesen. Ist ja gut, Elsa, sei ruhig, hör auf zu bellen. Ich werde dir gleich dein Futter geben. In Askham, nein, sie hört nicht auf. Bist du meine Gute? Nein, du bist es nicht. Na gut, dann werden wir wohl aufhören müssen und morgen weitermachen.

Meine Geschichte, wie es gewesen ist, als ich zum ersten Mal aus dem Gefängnis gekommen bin.

Das ist vor sehr langer Zeit gewesen, nahezu vor dreißig Jahren, und ich bringe manchmal Dinge durcheinander, die beim ersten Mal geschehen sind, und Dinge, die zu anderen Zeiten waren, als ich wieder freigekommen bin.

Als ich das erste Mal herauskam, bin ich zu meiner Schwester Sally gegangen, um bei ihr zu wohnen; sie lebte oben in Glasgow, wohin sie ein Jahr zuvor gezogen war, als sie geheiratet hatte. Ich bin nicht gut mit ihr ausgekommen, aber wenn du eine Adresse angeben konntest, wo du leben würdest, wenn du rauskommst, das hat deine Chancen, entlassen zu werden, verbessert. Sobald ich dorthin gekommen bin, haben wir angefangen, uns zu streiten, und nach nur einem Monat hat mir ihr Mann gesagt, daß sie nicht glücklich darüber wäre, daß ich dort bin, also bin ich gegangen.

Andere Häftlinge waren so ziemlich die einzigen Leute, die du kennenlernen konntest, wenn du im Gefängnis gewesen bist, und als ich in Holloway war, haben doch einige von ihnen gesagt, wenn ich jemals Probleme hätte, irgendwo eine Bleibe zu finden, für die Zeit, in der ich auf der Suche nach etwas anderem wäre, könnte ich immer zu ihnen kommen. Es ist dir nicht erlaubt, so etwas zu machen, die Behörden würden nicht die Adresse eines anderen ehemaligen Häftlings akzeptieren, aber ich hatte ihnen die von meiner Schwester gegeben, also war mir klar, daß sie es nicht erfahren würden, und ich bin also nach London gegangen. Ich bin bei mehreren von den Mädchen gewesen, jeweils ein paar Tage, und ich bin durch das Westend gezogen, wovon ich gehört hatte, als ich drin war, das ich aber noch nie vorher gesehen hatte. Es dauerte nicht lange, und ich fing mit Drogen an, aber ich bin wirklich nicht auf den Strich gegangen, wie es viele von ihnen gemacht haben. Aber Drogen sind teuer gewesen, und du mußtest etwas tun, Klauen und Ladendiebstahl, um Geld dafür zu bekommen.

Es war ungünstig für mich, irgendwo in London für längere Zeit zu bleiben, weil ich nicht der Bewährungshilfe Bericht erstattet habe, und ich wußte, wenn mich die Polizei aufgreift, würden sie mich geradewegs wieder ins Gefängnis stecken. Nach ein paar Wochen bin ich zurück ins West Country zu meiner Mutter und habe gefragt, ob ich wieder bei ihr zu Hause wohnen kann. Sie ist darüber nicht sehr begeistert gewesen, aber ich habe gesagt, daß ich einen Job finden würde und Arbeit und daß ich was zum Haushalt dazugeben werde. Um zu beweisen, daß ich ein neues Kapitel aufgeschlagen hatte, bin ich dort zur Bewährungshilfe gegangen und habe meinen Bericht gegeben, und ich habe ihnen gesagt, es würde mir leid tun, daß ich von Glasgow weggezogen bin, aber ich mußte, wegen des Mannes meiner Schwester. Ich habe nichts davon erwähnt, daß ich zwischendurch in London gewesen bin. Sie haben gesagt, solange ich mich anständig benehmen würde, wäre es in Ordnung. Ich begann eine Arbeit als Marktgärtnerin, aber da bin ich nur eine Woche geblieben, weil ich einen Streit mit einem anderen Mädchen bekam, das dort gearbeitet hat. Sie wußte von meinem Fall aus der Lokalzeitung, wo sie vor Jahren, als es passiert ist, darüber gelesen hatte, und sie hat dem Besitzer des Gartenmarktes erzählt, daß ich eine lesbische Mörderin wäre, und sie hätte Angst vor mir und wolle nicht mit mir arbeiten, und er hat erklärt, daß ich gehen muß. Danach habe ich noch ein oder zwei andere Jobs gehabt, Verkäuferin und so etwas, aber ich bin immer sehr unleidlich gewesen und bin mit den Leuten in Streit geraten und habe ihnen Schläge angedroht.

Ich habe hier eine Notiz, die damit anfängt: ›Ist da etwas in mir gestorben, weil ich so viele Jahre im Gefängnis gewesen bin?‹ Ich glaube, die Antwort darauf ist Ja, ich bin die ganze Zeit im Sanatorium gewesen und dann im Gefängnis. Ich bin unstet gewesen, und meine Mutter und ich, wir sind nicht miteinander ausgekommen, also bin ich nach

Bristol gegangen, wo ein Mädchen gelebt hat, mit der ich zusammen in Askham Grange war.

Sie hatte eine Wohnung, und ihr Freund war verzogen, und sie sagte, es wäre Platz da, so daß ich eine Weile bleiben könnte, was ich auch gemacht habe. Ich hatte einen Job in einer Betriebsküche bekommen. Eines Tages kam ein Brief von meiner Mutter, in dem sie mir mitteilte, daß die Polizei dagewesen sei und Erkundigungen eingezogen hätte, wohin ich gegangen bin, aber sie hätte ihnen nichts gesagt. Sie sagte, daß sie ihr mitgeteilt hätten, eine Frau in der Stadt, wo ich für ein paar Tage gearbeitet hatte, bis ich mich mit ihr zerstritten habe, hätte gegen mich Anzeige erstattet. Sie hätte gesagt, daß ich obszöne Telefonanrufe geführt und sie bedroht habe. Die Polizei hat meiner Mutter gesagt, wenn sie wüßte, wo ich sei, sollte sie mir ausrichten, daß ich in großen Schwierigkeiten wäre, weil ich die Bewährungsbedingungen nicht eingehalten habe, keine Berichte an meinen Bewährungshelfer, Adressenwechsel ohne Unterrichtung, keine Arbeit und ebenso all die Drohungen, die ich Leuten gegenüber geäußert hätte.

Das Mädchen, bei dem ich in Bristol wohnte, hat immer Männer mitgebracht, und wir hatten großen Krach deswegen. Ich hatte die Nase voll und habe sie verlassen und bin zurück zu meiner Mutter gegangen. Ich bin dort erst zwei Tage gewesen, und die Polizei stand wieder auf der Türschwelle. Sie sagten, daß das Mädchen, bei der ich mich in Bristol aufgehalten hatte, ihnen erzählt hätte, daß ich ihr gedroht habe, sie umzubringen, und als ich gegangen war, hätte sie all ihre Kleider im Schrank mit einer Schere zerschlitzt vorgefunden. Sie haben mir gesagt, daß ich ins Gefängnis zurückgebracht würde, auf Grundlage dessen, was sie Widerruf zur Haft nannten, wegen Verletzung der Bewährungsbestimmungen. Du hast keine Verhandlung oder so, du wirst im Gefängnis behalten, bis das Innenministerium unterrichtet ist, und dann entscheiden sie, ob du ein paar Jahre mehr von deiner lebenslänglichen Haftstrafe absitzen sollst oder nicht. In meinem Fall ist es so gewesen, daß sie entschieden haben, ich soll, und es sind drei Jahre gewesen, bevor sie mich wieder freigelassen haben.

Das zweite Mal, als ich aus dem Gefängnis gekommen bin.

Das zweite Mal, als ich aus dem Gefängnis kam, war, nachdem ich drei Jahre auf Widerruf eingesessen hatte, wovon ich die ganze Zeit in Holloway verbracht habe. Das war zu einer Zeit, da erstmals Drogen in die Gefängnisse gekommen sind, und sie wurden von Besuchern an den Besuchstagen mitgebracht. Ich habe nie Besucher gehabt, aber es hat soviele Drogen gegeben, daß andere Häftlinge sie für dich besorgt haben. Deshalb würde ich sagen, daß, als ich dann herauskam, ich jemand gewesen bin, die wohl als Drogenabhängige eingestuft werden würde.

Eine Zeit lang hat es so ausgesehen, als ob sie mich nicht rauslassen könnten, weil weder meine Mutter noch meine Schwester zugestimmt haben, daß ich bei ihnen leben könnte. Wenn du keine Adresse hast, wohin du gehen kannst, dann kannst du nicht raus, und so mußte ich warten, bis eines von den Frauenwohnheimen, die von der Heilsarmee geleitet werden, mir einen Platz geben würde. Ich bin dort für ein paar Tage geblieben, dann habe ich einen Job als Tankstellenhilfe in einem Garagenvorhof bekommen und bin aus dem Wohnheim weggezogen in ein eigenes möbliertes Zimmer in Paddington. Ich habe einen Bewährungshelfer gehabt, der sehr streng mit mir war, er verlangte, daß ich ihm zweimal in der Woche berichte. Als ich sagte, daß es ungünstig für mich ist, weil ich arbeite, hat er geäußert, das wäre mein Problem, und wenn ich nicht beides tun könnte, arbeiten und mich bei ihm melden, dann würde das Melden an erster Stelle stehen, und ich müßte mir einen anderen Job suchen.

Ich habe mir das ein paar Wochen gefallen lassen, und

dann, eines Tages, nachdem ich ausgezahlt worden war, bin ich ganz spontan anstatt zum Bericht bei meinem Bewährungshelfer zur Paddington Station gegangen und habe den Zug nach West Country genommen, um meine Mutter zu besuchen. Sie sagte, daß ich dort nur für eine Nacht bleiben könnte, und am Morgen müßte ich woanders hingehen, es war ihr egal wohin. Am nächsten Morgen bin ich noch nicht aus dem Bett gewesen, als die Polizei in einem Auto vorgefahren kam und mich geradewegs zurück nach London ins Büro meines Bewährungshelfers gebracht hat. Er sagte, daß ich nicht seine Erlaubnis gehabt hätte zu fahren, und das würde bedeuten, daß ich meine Bewährungsbestimmungen verletzt hätte und er würde mich auf der Stelle ins Gefängnis zurückbringen lassen, wenn ich ihm nicht hoch und heilig verspreche, daß ich es nie wieder tun werde.

Ich habe es ihm hoch und heilig versprochen, aber das bedeutete gar nichts, denn zu der Zeit war ich dermaßen drogenabhängig, daß ich überhaupt nicht richtig dagewesen bin. Ich war in einer sehr schlechten Verfassung. Mir ging es so schlecht, daß ich sogar zum Gefängnis nach Holloway zurück bin und gefragt habe, ob ich die Direktorin sprechen könnte. Ich habe ihr von meinem Problem erzählt und wie schlimm es wäre, und sie hat gesagt, wenn ich in zwei Tagen wieder zu ihr kommen würde, würde sie versuchen, für mich einen Platz in einer Klinik für eine Therapie zu finden. Als ich wiederkam, sagte sie, daß es eine Klinik gäbe, und sie würden mich aufnehmen, aber nur wenn eine richtige Überweisung von der Bewährungshilfe erfolgt. Die Direktorin sagte, daß es nicht in ihrer Macht stehe, mich zu überweisen, weil jetzt, da ich draußen bin, die Leute von der Bewährungshilfe offiziell für mich verantwortlich seien und nicht sie. Sie fragte, ob ich ihr meine Zustimmung geben würde, daß sie die Bewährungshilfe darüber verständigt, daß ich stark drogenabhängig bin, und ich sagte nein, ich wäre damit nicht einverstanden, denn nachdem, wie sie mich behandelt hatten, dachte ich, daß die Bewährungshilfe ein Haufen – gut, ich werde den Ausdruck, den ich gebraucht habe, nicht aussprechen, aber ich sagte ihr, daß ich auf keinen Fall zu ihnen hingehen und ihnen erzählen würde, daß ich eine Drogenabhängige bin. Sie hat mich gebeten, mir das doch sehr gründlich zu überlegen, und sie sagte, daß sie sogar zur Bewährungshilfe mitkommen würde, wenn ich es wollte, aber ich wollte mich nicht darauf einlassen.

Es ist nicht schwierig gewesen, in London Drogen zu bekommen. Da waren gewisse Ärzte, die jeder Drogenabhängige kannte und die dir ein Rezept ausschrieben, und es hat Leute gegeben, die sich ihren Lebensunterhalt damit verdient haben, Rezeptblöcke zu stehlen und ihren eigenen Kopf darauf zu drucken, mit diesen Kinderstempel-Spielen, die du kaufen kannst, und schon konntest du dir dein eigenes ausschreiben. Ich habe ein Mädchen gekannt, die hat gesagt, Drogen sind einfacher zu kriegen als Aspirintabletten, sie könnte alles kriegen, was irgendwer irgendwann wollte, und sie würde es nicht für Geld machen, es wäre eine Art von Philosophie für sie. Der Mann, mit dem sie zusammenlebte, spielte Gitarre in der U-Bahn, ich glaube, es war Bond Street Station auf der Hauptlinie; er war ein Kerl, der eine Universitätsausbildung besaß, aber er hat nicht mit der Welt der Etablierten übereingestimmt, er sagte, Kinder sollten frei sein. Eine andere von seinen Ideen war die, daß Menschen nicht zur Schule gehen sollen, solange sie noch Kinder sind, sie sollten nur gehen, wenn sie es wollten, und wenn sie keine Bildung haben wollen, bis sie erwachsen sind, dann müßte es für sie auch in Ordnung gehen, daß sie den Zeitpunkt selber wählen können. Dann haben er und das Mädchen sich getrennt; sie hatten eine hübsche Tochter, die sie ›Free‹ genannt haben, ein hübscher Name, wie ich meine. Ich weiß nicht, was mit ihm passiert ist, aber sie ist nach Afrika gegangen, um schwarze Kinder zu unterrichten, und dann hat mir jemand vor ein paar Jahren erzählt, daß sie nach England zurückgekommen ist und völlig auf die Religion verfallen sei, nachdem sie Billy Graham hat predigen hören, und so sei sie dann nach Amerika gegangen, Kalifornien oder irgendwo, wo es immer schön und sonnig ist, und wo du Apfelsinen von den Bäumen pflücken kannst, schöne große, so groß hier, so viel du willst, und das alles kostet nicht einen Pfennig. Eigentlich mag ich Apfelsinen oder andere Früchte nicht so richtig, außer daß ich hin und wieder gern einen Apfel esse. Elsa mag auch Äpfel, nicht wahr, meine Liebe, wenn ich ein Apfelstückchen esse, dann möchte sie auch gern eines. Das ist sehr ungewöhnlich, wissen Sie, man hört nicht oft, daß Hunde Früchte mögen, nicht? Die meisten Hunde sind Fleischfresser und fressen nichts anderes, und ich habe mir oft überlegt, daß ich gern Vegetarier sein würde, weil es viel gesünder für einen ist, und wenn die Leute vielleicht nicht so viel Fleisch essen würden, dann gäbe es auch keine Kriege und solche Sachen, weil es einen doch zum Bluttrinken animieren soll, nicht; ich sage damit nicht, daß ich an Vampire und solche verrückten Dinge glaube, aber ich erinnere mich, daß es da einmal einen Film gegeben hat, in dem Peter Cushing mitgespielt hat, und jedesmal, wenn er auch nur Blut gerochen hat, sind seine Augen ganz glasig geworden. Ein anderer Schauspieler, der auch in solchen Horrorfilmen zu sehen gewesen ist, war Basil Rathbone, aber mein Lieblingsschauspieler aller Zeiten ist doch Fred Astaire, ach, er war so ein wundervoller Tänzer, er und Ginger Rogers, heutzutage gibt es solche Filme überhaupt nicht mehr oder zumindest scheint es so, als ob es sie nicht mehr gibt.

Was? Drogen, oh ja, sicher, meine Taschen sind immer randvoll mit Drogen gewesen, falls ich mal nicht genug Angebote kriegen konnte. Ich habe nicht damit gehandelt, also nicht, bevor ich nicht völlig abgebrannt war, manchmal, meistens habe ich sie nur getauscht, eine für eine andere, und habe sie alle ausprobiert. Einmal habe ich auf der Straße eine Auseinandersetzung mit einer anderen Frau gehabt, die auch Drogen besaß, und die Polizei hat uns eingesperrt. Weil ich eine Lebenslängliche war, wurde ich vor Gericht gestellt und wieder ins Gefängnis zurückgeschickt, wegen unterlassener Meldepflicht und Besitz einer größeren Menge von Drogen.

Nachdem diesem zweiten Widerruf ist sie für weitere vierzehn Jahre im Gefängnis gewesen, ehe sie wieder entlassen wurde.

Daß es so eine ungeheuer lange Zeit gewesen ist, läßt sich auf verschiedene Faktoren zurückführen; von denen ihre schlechte Führung während der gesamten Zeit, da sie wieder in Haft war, als erster genannt werden muß. Sie verhielt sich sowohl gegenüber Angehörigen des Personals als auch gegenüber anderen Häftlingen tätlich aggressiv, und sie war häufig in Schlägereien verstrickt. Bestrafungen zeigten bei ihr keine Wirkung; sie wurde über lange Zeiträume hinweg in Einzelhaft gehalten, büßte ihre Auszahlungen und Privilegien ein und wurde in zahlreiche verschiedene Gefängnisse verlegt, um zu sehen, ob irgendein Ortswechsel oder Veränderungen im Gefängnisregime eine Verbesserung ihres Verhaltens mit sich bringen würden. Nichts half.

Während der vierzehn Jahre gab es drei verschiedene Gelegenheiten, zu denen man annahm, daß sie gewisse Fortschritte gemacht hätte, im Hinblick darauf, daß ein weiterer Entlassungstermin in nicht allzu ferner Zukunft erwogen werden könnte. Drei Mal ist sie aus dem bewachten Trakt in ein Wohnheim auf dem Gefängnisgelände verlegt worden, von wo aus sie täglich ohne Aufsicht zur Arbeit ging und wohin sie am Abend zur festgelegten Zeit zurückkehrte, gewöhnlich war das sechs Uhr. Diese Phase des

Übergangs, die als Test für die endgültige Entlassung dient, dauert für die meisten Häftlinge, die eine lebenslange Strafe verbüßen, zwischen vier und sechs Monate.

Drei Mal hat sie die Wohnheimbestimmungen verletzt, entweder durch Schlägereien mit anderen Insassen, durch das Einschmuggeln von Drogen oder weil sie einmal erst spät abends betrunken in einem Taxi zurückgekommen war. Jedesmal wurde sie aus dem Wohnheim entfernt und wieder ins Gefängnis zurückgebracht, und sie mußte weitere zwei oder drei Jahre warten, bevor sie wieder für eine mögliche, bevorstehende Entlassung in Frage kam und bevor ihr eine weitere Probezeit mit Außenarbeit gewährt wurde.

Beim vierten Anlauf hat sie schließlich die Wohnheimzeit ausreichend lange ohne Probleme überstanden, um wieder auf Bewährung entlassen werden zu können.

Meine Geschichte, als ich zum dritten Mal aus dem Gefängnis gekommen bin.

Also ich habe mich sehr ratlos gefühlt und habe nicht gewußt, was ich tun sollte; ich glaube, wenn du diese lange Zeit im Gefängnis gewesen bist, dann kannst du dich auch gar nicht anders fühlen. Ich bin auf die fünfzig zugegangen, und ich habe keinerlei Ausbildung in irgend etwas gehabt, und so hatte ich nicht viel für einen Job zu bieten. Ich fand es auch schwer, mich an das Arbeiten, wenn du dich so allein am Morgen aufraffen mußt, zu gewöhnen und daran, daß ich für mich selbst zu sorgen habe. Im Gefängnis kommen die Wärter an jedem Tag deines Lebens vorbei und schreien, daß es für jeden Zeit zum Aufstehen ist, und du gewöhnst dich daran, zu der Zeit, die dir gesagt wird, aufzustehen und zu deinem Frühstück zu gehen, zur vorgegebenen Zeit zur Arbeit zu gehen, zu deinem Tee, und später dann um die Zeit ins Bett zu gehen, die dir vorgegeben wird. Und dort ist auch deine Arbeit, gerade mal über den Hof, auf der anderen Seite; da mußt du nicht den Bus erwischen. Und sie ist immer da, du kannst nicht entlassen werden. Draußen ist es nicht so, da mußt du alles selber machen.

Ich habe ein Zimmer gehabt, das mir die Leute von der Bewährungshilfe besorgt hatten, es ist in Südlondon gewesen, und ich hatte viele verschiedene Bewährungshelfer. Ich glaube, keiner wollte mich annehmen, weil ich den Ruf hatte, schwierig und aggressiv zu sein. Ich habe in verschiedenen Jobs gearbeitet, ich bin nur nie lange bei einem geblieben, denn ich hatte ein streitsüchtiges Wesen. Ich habe keine Freunde gehabt, weil ich eigentlich auch niemand gekannt habe. In einem der Häuser, wo ich ein möbliertes Zimmer hatte, in Peckham, war auch eine andere Frau; sie ist sehr groß gewesen, mit kräftigen Armen und solchen Schultern. Ich glaube, sie war auch im Gefängnis, aber ich habe sie nicht gekannt. Eines Abends hatten wir einen Streit, als sie gekommen ist und an meine Tür geklopft hat; sie hat gesagt, daß ich etwas aus ihrem Zimmer gemopst hätte, was nicht stimmte, und ich bin mit einem Messer auf sie losgegangen und habe versucht, nach ihr zu stechen. Die Polizei wurde gerufen, und ich wurde zur Polizeiwache gebracht, wo man mich wegen versuchten GBH, was schwere Körperverletzung heißt, angeklagt hat. Als der Fall in der darauffolgenden Woche vor Gericht kam, war die Frau verschwunden, so daß es keine Beweise gegen mich gab, und die Anklage fallengelassen wurde. Ich glaube, daß die Frau selbst ein Strafregister gehabt hat und wegen einer Sache gesucht wurde, deshalb ist sie durchgebrannt.

Der Bewährungshelfer hat zu mir gesagt, daß ich Glück gehabt hätte, denn wenn die Sache verhandelt worden wäre, hätte man mich sicherlich wieder ins Gefängnis zurückgeschickt, aber das hätte mich ja wohl nicht weiter gestört. Der Bewährungshelfer hat außerdem gesagt, daß er glaube, London sei nicht gut für mich, denn obwohl ich zu der Zeit von den Drogen weg war, gab es dort ständig zuviel Probleme, in die ich hineingeraten konnte. Er hat mir empfohlen, zurück ins West Country zu gehen und zuzusehen, daß ich meine Mutter finde und versuche, mit ihr klarzukommen. Ich wollte das nicht, aber ich habe gedacht, daß er mit London recht hat, und so bin ich diesmal nach Exeter gegangen, und dann nach Plymouth.

Dort bin ich der Befugnis eines Bewährungshelfers unterstellt worden, der sagte, daß er mich sehr streng beaufsichtigen würde, und daß er mein Leben geradebiegen werde. Ich hatte keine Ahnung, was er damit gemeint hat, denn er hat nie etwas getan, außer sich ein Mal pro Woche mit mir zu treffen. Er hat mich gefragt, wie ich vorankommen würde, und ich habe gesagt ›gut‹, und er hat auch gesagt ›gut‹ und daß ich in der darauffolgenden Woche wiederkommen und ihn treffen sollte, das ist alles gewesen. Oh ja, und er hat gesagt, daß ich versuchen sollte, eine Arbeit im Freien zu finden, ich sollte besser draußen arbeiten, wo ich mich nicht so eingeengt fühle. Für eine Weile habe ich eine Arbeit in einem der öffentlichen Parks gefunden, wo ich eine Schubkarre herumschob, und ein anderes Mal bin ich zu einem Steinbruch gegangen und habe sie gefragt, ob sie mir eine körperliche Arbeit geben würden, aber weil ich eine Frau war, wollten sie es nicht machen.

Die Dinge nahmen ihren alten Lauf, die meiste Zeit habe ich keine Arbeit gehabt und habe in möblierten Zimmern von der Arbeitslosenunterstützung gelebt. Die Vermieterin eines solchen Zimmers hat mich dem Bewährungshelfer gemeldet, weil ich aggressiv und aufsässig wäre und ständig mit den anderen Leuten dort herumstreiten würde. Er hat sie überredet, mich weiterhin bei ihr wohnen zu lassen, aber nach nur zwei Wochen, glaube ich, habe ich einen weiteren Streit mit ihr und ihrer Tochter gehabt, und ich bin in mein Zimmer gegangen und habe ein Messer genommen, mit dem ich sie beide bedroht habe.

Wieder bin ich wegen Verletzung der Bewährungsbestimmungen vor Gericht gestellt worden. Du darfst keine Messer oder irgend etwas, das als Waffe klassifiziert werden könnte, besitzen, wenn du auf Bewährung bist, also wurde ich wieder ins Gefängnis zurückgeschickt. Der Bewährungshelfer ist zum Gericht gekommen und hat zu meinen Gunsten ausgesagt, daß es bei den verschiedenen Malen zuvor, als ich entlassen worden war, höchstens sechs Monate gewesen sind, die ich draußen blieb, und diesmal wären es achtzehn Monate gewesen, was schon ein gewisser Fortschritt sei. Doch es hat nicht viel gebracht, ich wurde wieder 'reingesteckt.

Bei der Entscheidung, einen zu lebenslänglicher Haft Verurteilten wieder ins Gefängnis zurückzuschicken oder nicht, geht es den Behörden nicht in erster Linie um die Bestrafung des Täters, sondern um das Risiko für die Öffentlichkeit, wenn er oder sie weiterhin in Freiheit bleiben dürfen. Daher ist der Charakter der begangenen Straftat in Verletzung der Bewährungsbestimmungen von vorrangiger Bedeutung: Und da hat Betty Drew im Alter von fünfzig Jahren zwei Menschen mit einem Messer bedroht, dreißig Jahre, nachdem sie jemand anderen erstochen und umgebracht hatte. Hinzu kommt, daß sie nur wenige Monate vorher, obwohl die Anklage nicht weiterverfolgt werden konnte, nur knapp einer Anklage wegen des ernsten Vergehens der schweren Körperverletzung entgangen war.

Aus diesem Grund ist sie für weitere sieben Jahre ins Gefängnis gekommen – genau dieselbe Zeit, die sie dort verbracht hatte, nachdem sie zum ersten Mal verurteilt worden war. Jetzt ist sie einundsechzig, und vor vier Jahren wurde sie wiederum entlassen, seitdem hat sie sich soweit nichts mehr zuschulden kommen lassen.

Wie Sie gesagt haben, habe ich in dieser Woche für unser letztes Gespräch Aufzeichnungen über Dinge gemacht, zu denen ich gern mehr gesagt hätte oder über Dinge, die nicht zur Sprache gekommen sind, wo ich aber gern die Gelegenheit haben möchte, darüber zu reden. Sie sind nicht geordnet. Sie haben gesagt, ich solle sie aufschreiben, wie sie mir gerade einfallen, und das habe ich getan.

Nummer eins. Bildung. Ich habe nicht viel davon gehabt, wegen des Sanatoriums und dem Gefängnis, aber ich habe die mittlere Reife für Englische Sprache geschafft oder was dem entspricht, nicht daß es je von großem Nutzen gewesen wäre. Ich hätte gern mehr Bildung besessen, und als ich im Gefängnis war, hätte ich mir gewünscht, daß mir irgendeine Art von Fertigkeit beigebracht worden wäre, die mir geholfen hätte, einen Job zu finden, als ich 'rausgekommen bin.

Nummer zwei. Die Sache, die ich als Nummer zwei aufgeschrieben habe, ist, daß ich gern mehr über meinen Vater gesagt hätte. Mein ganzes Leben lang habe ich gefühlt, daß meine Schwester der Liebling meines Vaters gewesen ist.

Gefühle habe ich überhaupt nicht verstanden, ich habe so gefühlt, wie es in Filmen gezeigt wird: Es gibt nur zwei Sorten von Menschen, gute Menschen und schlechte Menschen, und du liebst die guten Menschen und haßt die bösen Menschen. Ich konnte nicht verstehen, daß man für einen Menschen beide Gefühle gleichzeitig haben konnte. Das hat in mir viele Konflikte wegen meines Vaters hervorgerufen, die immer noch da sind, selbst in dem Alter, in dem ich jetzt bin. Eine andere Sache, glaube ich, ist, daß ich den falschen Elternteil verloren habe, als er gestorben ist, ich bin gerade mal dreizehn gewesen, und ich glaube, aus mir wäre etwas Besseres geworden, wenn er am Leben geblieben und meine Mutter gestorben wäre. Ich bin sehr erschüttert gewesen, und ich habe mich wegen der Haßgefühle, die ich ihm gegenüber hatte, schuldig gefühlt. Er ist unmittelbar nach unserem Krach gestorben, und ich glaube, daß ich in einer Hinsicht für seinen Tod verantwortlich bin. Mein Vater ist auch ein starker Mensch gewesen, körperlich und geistig, und hinterher habe ich alle Männer an ihm gemessen, für mich ist er das Absolute gewesen, so wie ein Mann sein sollte, und ich habe nie jemand getroffen, der da herangereicht hat. Ich glaube, deshalb habe ich mich von Männern abgewendet.

Nummer drei. Bin ich eine Lesbe? Das ist eine Frage, die sie mir einmal gestellt haben, aber ich habe sie nie richtig beantwortet. Niemand hat mich zuvor so direkt gefragt, und ich habe nicht gewußt, was ich sagen sollte. Seitdem habe ich oft darüber nachgedacht, und ich glaube, daß die Antwort Nein ist, ich bin keine Lesbe, zumindest nicht in der Art, wie die meisten Leute es verstehen. Ich kann Männer nicht leiden, aber dann kann ich auch viele Frauen nicht leiden. Ich habe nie mit irgend jemand eine richtige sexuelle Beziehung gehabt. Im Gefängnis kannst du ein bißchen sexuellen Kontakt hin und wieder nicht vermeiden, aber ich habe nie danach gesucht. Da hat es vor ein paar Jahren einen Fall gegeben, aber ich werde nicht sagen, welches Gefängnis es war, weil die andere eine Wärterin gewesen ist. Wir haben darüber gesprochen, wie gern wir uns haben, sie ist verheiratet gewesen, und kurz bevor ich entlassen werden sollte, hat sie den Dienst im Gefängnis aufgegeben, damit sie einen Platz für uns finden konnte, wo wir zusammen leben würden, wenn ich freikomme. Ich war im Wohnheim für die Entlassungskandidaten, und ich habe sie immer auf eine Tasse Tee getroffen. In der Woche bevor ich endgültig entlassen werden sollte, habe ich sie angerufen, um unser übliches Treffen zu vereinbaren, und sie hat mir gesagt, daß sie mich nicht treffen wird, weil alles aus wäre und sie nicht wolle, daß wir uns jemals wiedersehen. Sie hat keinerlei Gründe dafür genannt. Anstatt pünktlich zum Gefängniswohnheim zurückzugehen, bin ich in eine Kneipe gegangen und habe mich betrunken, und ich bin nicht vor elf Uhr abends zurückgekehrt, mit einem Taxi. Meine Strafe dafür war, daß ich aus dem Wohnheim herausgenommen und ins Gefängnis zurückgesteckt wurde, und mein Entlassungstermin wurde auch aufgehoben.

Nummer vier. Elsa, meine prächtige Hündin. Als ich das letzte Mal herausgekommen bin, hatte die Bewährungshelferin, die gekommen war, um mich zu besuchen und mit mir über meine Entlassungsvorbereitungen zu reden – sie sollte mich dann ja auch beaufsichtigen – beim dritten oder vierten Mal ihren Schäferhund mit, oder es ist wohl eher eine Hündin gewesen, die sie mitgebracht hatte. Es war die schönste Hündin, die ich je gesehen hatte, und als ich sie angeschaut habe, sagte ich zu Linda: ›Die Hündin ist schwanger.‹ Linda antwortete: ›Ja, das ist sie, sie wird ihre Jungen genau zu der Zeit haben, wenn du aus dem Gefängnis kommst, möchtest du eins haben?‹ Und so habe ich meine Hündin bekommen. Linda hat diese Wohnung von der Stadt für mich besorgt, und an dem Tag, als ich eingezogen bin, ist Elsa acht Wochen alt gewesen, und Linda hat sie mir mitgebracht. Sie ist der Grund, weshalb ich draußen geblieben bin, denn sie ist mein einziger Freund, sie ist meine Begleiterin und meine Helferin. Jeden Tag mache ich mit ihr zwei lange Spaziergänge im Park, Sonnenschein oder Regen, Winter oder Sommer, und ich werde nie in irgendwas mit irgendwem hineingezogen, und ich versuche auch mit niemand zu sprechen. Denn wenn ich jemals wieder in Schwierigkeiten komme, muß ich ins Gefängnis zurück, und wer kümmert sich dann um Elsa? Also kann ich ihr das nicht antun, nicht meiner Elsa, nicht wahr, meine Gute? Du bist das allerschönste Wesen auf der Welt, nicht wahr? Du bist der einzige treue Freund, den ich jemals gehabt habe.

Nächste Anmerkung, meine Bewährungshelferin Linda. Sie ist ein sehr guter Mensch; sie ist viel jünger als ich, etwa achtunddreißig, nehme ich an, und der einzige Bewährungshelfer in meinem Leben, für den ich je Zeit gehabt habe. Sie ist sehr direkt zu mir, sie sagt mir genau, was sie denkt, und wenn ich fluche und sie anschreie, was ich ja mache, wenn ich die Beherrschung verliere, dann flucht und schreit sie zurück und gebraucht dieselben Schimpfwörter, die ich benutze. Ich erzähle ihr alles über mein Leben und meine Probleme, und es ist, als ob ich einen guten Freund habe.

Warten Sie mal, ich habe hier noch eine Notiz, worauf auch Elsa steht, wieso habe ich denn zwei? ›Sprich über Elsa und Linda‹ steht darauf, also ich habe doch gerade darüber gesprochen, nicht? Nein, warten Sie einen Moment, jetzt erinnere ich mich, was es ist. Es ist über beide, Elsa und Linda, und ich habe nicht gewußt, worunter ich es einordnen soll. Ja, richtig. Als Linda eines Tages zu einer Party im Haus von einem ihrer Freunde gegangen ist, hat sie dort einen Mann getroffen, der regionaler Absatzleiter für Pedigree Chum Hundefutter war oder so etwas, und sie hat ihm von mir und Elsa erzählt. Sie hat gesagt, daß Elsa der Grund dafür wäre, daß ich nicht mehr in Schwierigkeiten komme und daß ich nicht wieder ins Gefängnis gemußt hätte, seitdem es jetzt so ist. Sie hat mir nicht gesagt, warum, aber sie hat mich gefragt, ob sie dem Mann meine Adresse geben könnte, solange es vollkommen vertraulich ist. Ich habe ja gesagt, sie könne es tun, und eine Woche später habe ich eine Drei-Monate-Vorratspackung von Pedigree Chum Hundefutter frei Haus geliefert bekommen, ebenso Hundekuchen, und dazu eine Nachricht, daß ich das in jedem Quartal bekommen werde. Sie haben es nicht ein Mal vergessen, es ist immer zur Stelle, und seit drei Jahren läuft das wie ein Uhrwerk. Es ist für mich eine große Einsparung an Ausgaben. Niemand von der Hundefutter-Firma hat jemals versucht, mich zu erreichen, niemand hat irgend etwas als Gegenleistung gefordert.

Ich habe hier eine weitere Notiz, nur eine kurze. Hier steht: ›Ich bin eine Lebenslängliche gewesen, und ich wußte nicht, wo ich leben sollte, außer im Gefängnis, das Gefängnis ist mein Zuhause gewesen‹. Das ist nicht so wichtig.

Da ist noch etwas, das ich aufgeschrieben habe, ich glaube, es ist Dienstagmorgen gewesen, nachdem ich aufgestanden bin. ›Ich bin sehr verbittert über die Menschen, und ich habe Hunde lieber. Hunde verstehen dich, Menschen nicht. Hunde drohen dir nicht an, dich zu verlassen, und sie sagen dir auch nicht, daß du sie verlassen und weggehen sollst. Sie halten zu dir, im Guten wie im Bösen.‹

Eine weitere Notiz ist die hier: ›Mein ganzes Leben hindurch habe ich mich in meinen Gedanken immer völlig angeschissen gefühlt. Ich habe nie richtig gewußt, was ist wirklich und was nicht, ob nun die Leute oder die Gefühle eine Rolle spielen.‹

Hier ist eine andere: ›Gefängnisaufseher versuchen deine Individualität zu zerstören, damit sie dich besser als Masse handhaben können, und oft sind sie dabei nahezu erfolgreich. Wenn du dann herauskommst, versucht dein Bewährungshelfer, deine Individualität aufzubauen, so daß du wieder wie ein Mensch handeln kannst. Ich glaube, es wäre eine gute Idee, wenn sie sich zusammensetzen und entscheiden würden, was sie denn nun eigentlich mit dir anfangen wollen.‹

Auf der hier steht: ›In all meinen menschlichen Beziehungen bin ich immer nur Verlierer gewesen. Meine Mutter hat mich nicht gewollt, mein Vater ist gestorben, meine Schwester und ich sind nicht miteinander ausgekommen, ich habe die Frau getötet, die ich geliebt habe, die Gefängnisaufseherin, mit der ich eine Art von Liebesverhältnis gehabt habe, hat mich aufgegeben. Die engste Beziehung, die ich jemals hatte, ist die zu dem Hund.‹ ›Das bist du, meine Schöne, nicht?‹

Das hier ist Nummer, na ja, steht nicht darauf. Ich habe aufgehört, Nummern darauf zu schreiben. Da steht: ›Die Widerrufung, die ich am härtesten empfunden habe, war die, wo ich nichts getan hatte‹, das war also beim zweiten Mal, glaube ich. Ich hatte nichts getan, außer daß ich Drogen bei mir gehabt habe. Ich bin ins Gefängnis zurückgeschickt worden, weil das für die Behörden das erdenklich Einfachste war, was sie mit mir tun konnten. Ich bin für die Bewährungshilfe sehr schwierig gewesen, und wenn du schwierig bist, dann sperren sie dich ein. Wenn du angeklagt bist, dann hast du einen erstklassigen Anwalt und einen Rechtsbeistand, die dich verteidigen, aber danach bist du auf dich selbst gestellt. Bei einer Widerrufung ist es dir nicht erlaubt, jemand zu deiner Verteidigung dabeizuhaben, du wirst für schuldig befunden und sofort wieder ins Gefängnis gesteckt, so lange, wie sie wollen. Nicht weil du etwas ganz Furchtbares gemacht hast, sondern weil sie denken, daß du vielleicht etwas machen könntest, und das wäre ein Risiko.

Das ist die letzte, ich habe sie heute morgen für Sie geschrieben, weil Sie doch gekommen sind. Oben drüber habe ich geschrieben: ›Tony sagen‹, und da steht: ›Ich glaube, daß ich bewiesen habe, daß ich draußen bleiben kann. Ich werde jetzt langsam eine alte Frau, und ich denke, daß ich mich stark gemäßigt habe. Ich habe nie gewußt, was mit mir nicht in Ordnung war, und ich habe nie so ein schönes Zuhause gehabt wie das hier, und ich habe nie einen schönen Hund gehabt, den ich füttern und ausführen konnte. Was zählt, ist, daß du einen Menschen oder ein Tier hast, jemand, der um zu leben, auf dich angewiesen ist, wie Elsa auf mich. Wir sind aufeinander angewiesen, und das ist es, was zählt.‹

ALAN ROBINSON
DIE THEORIE DER ABSCHRECKUNG

Ich bin ein lebendes Beispiel für das, was als Theorie der Abschreckung bezeichnet wird, Kumpel. Hör dir meine Geschichte an, und mach nicht das, was ich gemacht habe. Ich hab' einen Polizisten umgebracht, und wenn du das tust, dann bist du tot. Weil sie nicht aufhören werden, dich so lange zu jagen, bis sie dich erwischt haben: Niemals werden sie aufhören, auf gar keinen Fall. Du kannst eine alte Frau umbringen oder sogar ein Kind, und vielleicht kommst du für eine Zeitlang davon; wer weiß, in manchen Fällen kommst du womöglich für immer davon. Hin und wieder schaffen Leute das, nicht? Vielleicht weil sie dich nicht finden, oder kann sein, daß sie nicht mal wissen, daß du es warst. Aber nicht, wenn es ein Polizist ist, den du umgebracht hast, Kumpel, nein, du meine Güte, dann ganz bestimmt nicht. Wenn du einen von ihnen umgebracht hast, dann werden sie alle anderen Verbrechen beiseite schieben, wenn nötig, ziehen sie noch jeden Verkehrspolizisten ab und lassen das ganze Leben stillstehen. Dich zu kriegen, das hat den absoluten Vorrang vor allen anderen Dingen auf der Welt: Und sie werden vierundzwanzig Stunden am Tag, sechsunddreißig, einhundert Stunden oder eben so lange, wie sie dazu brauchen. Sie werden dich kriegen, sie werden dich anklagen, sie werden dich in den Knast werfen, und dann werden sie dich für immer dabehalten und dich dort drin lassen, bis du verfaulst. Habe ich gesagt, daß ich ein lebendes Beispiel der Abschreckung bin? Also das ist nicht das richtige Wort dafür, Kumpel, ich bin ein sterbendes Beispiel.

Alan Robinson hat einen Polizisten umgebracht, als er neunzehn war: Einen jungen Polizisten im gleichen Alter wie er, ebenfalls neunzehn. Als der Richter das obligatorische Urteil der lebenslangen Haft ausgesprochen hatte, fügte er hinzu, dieser Fall sei ›ein furchtbarer und trauriger, nicht nur eines, sondern zweier verlorener Leben, da der junge Mann nun offensichtlich die meiste Zeit seines Lebens im Gefängnis verbringen wird‹. Bis jetzt sind es elf Jahre gewesen: Im vergangenen Jahr wurde ihm gesagt, daß er die nächsten neun Jahre nicht erwarten könne, für eine Entlassung auf Bewährung in Betracht gezogen zu werden.

Ein großer schwammiger Mann mit dunklem Haar und braunen Augen, der einen Gefängnisarbeitsanzug trug und ein rauhes Flanellhemd mit offenem Kragen; er saß am Tisch in dem engen, ungenutzten Lagerraum, sprach mit tiefer Stimme und faltete und öffnete seine Hände, um deren Zittern zu prüfen. Gelegentliches Brüllen und Türschlagen vom Ende des Korridors draußen: die Geräusche des Alltags der Gefangenen und Wärter, laut und sinnlos.

Du mußt schon entschuldigen, Kumpel, ich bin nervös, verstehst du? Seit November vor zwei Jahren habe ich keinen Besuch mehr von draußen gehabt, du kommst dahin, daß du vergißt, wie man sich mit Leuten in einem gewöhnlichen Gespräch unterhält, weißt du, was ich meine? An solchen Orten ist es wichtig zu brüllen, wenn du etwas zu sagen hast, ansonsten wird dich keiner hören, und brüll dreimal, bevor du erwartest, daß irgend jemand reagiert.

Ja, das werde ich machen, ich habe es gern, dazusitzen und jeden Tag für ein paar Stunden zu reden; ich habe nicht viel geredet in den letzten paar Jahren. Ist mir klar, daß du nicht von der Bewährungskommission bist, ja, und nichts, was ich sage, wird meinen Entlassungstermin beeinflussen, weder auf ihn hinwirken, noch ihn aussetzen, weil es keiner von ihnen hören wird, richtig: ich habe das verstanden. Ist ja für ein Buch. Hab' oft den Gedanken gehabt, weißt du, daß ich gern selbst ein bißchen schreiben würde. Nehme an, daß viele Leute das sagen, nicht? Ich erinnere mich, von der Zeit her, als ich noch draußen war, du hast die Leute immer reden hören, daß sie gern schreiben würden, nicht, wenn sie nur die Zeit dafür finden könnten. Komisch, nicht: An solchen Orten gibt es einen Haufen Leute, die alle Zeit der Welt haben. Sie tun nichts, und sie gehen nirgendwohin, man sollte annehmen, daß sie alle etwas hinklieren und zusammenschreiben, nicht, und Millionen von Wörtern im Jahr 'rausbringen. Doch ich nehme an, es ist schwierig, nicht, das Schreiben. Den Leuten an den Schulen wird das Schreiben beigebracht, indem sie Notizen auf ein Blatt Papier bringen, und dann sagen sie: ›Ich kann schreiben‹, nicht? Aber alles, was sie damit meinen ist, daß sie die Handschrift beherrschen, richtig? Es würde so sein, als ob du Summen auswendig lernst und dann denkst, daß du ein ausgebildeter Buchhalter bist, das wäre dasselbe, nicht? Schreiben, sagen wir in der Art, wie ein richtiges Buch ist, wie fängst du da an, wie gehst du da 'ran?

Nein, sicher richtig, ist mir auch recht. Ja, Entschuldigung: erstmal über mich sprechen und jeden Tag dann, am Schluß frag' ich dich was übers Schreiben, hört sich gut an.

Über mich reden. Aber worüber soll ein dreißigjähriger fetter Kerl reden, der im Gefängnis sitzt, seit er neunzehn ist, das ist das Problem? Es gibt nicht viel Neues zu erzählen. Gefängnis gestern, vorige Woche, vorigen Monat, voriges Jahr: Gefängnis morgen, nächste Woche, nächsten Monat, nächstes Jahr. Wann war gestern, was ist passiert, ich erinnere mich nicht mehr. Wegen allgemeinem Mangel an Interesse fällt Morgen aus. In welcher Verfassung du auch bist, das ist alles, was du sagen kannst. Manchmal bricht eine Welle von Depressionen über dich herein, ein anderes Mal bist du eben nur taub. Nehme an, daß das vor allem die Langeweile ist, das Eintönige. Es gibt keine Möglichkeit, die ich kenne, um da auszubrechen. Doch ehrlich gesagt, das ist nicht wahr, jetzt, da ich darüber nachdenke. Ich habe immer, jetzt mache ich das nicht mehr so oft, ich habe immer aufgemischt, ist meine Art von Zeitvertreib gewesen. Das ist ein Ausdruck für Prügelei, eine Schlägerei haben, Ärger machen, dich selbst der Strafe aussetzen. Ich habe das regelmäßig gemacht, bis irgendwann voriges Jahr, ja. Sieh mal, die größte Bestrafung, die sie dir im Gefängnis verpassen können, ich meine, die, die am meisten weh tut, ist, daß sie deinen Straferlaß aussetzen. Bei einem feststehenden Urteil qualifizierst du dich automatisch für ein Drittel Straferlaß bei guter Führung, das ist so, als ob du bei eigentlich zwölf Monaten tatsächlich nur acht absitzen wirst. Wenn du dich daneben benimmst, gegen etwas verstößt, dann lassen sie dich stattdessen neun Monate absitzen, setzen also vier Wochen von deinem Straferlaß aus, das ist viel. Du hast dich drauf gefreut, Weihnachten zu Hause zu sein, nicht, und nun wirst du nicht vor Mitte Januar nach Hause kommen, das tut weh.

Doch das wird nur angewendet, wenn du einer mit einem feststehenden Urteil, nicht wenn du ein Lebenslänglicher bist. Da hast du keinen feststehenden Termin als Ende deiner Haftstrafe, alles, was du hast, ist ein vager Termin, an dem du vielleicht auf Bewährung entlassen werden wirst. Also gibt es nichts, was sie bei dir aussetzen können. Sie können zu dir nur sagen: ›Laß das bleiben, denn es wird deine Entlassung auf Bewährung hinauszögern.‹ Bei einem wie mir, über welche Zeit reden wir denn da? Das Jahr 2000? ›Laß das, Robinson, oder wir werden dich nicht vor 2001 rauslassen.‹ Das ist ein Spaß, nicht? Verstehst du, was ich meine?

Und so habe ich aufgemischt, dem erstbesten, der vorbeigekommen ist, eine reingehauen, Bulle oder Knastbruder. Ich mache das bewußt, vorsätzlich ist das Wort dafür. Vor den Gefängnisdirektor gebracht, sagt der zu mir: ›Robinson, Sie werden für ein Weilchen in Einzelhaft einziehen.‹ Ich sage: ›In Ordnung, Sir, ja Sir, vielen Dank, das bringt Abwechslung.‹ Einer von denen, ich glaube, es ist Long Lartin gewesen, hat zu mir gesagt: ›Robinson, ich weiß nicht, was wir mit Ihnen machen werden.‹ Ich sagte zu ihm: ›Aber ich weiß es‹, habe ich gesagt, ›du wirst mich in Einzelhaft stecken, du Fotze.‹ Er sagte: ›Oh ja, das werde ich tun, ich meine natürlich hinterher.‹ Ich sagte: ›Steck mich wieder in Einzelhaft, ja, was gibt's denn sonst noch?‹

Scheißjob, Gefängnisdirektor, weiß nicht, warum die meisten von ihnen das machen. Ich weiß, warum Bullen Bullen sind, weil sie zu doof sind, etwas anderes zu werden, und niemand würde ihnen einen anständigen Job geben. Doch Direktoren; ein paar von ihnen sind ziemlich hochgebildete Leute. Du kannst dir nicht vorstellen, was sie dazu treibt, an der Spitze von so einem Scheißhaufen zu stehen wie einem Gefängnis. Weißt du, die meisten von ihnen, das glaube ich wirklich, sie denken echt, daß es das wert ist, was sie da tun, daß es zum Besten der Gesellschaft beiträgt. Was vielleicht auch so ist, sofern es Schlägertypen wie mich irgendwo festhält, da, wo sie keinen Schaden mehr anrichten können. Aber das konnte auch von trainierten Affen gemacht werden, solche wie die Bullen: Du brauchst keinen Universitätsabschluß, um Leute hinter Schloß und Riegel zu halten. Wo also liegt in dieser Arbeit die Befriedigung für einen intelligenten Menschen? Ich kann einfach nicht dahinterkommen, weißt du, ich kann es wirklich nicht.

Hallo, da ist das Signal zum Mittagessen, ich gehe mal lieber und hole mir Gulasch, bevor alles alle ist. Wann werde ich dich dann also sehen, morgen mittag um zwei? Spitze, freu' mich schon drauf. Ich werde dann nicht mehr so aufgeregt sein.

Du willst etwas über soziales Ansehen hören? Heute in der Kantine ist ein Typ auf mich zugekommen, er ist erst neu hergekommen, und er kommt zu mir und sagt: ›Bist du Alan Robinson, gerade hat mich jemand auf dich aufmerksam gemacht.‹ – ›In Ordnung‹, sage ich, ›was ist, wenn ich's bin?‹ Du mußt immer ein bißchen vorsichtig sein, verstehst du. Er sagt: ›Ich war im Scrubs Flügel D, als du dort gewesen bist, wir haben uns nie getroffen, weil du die ganze Zeit in Einzelhaft warst.‹ Ich sagte: ›Ja, stimmt, also was?‹ Er sagte: ›Du bist also der Bursche, der einen Bullen kaltgemacht hat, ja? Gut so, laß dir das sagen, Kumpel, gratuliere, immer gut, jemanden zu treffen, der einen von den Bastards aus dem Verkehr gezogen hat.‹ Ich habe zu ihm gesagt: ›Hast du je einen Bullen umgebracht?‹ – ›Nein‹, hat er gesagt, ›ich sitze nur sechs Monate für ein paar kleine Einbrüche mit Gewaltandrohung.‹ – ›Wozu gratulierst du mir dann also‹, habe ich gesagt, ›wenn ich seit zwanzig Jahren im Knast bin?‹

Weißt du, die Mentalität von manchen Leuten kann man einfach nicht verstehen. Er kann sich nicht vorstellen, daß es da irgendwo eine Mutter gibt, die einmal einen Sohn gehabt hat, auf den sie stolz gewesen ist, ein junger Kerl, der zur Polizei gegangen ist, weil er dachte, daß er vielleicht etwas Gutes in der Welt tut. Ich werde aber nicht völlig sentimental bei der ganzen Sache, denn ich bin es nicht. Ich habe nie viel von ihm gewußt, außer seinem Namen und Alter, aber wer er auch immer gewesen ist, und was er auch immer gewesen ist, er hat das nicht verdient, was ihm zugestoßen ist. Wie schon der Richter sagte: es ist eine entsetzliche Vergeudung eines Lebens gewesen. Die Gesellschaft ist berechtigt, Vergeltung zu fordern. Ich glaube nicht, daß es daran irgendeinen Zweifel geben kann. Aber es ist ein Unfall gewesen, das Risiko seines Berufs und in gewisser Hinsicht auch meines Berufs. Wenn ich sage, daß es ein Unfall gewesen ist, dann meine ich damit nicht, daß es nicht meine Absicht gewesen wäre, ihn zu töten. Es stimmt natürlich, ich hatte nicht die Absicht: Aber ich habe auch nicht beabsichtigt, ihn nicht zu töten, sonst hätte ich nicht getan, was ich getan habe. Ich war entschlossen, ihm zu entkommen, ich bin ihm auch entkommen, es hat ihn das Leben gekostet. Es hat mich auch meines gekostet, im Ergebnis davon, und ich glaube, die meisten Leute würden sagen, das ist richtig, so sollte es sein, völlig gerecht. Aber versuch mal so mit diesem verdammten Verrückten zu sprechen, der da angekommen ist und mir zur Mittagszeit die Hand geschüttelt hat. ›Ein paar Einbrüche mit Gewaltandrohung.‹ Gott, was weiß denn der über das Leben? Wahrscheinlich hat er einen Spielzeugladen mit einer Wasserpistole überfallen oder etwas in der Art.

Ja, das ist richtig, Sie haben recht, ich glaube, daß es wahrscheinlich wirklich etwas mit meiner Größe zu tun hat. Die Leute lassen darüber ihre Phantasie ins Kraut schießen. Wahrscheinlich denken sie, daß da ein verzweifelter Mann war, umgeben von einem Dutzend uniformierter Polizeibeamter, die ihn einkesseln, und er sagt: ›Also gut, wenn ich schon dran glauben muß, dann wird einer von den Bastarden mit mir gehen.‹ Und so greift er sich denjenigen, der ihm am nächsten ist, schwingt ihn über seinen Kopf und schmeißt ihn von einem Gerüst oder sowas Ähnlichem runter; und er ist erst gebändigt, nachdem sich alle anderen elf auf ihn gestürzt haben.

Nur daß das Ganze nicht so gewesen ist, ganz und gar nicht. Ich habe in einem Juweliergeschäft in einer Einkaufspassage eingebrochen, in einem von diesen neuen Verkaufszentren, gegen Mitternacht. Bin auf der Rückseite eingestiegen und habe gedacht, daß ich clever bin, weil ich nicht die Alarmanlage ausgelöst habe. Doch ich habe nicht gewußt, daß es eine von diesen neuen gewesen ist. Die machen keinen Lärm, arbeiten mit Infrarot und zeigen dich auf dem Bildschirm beim Wachdienst. Die drücken ein Knöpfchen, und in sage und schreibe zwei Minuten ist ein Streifenwagen da; du selbst hast keinerlei Warnung. Das erste, was ich gehört habe, war ein leises Geräusch hinter mir, aus derselben Richtung, aus der ich hereingekommen bin. Ich dachte: ›Da ist was, das ich so gar nicht mag, ich verschwinde.‹ Husche raus zur Straße, und da ist der junge Bulle, der dort mit einer Taschenlampe steht. ›Bleib stehn‹, sagt er, ›jetzt haben wir dich, du bist verhaftet.‹ Ich habe ihm einen Stoß versetzt, um vorbeizukommen, dann fing ich an loszurennen, so schnell ich nur konnte. Offenbar hat er eine kurze Nachricht wegen Unterstützung abgesetzt, und dann ist er hinter mir her. War ein junger, durchtrainierter Bursche, ich konnte hören, wie er herangekommen ist. Ich bin auf einem schmalen Weg langgerannt, es war dunkel, aber es gab Mondlicht: Ich konnte sehen, daß da ein Fluß war, und auf der anderen Seite gab es ein Wäldchen. Ich hatte keine Ahnung, wie tief der Fluß war, aber ich bin hineingesprungen, und das Wasser hat mir gerade mal bis hier über meine Knöchel gereicht. Er ist mir hinterhergesprungen: wild entschlossen, wie er war. Als ich die andere Seite erreicht hatte, habe ich mich rumgedreht, und wir beide standen uns da gegenüber. Ich erinnere mich ganz genau: verrückt wie es war. Das Mondlicht, der blondhaarige Bursche, ein ganzes Ende kleiner als ich, beide standen wir da, keuchend. Während der Verfolgung hatte er seinen Helm verloren. Ich spürte, daß unter meinen Füßen Steine waren, und ich habe mich heruntergebeugt und einen aufgehoben. Er hatte keine Angst, wie ich schon sagte, sehr entschlossen, er kam einfach ran. Ich habe ihm mit dem Stein auf den Kopf geschlagen, und er brach zusammen, mit dem Gesicht ins Wasser.

Ich habe nicht angehalten, um zu sehen, wie schwer verletzt er gewesen war, ich war oben auf der Uferböschung und verschwand, so schnell ich konnte. Mir ging die Muffe. Vor Gericht haben sie gesagt, daß er ein guter Schwimmer gewesen sei, und er wäre in einem halben Meter Wassertiefe ertrunken, weil er bewußtlos kopfüber darin gelegen hat. Es war Mord, darüber läßt sich nicht streiten. Doch zu der Zeit habe ich das nicht gewußt, lediglich, daß ich einem Bullen eine mit einem Ziegelstein verpaßt und daß ich ihn sehr hart getroffen habe.

Ich bin fast die ganze Nacht lang in den Vororten der Stadt herumgeirrt, hielt mich in Einfahrten versteckt, es hat geregnet. Am nächsten Morgen bin ich auf eine Tasse Tee an so einen Getränke-Caravan, die du manchmal am Straßenrand siehst, gegangen. Die Frau da drin hatte irgendwo auf einem Regal ein Radio laufen, und sie brachten Lokalnachrichten, alles über diesen Bullen, der in der vergangenen Nacht umgebracht worden war. Ich habe gewußt, was das bedeutet: Irgendwo ist ein Bulle umgebracht worden, das bedeutet, daß jeder auf der Welt nach dir suchen wird. Ich habe meinen Tee nicht ausgetrunken, ich bin weggelaufen, weil ich einen Fernverkehrsbus auf der Straße kommen sah, und so bin ich den Rastplatz langgerannt, und als er angehalten hat, bin ich eingestiegen. Siest du, was für blöde Sachen du machst, wenn du vor Angst den Kopf verlierst, nicht? So eine Art Verhalten, also deine halbvolle Teetasse auf dem Ladentisch stehen zu lassen und hinter einem Bus herzurennen: Die Frau in der Tee-Bar mußte ja nicht völlig auf den Kopf gefallen sein, nicht, wenn sich jemand so verhielt, gleich nachdem im Radio kam, daß sie einen Mann suchen, weil ein Bulle umgebracht worden ist.

Ich hatte keine Ahnung, wohin der Bus gefahren ist, ich hatte nicht nachgesehen. Aber er hat fünfzehn Meilen lang nicht angehalten, bis er den Busbahnhof auf dem Marktplatz inmitten einer Kleinstadt erreicht hat. Dort haben fünf Polizeiwagen auf ihn gewartet und die Hälfte der Polizei der gesamten Grafschaft. Und das war's. Nicht glanzvoll, nicht aufregend und ganz sicher nicht heroisch. Als ob ich nicht schon genug Schwierigkeiten hatte. Zu der Zeit bin ich nämlich auch schon auf der Flucht aus der Besserungsanstalt gewesen. ›Leg sie hier rein, Kumpel, und laß dir die Hände reichen.‹ So eine Fotze.

Gestern abend habe ich nichts mehr gemacht. Normalerweise gehe ich runter und schaue Fernsehen in der Gruppe, mache beim Pfeilwurfspiel mit oder so etwas, lese eine Zeitschrift oder ein Buch. Ich bin einfach in meiner Zelle geblieben und habe über das, worüber wir gesprochen haben, nachgedacht. Was ich erzählt habe, war ja nicht gerade eine Geschichte, die einen vom Hocker reißt, wie du vielleicht sagen würdest. Manchmal kotze ich mich selbst an, ehrlich. Wo habe ich aufgehört, bis wohin sind wir gekommen?

Nein, ich würde nicht sagen, daß ich schon vorher ein großer Ganove gewesen bin, nein. Ich meine, ich war ein Ganove, aber keine erste Garnitur, nichts dergleichen. Ich und ein paar Freunde, etwa in meinem Alter, wir hatten diese kleine Firma, wir haben Jobs zusammen gemacht: Ladendiebstahl, Lagerdiebstahl, Lieferwagen ausräumen, Einbruch. Wirklich nichts, wo Gewalt mit im Spiel ist, wir waren bloß die gewöhnlichen Alltagsdiebe. Ich will nicht sagen, daß wir vielleicht nicht ganz richtig gewesen sind, aber wir waren jung und unorganisiert, und wir haben es mehr aus Jux gemacht als aus einem ernsthaften Streben nach Reichtum heraus. Weiß nicht, warum ausgerechnet in meinem Fall: kaputtes Zuhause, Mum und Dad geschieden, Mum lebte woanders mit einem anderen Mann zusammen. Aber für meine ältere Schwester und für meinen Bruder ist es ja dasselbe gewesen, nicht, und beide sind sauber geblieben. Aus ihr ist eine Tipse in einer Anwaltspraxis der Kommune geworden, und er hat in einer Bank gearbeitet.

Ich bin groß geworden für mein Alter und beliebt. Das hat vielleicht etwas mit dem Groß-Sein zu tun: Die Leute haben es gern, sich mit dir zusammen sehen zu lassen, vor allem die Mädchen. Nicht daß ich gewalttätig gewesen bin, nein. Wirklich, ich mochte keine Gewalt, ich habe mich da 'rausgehalten, so gut ich konnte, zumindest bis ich an solche Orte wie den hier gekommen bin. Die Leute haben falsche Vorstellungen, weißt du, sowohl im Gefängnis als auch draußen. Doch ihr Denken ähnelt sich sehr. Bis zu einem gewissen Grad erspart es dir Ärger, die Leute werden mit dir keinen Streit suchen. Wenn wir aber über die bloße, ausgesprochen gefährliche Gewalt reden, würde mein Rat an einen jeden sein, sich vor den Kleinen ich acht zu nehmen, das sind sie nämlich. Leute von deiner Größe. Es gibt jetzt hier einen Typen, mit Namen Stan Norfolk, ich bin ihm schon vorher ein oder zwei Mal in anderen Gefängnissen über den Weg gelaufen: Wenn der sich auf eine Zeitung stellt, ist er nur eineinviertel Meter, und mit Abtropfgewicht hat er etwas mehr als einen Zentner, aber er ist der gefährlichste Mann, den ich je gekannt habe. Wenn ich ihn kommen sehe, versuche ich, wie jeder andere auch, vorzutäuschen, daß ich zum Inventar gehöre. Was ist so gefährlich an ihm? Also, ich will es mal so sagen, er ist eine wandelnde Dynamitstange, und du weißt nie, wann er explodieren wird: Vielleicht dann, wenn er glaubt, daß du über ihn lachst oder etwas hinter seinem Rücken sagst, oder wenn du lediglich einen Luftzug verursachst. Er muß keinen guten Grund haben, oder irgendeinen Grund überhaupt, um auszurasten. Er geht auf dich los, mit seinen Stiefeln und seinen Fäusten und seinen Knien und seinen Ellbogen und seinem Eisenschädel, ich sage dir, der ist furchtbar. Ich bin noch nicht lange hier gewesen, da hat er mich eines Tages auf dem Flur angehalten, er stand einfach da, die Hände in den Hüften und versperrte den Weg. Er hat zu mir gesagt: ›Ich nehme an, daß du dich für 'nen Knallharten hältst, oder?‹ Ja, das hat er gesagt. ›Ich?‹ habe ich geantwortet, ›Nein, ich glaube nicht, daß ich knallhart bin‹, habe ich erwidert. ›Wirklich, Stan, ich habe vor kurzem eine neue Religion angenommen, die heißt fromme Feigheit.‹ ›In Ordnung‹, sagt er, ›also sieh zu, daß du sie praktizierst, dann wird es dir gut gehen.‹ Er ist ein hundertprozentiger, waschechter, wie nennt man es gleich, Psychopath?

Es ist komisch, weißt du, ich habe, ich habe wirklich intensiv darüber nachgedacht, seit sie mich danach gefragt haben, und mir fällt doch beim besten Willen kaum etwas ein von meinen Kindheitserinnerungen. Komisch, nicht? Ich erinnere mich an die Straße, wo wir in Canning Town gewohnt haben, ich erinnere mich an meinen Vater, der im Busdepot gearbeitet hat, ich erinnere mich ein bißchen an die Schulzeit, aber nicht viel, weil ich die Hälfte davon gefehlt habe, und das ist auch schon alles. Ich glaube, daß ich das Leben unter Ausschluß meines Kopfes gelebt habe, weißt du, was ich meine? Auf der Straße mit den Kumpels herumgammeln, Süßigkeiten mausen und solches Zeug, Spritztouren mit Autos, aber wirklich absolut nichts anderes. Der alte Herr, soweit ich mich entsinne, er hat ständig geschlafen: nicht weil er faul war, sondern weil er viel in Schichten gearbeitet hat, und so mußte am Tage seinetwegen Ruhe im Haus herrschen.

Meine Schwester ist zu Hause geblieben, um sich um ihn und mich und meinen Bruder zu kümmern, denn er und unsere Mutter waren geschieden, und sie hat mit ihrem zweiten Ehemann zusammengelebt; und ich erinnere mich, daß wir immer aus dem Haus geschickt wurden, so daß Dad schlafen konnte. Ich glaube, deshalb hat es nicht soviel Schule gegeben, denn meine Schwester hat sich nicht darum gekümmert, wo wir waren, solange wir nicht da gewesen sind, weißt du, was ich meine? Ich glaube, daß sie freundlich gewesen ist, und ich glaube, sie hat ihr Bestes versucht, aber sie selbst kann nicht viel vom Leben gehabt haben. Woher sie eine Bildung erhalten hat und wie sie den Job in der Anwaltspraxis bekommen hat, das ist etwas, das ich nie herausbekommen werde. Es macht mich neugierig, ob andere Leute auch so sind, glaubst du, daß sie so sind? Nie viel über ihre eigene Kindheit nachdenken, weißt du, solange sie keiner danach fragt, und dann, wenn es jemand macht, dann wissen sie kaum etwas, und da ist niemand, den sie fragen können und der dann vielleicht irgendwie für sie einspringt.

Meine Mutter, weißt du, ich glaube nicht, daß ich sie jetzt überhaupt noch erkennen würde, wenn sie hier zur Tür hereinkommen würde. Sie hat meinen Vater verlassen, als ich, weiß nicht, etwa fünf, sechs oder so gewesen bin, und später habe ich sie nur noch einmal in meinem weiteren Leben gesehen, ich sage einmal, na ja, eineinhalbmal wäre wohl richtiger, wenn ich es genau sagen sollte.

Ich glaube, als ich zehn war, wurde ich ins Erziehungsheim gesteckt, ich bin mir nicht sicher über das genaue Alter, in dem du damals weggeschickt werden konntest, aber ich weiß, daß es die unterste Altersgrenze war, mit der du zugelassen wurdest. Ich bin mir jetzt auch nicht mehr sicher, welches Vergehen oder welche Vergehen es gewesen sind: Schuleschwänzen und Mausen, vermute ich mal, wie ich dir ja erzählt habe. Ich erinnere mich wirklich noch, daß ich deswegen keinen Komplex oder etwas gehabt habe; ich glaube, ich habe gedacht, daß Weggehen bloß ein bißchen Spaß sein würde. Man hört viel darüber, was für Brutstätten für Verbrechen die Erziehungsheime sind und so weiter, aber soweit ich mich erinnern kann, diese Einrichtung ist nicht so gewesen. Es war ein großes altes Haus, irgendwo auf dem Land. Essex oder dort in der Gegend. Die haben Hühner und Ziegen und Zeug gehabt, und Kühe, es ist mehr oder weniger ein kleiner Bauernhof gewesen. Das Personal, ich erinnere mich, das sind alles recht anständige Leute gewesen, es gab keine Prügel oder etwas in der Art. Wer immer es gewesen ist, der mich dort hingeschickt hat, wenn du es aus seiner Sicht siehst, ich habe nie so gedacht, aber sie haben versucht, was Gutes für mich zu tun. Mutter weg, Vater in Nachtschichten, aufgezogen von der Schwester, die selbst nicht viel älter als vierzehn gewesen sein kann, auf der Straße herumgelungert mit einer Bande von Burschen, die geklaut haben und was noch so alles. Du verstehst, daß es eine Anstrengung gewesen ist, mich aus all dem herauszuholen, nicht, so haben die die Sache gesehen.

Wie auch immer, eines Tages haben sie mir im Erziehungsheim gesagt, daß jemand gekommen ist, um mich zu besuchen, und sie haben mich in ein Zimmer gebracht, und es ist meine Mutter gewesen. Natürlich habe ich sie nicht erkannt, seit ich klein war, hatte ich sie nicht mehr gesehen. Sie war in Ordnung, und sie hat mit mir geredet, sie sagte, daß alles vorbereitet wäre, wenn ich aus dem Erziehungsheim komme, ich würde mit ihr und dem Mann, von dem sie sagte, daß er mein Onkel Geoffrey sei, in ihrem Haus in Clacton wohnen. Spitze, dachte ich, an der See wohnen, ich habe mich ehrlich gefreut. Sie sagte, daß ich erst nach Hause gehen werde, und ein paar Tage später würden sie kommen und mich von dort abholen.

Es war vielleicht eine Woche später, können auch zwei gewesen sein, wie auch immer, ich fahre nach Hause und bin tierisch aufgeregt deswegen. Mein Dad sagte mir, daß sie darüber gesprochen und entschieden hätten, daß es das Beste wäre; er würde mich vermissen, aber er werde kommen, um mich zu besuchen, und meine Schwester, sie hat mehr oder weniger dasselbe gesagt. Sie sagte, sie würde mir helfen, meine Sachen zusammenzupacken, Mum kam am Freitagnachmittag oder wann es gewesen ist. Du weißt ja wie Kinder sind: Meine Schwester hat für mich Sachen gewaschen und gebügelt, aber alles, worum ich mich gekümmert habe, war mein Fußball und einer von diesen Flugplätzen aus Plastik mit all den verschiedenen Modellen und solche Dinge. Ich glaube, ich habe auch eine Meccano oder so was Ähnliches gehabt, meine ganzen West-Ham-Poster und Schallplatten und das ganze andere Zeug. Sachen zum Anziehen, darum habe ich mich nicht gekümmert, sie standen ganz unten auf der Liste. Ich erinnere mich, daß da so ein Haufen Kram gewesen ist, daß mein Vater sagte, wir hätten keine Tasche, die auch nur annähernd so groß wäre, und so ist er losgegangen und hat eine neue gekauft. Keine teure, das konnte er sich nicht leisten, sie war aus eingefärbter Pappe gemacht, glaube ich mich zu erinnern; kennst du die Art, die ich meine? Sie war riesig. Meine Schwester sagte, das sei das Richtige, wir haben alles eingepackt, was wir konnten, aber alles Übrige haben wir zurückgelassen.

Ich erinnere mich, daß ich schon Tage bevor Mum kommen sollte, alles eingepackt und fertig zum Mitnehmen gehabt habe, und alle sind andauernd drübergefallen, so daß wir sie aus dem Weg räumen und unter den Küchentisch stellen mußten. Ich zog sie ewig wieder hervor, um neue Sachen reinzustecken und andere Sachen herauszuwerfen, von denen ich entschieden hatte, daß ich sie dalassen werde. Ich erinnere mich, daß sie solche verstellbare Metallschnallen hatte, dieselben waren auch vorn an den Schlössern, kannst du dich dran erinnern? Ich hatte sie im allerletzten Loch, so daß sie gerade noch fassen konnten, und meine Schwester sagte mir immer wieder, wenn ich versuchen würde, noch mehr einzupacken, dann würden sie nicht mehr schließen, sie ist deswegen richtig wütend auf mich gewesen.

Als der letzte große Tag heraufdämmerte, wie man so sagt, bin ich aufgestanden, ich weiß nicht mehr um wieviel Uhr am Morgen, und habe auf meine Mum gewartet. Am Ende, glaube ich, war es wohl zwei Uhr nachmittags, als sie ankam. Als meine Schwester ihr die Tür aufgemacht hat, kam sie herein, und sie ist sehr – ich weiß nicht, wie ich es beschreiben soll – irgendwie kalt und abweisend zu mir gewesen. Sie sagte, ich solle in das Vorzimmer gehen und die Tür schließen und warten, weil sie erst mit meiner Schwester in der Küche sprechen wolle. Ich erinnere mich, daß sie mich nicht richtig angesehen hat, sie hat es zu meiner Schwester gesagt. Sag ihm, daß er dort bleiben und warten soll, in der Art.

Ich bin in das Vorzimmer gegangen, und ich konnte sie und meine Schwester in der Küche sprechen hören, aber es war nicht laut genug für mich, um zu hören, was sie sagten. Ich trete von einem Bein aufs andere, und dann, plötzlich, höre ich, wie die Haustür geht. Ich flitze aus dem Zimmer in die Küche, und da ist meine Schwester, die mich nur ansieht und irgendwie leicht mit der Schulter zuckt, etwa so, und sie sagt: ›Sie ist gegangen.‹ Weißt du, welcher Gedanke mir durch den Kopf geschossen ist? Ist schon komisch, wie der Verstand von Kindern so funktioniert, nicht? Wirklich, ich habe echt geglaubt, daß sie mich vergessen hat. Und so bin ich unter den Tisch getaucht und habe dieses Monstrum von einer Tasche vorgezogen, und ich stürze den Flur entlang, aus der Haustür und gebe mein Bestes, sie zu schleppen, ziehe sie mit mir mit. Ich sehe die Straße hinunter, und da ist ein Mann, der ein Auto fährt, und meine Mum steigt ein. Und ich fange an zu rennen, so schnell ich kann, mit der großen Tasche, und ich schreie: ›Mum, warte auf mich, Mum, warte!‹ Ich kann mir nicht vorstellen, wie ich da ausgesehen habe, wirklich nicht. Und dieser Bruder da in dem Auto läßt den Motor an und fährt los wie ein Henker, und sie verschwinden um die Ecke. Und genau in dem Moment, muß ja so sein, platzt die Tasche auf, und alles, was drin war, liegt verstreut auf dem Fußweg. Du meine Güte, weißt du, du lachst, nicht wahr, da muß man einfach lachen.

Das ganze Zeug vorgestern über die Gefängniskultur, das zu hören, muß dir zum Hals heraushängen. Doch wenn du Dauergast bist, dann weißt du nichts anderes. Du lebst da drin, es ist immer um dich herum, den ganzen Tag, alles, was in deinem Leben ist, passiert dort, wie kannst du da noch an etwas anderem Interesse haben? Dir beibringen, was für eine Dummheit ein Verbrecherleben ist, indem sie dich mit einer Menge anderer einsperren, die dasselbe Leben geführt haben? Was erwarten die? Dich abschneiden von jeglichem Kontakt zur anständigen Welt draußen, den du gehabt hast und darauf hoffen, daß es dich ändern wird? Also, ich meine, offensichtlich passiert das nicht, wie denn auch?

Als ich reingekommen bin, da hatte ich was gehabt, eine Mutter, einen Vater, auch wenn sie geschieden waren, einen Bruder und eine Schwester und eine Freundin, einen Onkel oben in Derby, und das war's in etwa. Was macht das, eins, zwei, drei, vier, fünf, sechs, plus zwei mehr noch, möglicherweise. Zuerst haben sie alle geschrieben, und einige von ihnen sind auf Besuch gekommen: acht Weihnachtskarten und acht Geburtstagskarten im ersten Jahr, sechs im nächsten, fünf oder sechs im Jahr danach. Dann fing es an, daß meine Mum die Nase davon voll hatte oder der Mann, mit dem sie gelebt hat; mein Vater hatte einen Herzinfarkt, und er hat sich davon nie wieder erholt, und so ist er nicht allzu beweglich, meine Schwester hat geheiratet, und mein Bruder ist zu einem Job ins Ausland geschickt worden. Die Freundin, tja, offensichtlich hat sie zufällig einen anderen Kerl getroffen, eines Tages kommt der liebe John. Du kannst dem Mädel keine Vorwürfe machen. Aber das Ding, wo sie gesagt hat: ›Aber ich habe eine meiner Freundinnen gebeten, dir an meiner Stelle zu schreiben, sie ist ein hübsches Mädchen und sagt, daß sie sich freuen würde, mit dir im Briefwechsel zu stehen‹ – das war zu viel. Romanze per Stellvertreter, per Post. Die Krönung vom Ganzen ist, daß sie dich von einem Gefängnis ins andere schicken: Und es ist eine Tatsache, sie verlieren dich. Sie stecken fünfzigtausend Leute ins Gefängnis, weißt du, und manchmal verlieren sie dich dann aus den Augen. Jemand fragt nach deiner Adresse, um dir zu schreiben, und sie können sie ihm nicht sagen, weil sie nicht sicher sind, wo du bist. Du selbst, du bist dir verdammt sicher, daß auch du nicht weißt, wo du bist. Rosa Wände im Flügel B, das muß demnach Lewes sein, ja? Du fragst einen Bullen, der sagt: ›Nein, ist es nicht, Kumpel, Lewes ist ökologisch geworden, da ist jetzt alles grün, das hier ist Kingston Portsmouth.‹ Du fragst: ›Also was denn nun, Kingston oder Portsmouth?‹ Ich habe zwar in Zeitungen gelesen, daß Groß-London expandiert, aber ich habe nicht gewußt, daß es so schlimm geworden ist. Voriges Jahr ist es dann runtergegangen auf zwei Briefe und eine Karte, und seit Juni vergangenen Jahres hat mich niemand mehr besucht.

Wieder Signal zum Mittagessen, ich sehe dich dann heute nachmittag um zwei Uhr, ja? Frage mich, was es heute für uns geben wird, gebratener Fasan und rotes Johannisbeergelee mit Spargel und neuen Kartoffeln oder Wurst, Bohnen und Chips?

Sie haben uns heute so richtig verarscht. Es ist Donnerstag, nicht wahr? Das ist jedenfalls, was ich angenommen habe. Weißt du, was sie uns gegeben haben? Kabeljau und gekochte Kartoffeln. Wir haben alle gedacht, es muß wohl Freitag sein, denn am Freitag haben wir Fisch. Oder vielleicht gibt es kein Morgen, fällt aus, wegen mangelndem Interesse. Nein, ich weiß nicht, woher ich das habe, aus irgendeinem Buch oder so, nehme ich an. Wo bist du denn hingegangen, und was hast du zu Mittag gegessen?

Du siehst, interessant, nicht, jeden Tag lernst du etwas Neues. Ein Schinkensandwich und ein Lagerbier in der Kneipe über die Straße? Ich habe nicht gewußt, daß es eine Kneipe über die Straße gibt, du hast meine geographischen Kenntnisse erweitert. Ein Schinkensandwich und ein Lager. Nur mal so jetzt: Wenn sie zu mir kommen würden und mich fragen, was ich gern zur Abwechslung machen würde, ich würde sowas sagen wie: ›Laßt mich mal auf ein Schinkensandwich und ein Lagerbier gehen, irgendwohin. Gebt mir eine oder ein und eine viertel Stunde, das ist alles, laßt mich nur mal allein herumschlendern. Ich werde nicht abhauen, ich werde zurückkommen, ich verspreche es, laßt mir nur ein und eine viertel Stunde, an irgendeinem anderen Ort, außer dem hier.‹ Das Komische dabei ist, weißt du, ich würde ja auch zurückkommen, ja wirklich. Ich hätte jetzt solche Angst, allein draußen zu sein, ich würde zu meiner eigenen Sicherheit zurückkommen, ja doch.

Elf Jahre im Gefängnis und noch viele vor mir, das ist eine sehr lange Haftzeit, nicht? Wie machst du das, wie gedenkst du da durchzukommen, was für eine Art Mensch wirst du am Ende sein? Ja, richtig, genau wie du sagst. Ich bin der, der die Fragen gestellt hat, und ich bin auch der, der versuchen sollte, sie zu beantworten. Aber am Anfang, würde ich einmal sagen, da schauspielerst du, du gibst ihnen zu verstehen, daß sie dich nicht zerbrechen werden, du wirst die Integrität deiner Person bewahren, du wirst nie einen Kniefall machen. Das ist, was ich gemacht habe, und ich habe es fünf, fast sechs Jahre lang ausgehalten. Doch es war keine Zeitverschwendung; im Gefängnis verschwendest du keine Zeit, du verbringst sie.

Dann ist eines Tages ein Typ zu mir heruntergekommen, um mit mir zu sprechen, ich glaube, er war ein stellvertretender Direktor, und ich glaube, es war in Preston, oder es ist vielleicht auch in Parkhurst gewesen. Er ist in meine Zelle gekommen, unten in der Einzelhaft, und hat sich hingesetzt und gesagt: ›Gut Robinson, dann mach weiter, erzähle mir, was du machst.‹ So eine Annäherung ist nicht zum Aushalten, weißt du, die vernünftige Tour, macht dich höllisch mißtrauisch. Ich habe ihm gesagt, er soll sich verziehen, oder ich verpasse ihm eine oder auch zwei, falls genug Zeit bleibt, bevor der Bulle von draußen kommt, um ihn zu retten. Er sagte: ›Es ist kein Bulle draußen, geh und sieh selbst nach.‹ Ich habe ihn beim Wort genommen, und es war keiner da. Ich habe zu ihm gesagt: ›Du nimmst ein Risiko auf dich, Kumpel, allein hier unten, mit einem bekannten Tier wie ich es bin, was versuchst du hier zu tun: den Preis der Königin für Unerschrockenheit vor der Verbrechenswelle zu gewinnen oder sowas?‹

War ein komischer kleiner Kerl, kahlköpfig, mittleres Alter. Ich habe gesagt: ›Schau mal, Kumpel, wenn du einen Herzenserguß haben willst, dann versuche doch mit der Wand zu reden.‹ Er sagte nein, er würde nicht versuchen, mich zu bewegen, das Verkehrte meines Weges einzusehen oder so etwas. Aber wollte ich wirklich auch weiterhin das sein, als was ich mich selbst beschrieben habe: ein bekanntes Tier, sagte er. War das die Art, in der ich den Rest meiner lebenslangen Haftstrafe verbringen wollte? ›Weil‹, sagte er ganz ruhig und gefaßt, er sagte: ›Weil, wenn du das machst, dann ist es in Ordnung, wir können dich unter Kontrolle halten, mach dir darüber bloß keine falschen Gedanken.‹ Dann ist er aufgestanden und hat sich langsam umgedreht und ist gegangen.

Ich habe dagestanden, weißt du, und weißt du, was ich gemacht habe? Nicht viel, außer, daß ich gelacht habe. Ich habe gedacht: Dieser kleine Bastard hat mir gerade gedroht. Und was habe ich getan; ich habe ihn hochgehoben und versucht, ihm das Rückgrat zu brechen, wie ich es versucht hätte, wenn es ein Bulle gewesen wäre? Nein, ich habe es nicht gemacht. Habe ich meinen Tisch gegen die Wand geschleudert und mein Bett vor die Tür gezogen, um sie zu verbarrikadieren, wie ich es normalerweise gemacht hätte? Nein, das habe ich auch nicht gemacht, alles, was ich gemacht habe, war, daß ich stehengeblieben bin und die lustige Seite davon gesehen und gelacht habe.

Ich werde nicht behaupten, daß es ein Wendepunkt oder etwas in der Art gewesen ist: Das war es nicht, von da an habe ich nicht zu mir selbst gesagt, daß ich nun ein gebesserter Charakter wäre. Tatsächlich würde ich sagen, daß, wenn es etwas gewesen ist, dann bin ich in den paar Monaten hinterher schlimmer als vorher gewesen. So, als ob ich dem Nachdenken über das, was er gesagt hatte, Tritte versetze, weißt du, was ich meine? Aber im weiteren? Aber im weiteren sind mir doch die Worte von ihm dauernd wieder in den Sinn gekommen. ›Ein bekanntes Tier‹: Es war so, als ob ich sagte: ›Ja, ja, das ist es, was ich sein will, ein bekanntes Tier, ja!‹ Stimmt, aber hin und wieder, inmitten des Radaus, den ich gemacht habe, wenn ich jemand übel zugerichtet habe und wenn ich losschlug, nur hin und wieder, da habe ich innegehalten und habe festgestellt, daß ich ein bißchen über mich selbst gelacht habe. Danach begann ich irgendwie ruhiger zu werden. Allerdings nicht viel, ich meine, daß ich noch immer ein wilder Bursche sein kann, wenn mich etwas derartig mitnimmt. Bloß nicht mehr so doll, nicht mehr so oft, weißt, was ich meine? Nach außen hin bin ich ein harter Kerl, oder ich gebe mich so, daß es aussieht, als wäre ich einer. Doch innerlich, ich bin nicht sanft, doch ich verhalte mich immer weniger wie ein Kind.

Ich sage dir etwas. Gut, ich werde versuchen, dir was zu sagen. Ich sage dir etwas, nämlich daß ... Ist nicht einfach, keine einfache Sache zum Erzählen, vor allem nicht von jemand, der glaubt, daß er ein bißchen was von einem knallharten Burschen an sich hat. Klingt wie Schwäche. Wie du's auch siehst, wie du es auch sagst, es hört sich so an. Vielleicht, weil es das auch ist, Schwäche. Ich werde versuchen es zu sagen, aber das zu sagen, ist verflixt schwierig, wirklich, das kann ich dir verraten.

Es ist das hier drin, das tut weh. Genau hier drin, ganz tief in mir, da tut es weh. Wenn ich zu der Tür dort herausgehe und den Flur entlang, zur Kantine, um meinen Tee zu holen, niemand wird das sehen. Alles, was sie sehen, ist der große, fette Kerl mit einem Lächeln im Gesicht, der vorbeiläuft und mit den Armen schlenkert. ›Hallo, Alan.‹ – ›Hallo, Charlie.‹ – ›Alles klar, Alan?‹ – ›Klar Kumpel, prima, und du?‹ So wird es um mich herum sein: Aber hier drin, da ist ein Loch, ein großes, hohles, leeres Loch, das ist alles, ein ganz, ganz großer Schmerz. Ich habe keinerlei Entschuldigung für das, was ich getan habe, und es gibt nichts, was ich tun kann, um es ungeschehen zu machen ... Aber, großer Gott, Mensch Kumpel, wie oft habe ich bei Gott gewünscht, daß jemand kommt und mir sagt, wie ich das machen könnte. Die Gesellschaft hat Vergeltung an mir geübt, wozu sie auch berechtigt ist, aber es ist ein ganzes Ende schwerer, als sich das viele Mitglieder dieser Gesellschaft denken, wenn sie überhaupt darüber nachdenken. Ich habe jemand das Leben genommen, ja, und im Gegenzug machen sie dasselbe mit mir. Nur daß die Art, wie sie es tun, langsam ist, Tag für Tag, unerbittlich, Stück für Stück. Dich auffressen, dich schrumpfen lassen, kleiner und kleiner. Zentimeter um Zentimeter, dich mehr und mehr um das berauben, was noch übrig ist von deiner Person und deinen Gefühlen, um jeden Fetzen deiner Individualität. Wenn die Gesellschaft sagen würde, ein Tag nur, einen bestimmten Tag geben sie mir zurück, das ist alles, was ich von ihnen möchte, daß sie mir das sagen. Nur das, um Himmels Willen, denn da ist noch etwas übrig von mir, das zurückgegeben werden kann.

Ich bin ein großer, knallharter Bursche, ich sitze hier und mache ein Theater, indem ich heule, nicht, ja, wirklich ein großer knallharter Bursche.

Tja dann, wir sind nie bis dahin gekommen, daß wir am Ende über's Schreiben gesprochen haben, nicht? Da sind viele Dinge, die ich dich gern dazu gefragt hätte, aber macht nichts. Du meinst Briefe, die Fragen in Briefen stellen? Klar, ja, warum nicht, das wäre Spitze. Zur Zeit kriege ich nicht viele Briefe oder schreibe welche, ich würde mich freuen.

Sechs Monate später hat er sich in einen Externkurs für kreatives Schreiben eingetragen, den er noch immer belegt: Und kurze Zeit später hat er seinen Namen auf eine Liste gesetzt, um für die Ganztagsausbildung berücksichtigt zu werden.

FRANK JONES
DER MARATHONMANN

Vom Ende des Treppenabsatzes in der dritten Etage, durch das vergitterte Fenster, das vom Erdgeschoß bis zum Dachgeschoß des Gefängnisflügels reicht, konnte man den modernen zweistöckigen Ziegelstein-Blockbau der Isolationshaft auf der anderen Seite des Hofes sehen. Er war von einem über sechs Meter hohen Maschendrahtzaun umgeben, der oben mit Stacheldraht verstärkt war, und an jeder der Ecken befanden sich auf Türmen installierte Überwachungskameras. Ein spezieller Trakt: ein Gefängnis im Gefängnis.

Im matten Sonnenschein eines Nachmittages im März rannte ein kleiner dunkelhaariger Mann ohne Hemd, in zu weiten Latzhosen und schmuddeligen alten Tennisschuhen ständig auf dem Betonweg innerhalb des Grenzzauns um den Block herum. Er hielt die Fäuste geballt und die Ellbogen angewinkelt, seine Arme arbeiteten so regelmäig wie Pleuelstangen, um seinen Atem zu regulieren, schnaubte er mit den Backen.

Der große gutmütige Oberaufseher stand eine Weile ihn beobachtend auf dem Treppenabsatz, dann nickte er mit dem Kopf.

›Das ist er also‹, sagte er. ›Der dort läuft, das ist er, das ist unser Frankie, der Marathonmann. Kommen Sie, ich führe Sie rüber.‹

Zierlich gebaut und von mittlerer Größe; er hatte welliges braunes Haar und grün-hellbraune Augen. Ein gerader Blick, ein freundliches Lächeln, ein fester Händedruck, mehrere fehlende Vorderzähne und einen breiten Yorkshire-Akzent. Er war einunddreißig Jahre alt.

Gut, da bin ich, bin noch ein bißchen außer Puste, aber keine Sorge, ich werde fit sein. Sitz ich hier? Was is'n das bloß hier, 'ne vergammelte Zelle oder was? Ist aber ein komisches Zimmer, wo die uns reingesetzt haben, kann kein Appel zur Erde hier, wahr? Ist aber auch eng, mal sehn, ob ich ans Fenster heranreiche, wenn ich hier auf den Tisch klettere. Gut ... Geht doch gerade so. Klemmt, mal wieder typisch. Hälfte, mehr ist nicht. So, nun ist es besser hier drinnen. Läßt aber immer noch nicht viel frische Luft 'rein. Immer noch nicht.

Sie haben mich rennen sehen. Gut, ja? Bin heute nachmittag neunundvierzig Mal rum um den Block, ich rechne so, daß ich das jeden Tag mache. Warum neunundvierzig? Na ja, sehen Sie, einmal herum sind hundertachtzig Yards, also sind es mehr oder weniger genau fünf Meilen. Bis jetzt mache ich das nur nachmittags, aber nächste Woche habe ich die Erlaubnis, auch vormittags so zu rennen. Dann werden es zehn Meilen am Tag sein. Jede Woche werde ich's ständig ein Stück weiter ausbauen, im nächsten Monat ist doch Marathon. So um den dreiundzwanzigsten ist es, dort irgendwo. Der London Marathon. Dafür machen wir's: insgesamt neunzehn von uns, sechzehn Häftlinge, drei Angehörige vom Personal.

Wir machen's für die Wohlfahrt, Kinderleukämie Spendenfond heißt es, glaube ich, irgend so ein Name. Wir haben Sponsoren draußen und alles, rechne damit, daß wir einen ganz schönen Pfennig zusammenkriegen werden.

Was mich angeht, ich will die gesamte Strecke schaffen, sechsundzwanzig Meilen und ein paar Yards sind es, oder? Ich sehe nicht, warum ich's nicht schaffen sollte, bei dem Übungsprogramm, das ich ausgetüftelt habe. Gut, das wird genau am selben Tag in London stattfinden, um dieselbe Zeit starten und genau demselben Streckenverlauf folgen. Auf der Karte, meine ich, die einer von den Bullen uns vor ein paar Wochen mitgebracht hat. Doch inzwischen habe ich alles in meinem Kopf hier drin, ich habe es auswendig gelernt. Neunundachtzig Runden macht zehn Meilen; 147 fünfzehn, 196 zwanzig und noch einmal achtundsechzig drauf, und ich bin im Ziel. Das macht es interessanter, du stellst dir vor, jetzt laufe ich über die Tower Bridge, jetzt bin ich bei der Isle of Dogs und jetzt laufe ich die Mall herunter. Einige sagen, ich werde nicht alles schaffen, aber ich schaff's doch. Ich habe gewettet, ich werde der einzige sein, de alles schafft. Man sagt doch, die guten Sachen sind in den kleinen Schachteln drin, oder etwa nicht?

Sie haben mir gesagt, daß Sie kommen und mit uns gern reden wollen, für ein paar Tage, ist das richtig? Sieh mal an. Nein, ich bin nur ein bißchen überrascht, das ist alles, ist schon ein Weilchen her, seit ich einen Besucher gehabt habe. Die Massen stehn nicht gerade Schlange, um mich zu besuchen. Noch nicht. Gut. Ja. In Ordnung.

Sie haben gesagt, daß ich zwei mitbringen darf, um Sie Ihnen zu zeigen, und so habe ich die zwei gebracht, die ich für meine besten halte. Die Windmühle hier, ich habe sie nach einem Foto aus einem Buch gemacht. Ich glaube, es ist irgendwo so eine Gegend in Norfolk, ich glaube, daß sie sie Thurne nennen. Bin nie dort gewesen. Egal, ich habe es so richtig sorgfältig studiert, dann habe ich es auf Papier gemalt, so wie ich mir gedacht habe, daß die Proportionen sein könnten. Die Seite hier so lang im Verhältnis zur Höhe, die Rückseite dort so lang, dann habe ich alles auf Millimeterpapier gebracht. Dann, als ich angefangen habe, es zu bauen, ich habe zwei Monate gebraucht, um das zu machen, dann habe ich Farbe darauf gebracht und habe es lackiert, damit es den letzten Schliff bekommt. Glaube, es sieht recht hübsch aus. Das Foto, das ich gesehen habe, ist schwarz-weiß gewesen, und so habe ich nicht gewußt, wie die echten Farben sind. Ich habe es hellbraun gemacht, ich nehme doch an, daß es so ist. Die Flügel drehen sich, wenn Sie die nur mal so mit der Fingerspitze anschieben, sehen Sie. Dann läßt es sich auch ein bißchen hin und her drehen, so daß es in die Richtung gestellt werden kann, aus der der Wind kommt. Einer von den Wärtern hat gesagt, laßt es uns mal im Hof ausprobieren, aber ich habe nein gesagt. Es ist zu zerbrechlich, ein richtig starker Windstoß und alles ist kaputt. Ich habe mir selbst beigebracht, wie man's macht, ich habe schon gesagt, für alles habe ich zwei Monate gebraucht, da stecken 2450 Steichhölzer drin.

Und das andere dort, das große Schiff, da stecken 5600 Hölzer drin, jedes einzeln zusammengeleimt. Bei der Windmühle habe ich ein bißchen gemogelt, wissen Sie, ich habe vier oder fünf Kante an Kante gelegt und Leim darübergestrichen; bei dem hier habe ich gedacht: ›Nein, mach es doch genau, mach das mal richtig, so wie es sein sollte. Jedes einzeln, Stück für Stück.‹ Ich weiß noch nicht, ob ich es anstreichen werde oder nicht, ich glaube, es sieht gut aus, so wie es ist, oder? In meiner Zelle habe ich einen Zigeunerwagen, einen Leuchtturm, ein Haus mit mehreren Zimmern darin, mit abnehmbarer Vorderseite, so daß man die kleinen Möbel drinnen sehen kann und ein Eingeborenenkanu, das ich noch nicht fertig habe. Ich denke, das ist ein schönes Hobby. Alle Aufseher heben ihre abgebrannten Streichhölzer für mich auf, die tun sie in eine Pappschachtel in den Schrank im Dienstzimmer, und ich kann hingehen und mich bedienen, wann immer ich will.

Freut mich, daß die Dinge Ihnen gefallen, mir gefallen sie

alle. Ich habe vor, eines Tages vielleicht das Spielfeld und das Stadion der Wakefield Trinity's Rugby League zu machen. Wissen Sie, alle Ränge und Sitze, die Dächer von den Unterständen, alles haargenau bis ins kleinste Detail. Das wäre ein wirklich großes Projekt, ja, nichts Halbes, würde ich mal sagen, oder? Vielleicht setze ich mich eines Tages da noch ran.

Na klar, ja, Rugby, das war alles, was ich als Kind gewollt habe, aus der Schule raus und für Wakefield Trinity spielen. Ich bin so weit gekommen, daß ich sogar ein Qualifikationsspiel bei denen mitgemacht habe, aber daraus hat sich nichts ergeben. Ich war Vorwärtsverteidiger. ich bin nicht sehr groß gewesen, aber ich war schwer: Ich hatte knapp siebzig Kilo, dagegen haben die meisten Jungs in meinem Alter nicht einmal sechzig gewogen. Und die haben gesagt, daß ich einen schlechten Schwerkraftpunkt habe, wie sie es nennen. Ich war schnell und alles. Na klar, würde ich, ich wäre gern ein Profi gewesen, aber ich war eben nicht so ganz gut. Man muß wirklich echt gut sein, wenn man in einer Sache ein Profi sein will, wissen Sie.

Ich hab' keine Ahnung, wo ich das her habe, fragen Sie mich nicht, es lag nicht in der Familie, nichts dergleichen. Ich glaube, es war ein Lehrer in der Schule, der hatte ein bißchen was von einem Fanatiker, ich denke, daß es höchstwahrscheinlich er gewesen ist, der uns daraufhin angespitzt hat. Sein Name war Charlie Watson. Ich glaube, zu seiner Zeit wollte er gern selber ein Spieler sein. Ich habe eine Freundin gehabt und alles, sie ist immer gekommen, um mich zu sehen, wenn ich für die Schule gespielt habe. Barbara Wallwork. Du kannst nicht viele Mädchen so sehr für Sport begeistern. Sie hat nicht selbst gespielt, aber sie ist gern gekommen und hat zugesehen. Barbara Wallwork, ja? Das ruft mir die Dinge wieder etwas ins Gedächtnis zurück. Ihre Mutter und meine Mutter, die waren Freundinnen, die eine hatte einen Sohn, und die andere hatte eine

Tochter, beide etwa im selben Alter. Nehme an, daß sie gedacht haben, wissen Sie, eines Tages, vielleicht. Frage mich, was aus ihr geworden ist, verheiratet und ein schönes Haus irgendwo, auch ein paar Kinder, möchte ich meinen.

Aber ich habe mich zum Schlechten hin entwickelt, ja. Als ich die Schule verlassen habe, hab' ich angefangen, mich zum Schlechten hin zu entwickeln. Ich habe mich mit etlichen Burschen in meinem Alter eingelassen, wir waren eine richtige Meute, haben uns wirklich unmöglich benommen. Ich erinnere mich, einmal sind wir mit einem Kricketschläger zu einem Lebensmittelgeschäft gezogen, das einem Pakistani gehört hat, und wir haben ihn bedroht, während wir uns von seinen Süßigkeiten und Bierbüchsen bedient haben und das ganze Geld aus seiner Ladenkasse genommen haben. Wir haben ihn zu Tode geängstigt, fünf oder sechs rauhe Kerle, spät am Abend. Hört sich verdammt fies an, Sie wissen ja, nicht? Und es ist auch fies, so sollte man sich nicht benehmen. Ich glaube, wir haben mehr genossen, ihm Angst einzujagen, als daß wir das Geld gebraucht haben, das Geld, das waren Kinkerlitzchen, man gerade ein paar Kröten.

Was wir gemacht haben, das uns auch Geld eingebracht hat, und zwar eine ganze Menge davon, war, daß wir uns mit einem Typ eingelassen haben, der ein Bootsgeschäft hatte, drüben in der anderen Stadt. Der hat den Leuten Jachten und Ausrüstung und solche Sachen besorgt, aber vor allem hat er Rennbootmotoren verkauft. Der war nicht der eigentliche Besitzer, der hat nur dort gearbeitet. Immer wenn er einen Motor verkauft hatte, er ist ein paar tausend Kröten wert, dann hat er im Buch nach dem Namen und der Adresse von dem Kunden nachgesehen, der ihn gkauft hatte: ob' zum Boot oder zum Haus geliefert worden ist, und dann hat er das an uns weitergegeben. Wir sind los und haben das gescheckt, um sicher zu gehen, daß es dort war, dann haben wir einen Lastwagen mit Hebevorrichtung von einem anderen Bootshaus geklaut, und sind nachts hin und haben das Boot aufgeladen. Dann haben wir es auf die andere Seite von den Penninen gebracht, Manchester oder Oldham oder irgendwo dort. Dort hat es einen anderen Typ gegeben, der ständig mit dieser Art von Zeug gehandelt hat. Der hat uns einen guten Preis dafür bezahlt und wir haben das Geld mit dem Bruder, der uns den Tip gegeben hat, durch sechs geteilt. Doch das Problem war, daß die Polizei dahintergekommen ist, wer sich denn darauf spezialisiert hat. Die haben sich gesagt: ›Ein vermißtes Rennboot? Das wird wohl Roy Jackson seine Truppe sein.‹ Dann kommen sie zu seinem Haus und sagen ihm: ›Ganz ehrlich, Roy, wo bist du letzten Dienstagabend gewesen?‹ Natürlich hatte Roy schon sein Alibi zusammen: Seine Freundin schwört, daß er mit ihr die ganze Nacht zusammengewesen ist, hat keinen Fuß aus dem Bett gesetzt. Aber ein anderer von der Meute ist nicht so schlau gewesen. Als der Arm des Gesetzes nach ihm griff, sagten sie: ›Also gut dann, Roddy, wer war noch mit dir zusammen? Sag uns ihre Namen und für jeden, den du uns nennst, kriegst du ein Jahr weniger.‹ So geht das nun mal. Aber du kannst dem Kerl das nicht vorwerfen, eigentlich nicht.

Ich war einer von den Glücklichen. Ich konnte immer nachweisen, wo ich gewesen bin, jedesmal wenn wir einen Job gehabt haben, hatte ich mich darum gekümmert. Alles, was ich jemals vorher bekommen habe, waren drei Jahre auf Bewährung. Allerdings bin ich nicht richtig auf Bewährung gewesen, ich glaube, ich bin nur wegen ein paar Dingern auf Bewährung gewesen. Ich habe meine Bewährung ohne Ärger hinter mich gebracht: Hin und wieder habe ich ganz gern getrunken, aber da hat es keine wirklichen Schwierigkeiten gegeben. Deswegen bin ich nicht auf Bewährung gewesen. Trinken war nicht das Problem. Nicht für die Bewährung.

Mein Problem, als wir gestern aufgehört haben, ja, also sehen Sie, mein Problem war das Trinken. Und das noch viel größere Problem war, daß es keiner gewußt hat, weil ich's keinen habe wissen lassen. Nicht meine Mutter, nicht meine Lehrer in der Schule, nicht der Bewährungshilfe, nein, niemand. Vielleicht nicht einmal mich selbst; ob ich mir das selbst angemerkt habe, weiß ich nicht. Wenn ich nicht genug Alkohol gehabt habe, bin ich nicht gut drauf gewesen: Wenn ich den gehabt habe, dann war ich's, so einfach ist das gewesen. Es hört sich so an, daß man's kaum glauben kann, aber ich würde sagen, daß ich, seit ich zwölf oder so gewesen bin, Alkoholiker war.

Da hat es noch ein paar andere Jungs in der Schule gegeben, Jimmy Entwhistle ist einer gewesen, und von den anderen habe ich die Namen vergessen. Jimmy Entwhistle, seine Mutter muß wohl auch Alkoholikerin gewesen sein, weil in ihrem Haus, also Sie können sich das nicht vorstellen, wieviel Alkohol es dort gegeben hat. Es war anscheinend so, als ob man bloß einen Schrank aufmachen braucht und schon fällt eine Flasche heraus. Unter der Treppe, in Kisten, in den Schlafzimmerschränken, unter der Spüle in der Küche, überall. Weiß nicht, was für eine Frau die gewesen ist, ob die eine Arbeit hatte, um ihren Lebensunterhalt zu verdienen, einen Mann oder sonstwas. Ich denke mir, daß sie wahrscheinlich auf den Strich gegangen ist, aber als Schulkind weißt du nie so richtig genau Bescheid über die Erwachsenen, und meistens fragst du nicht.

Ich weiß noch, daß wir an den meisten Tagen nach der Schule immer zu Jimmy Entwhistle gegangen sind und uns selbst von den Drinks bedient haben. Siehst du, leere Flaschen, das ist eine andere Sache, an die ich mich erinnere, überall haben die leeren Flaschen herumgestanden. Wenn du eine alle gehabt hast, dann hast du die lediglich zu den anderen gestellt, und es ist nie aufgefallen. Das Zeug, das ich am liebsten hatte, das einzige Zeug, das ich eigentlich überhaupt getrunken habe, war Sherry. Das war etwas, wo es bei denen keinen Mangel gegeben hat, billiger Sherry. Ich konnte, also ich schätze, daß ich am Tag fast eine Flasche davon trinken konnte. Und die Sache dabei war, daß es nie irgendwelche Nachwirkung gehabt hat: Ich wurde so betrunken davon, daß ich nicht mehr gerade stehen konnte, dann habe ich mich bloß irgendwo zusammengerollt und mich ausgeschlafen, und dann, wenn ich wieder aufgewacht bin, war ich putzmunter. Keine Kopfschmerzen, keine Magenbeschwerden, nichts, nicht das Geringste. Noch eine andere gute Sache dabei waren die Zeiten, die dazwischen lagen, wenn ich also etwas zu tun hatte, wie etwa mit den Jungs losziehen, zu einem von den Rennboot-Jobs oder irgendwas anderes mausen, dann habe ich auf gar keinen Fall getrunken, ich bin stocknüchtern geblieben. Wenn es nötig war, einen klaren Kopf zu haben, dann hatte ich auch einen klaren Kopf, danach, wenn's vorbei war, habe ich mich dumm und dämlich gesoffen.

Dasselbe beim Rugby; wenn wir ein Spiel hatten, habe ich keinen Tropfen angerührt, bevor das Spiel nicht vorbei gewesen ist. Manchmal habe ich etwas in der Zeitung über andere gelesen, die großen Profi-Sportler, Fußballer und Kricketspieler und solche. Man liest ja, wie sie wegen Trunkenheit am Steuer und solchen Sachen vor's Gericht gestellt werden oder den Führerschein entzogen kriegen. Die Leute sagen: ›Wie kann denn der nur soviel trinken und dabei noch in der Lage sein, Fußball oder Kricket zu spielen?‹ Ich kann das verstehen, ja, ich kann's: Genau so bin ich gewesen. Doch der einzige Haken, den es gehabt hat, war, daß es mich gewalttätig gemacht hat. Wenn ich betrunken gewesen bin, war ich gewalttätig, nur daß ich mich nicht mehr daran erinnert habe. Leute haben mir von Sachen erzählt, die ich gemacht habe, und ich hatte keinerlei Erinnerung mehr daran. Sagen wir mal, ich konnte an einer

Schlägerei beteiligt gewesen sein, und dann habe ich nichts mehr davon gewußt. Anscheinend bin ich ausgerastet.

Wissen Sie, es ist ein gutes Leben gewesen, die ganzen Drinks zu haben, Sport zu machen, und ein bißchen Klauerei. Ich erinnere mich, wie Peggy einmal zu mir sagte, sie hat gesagt: ›Frank‹, sagte sie, ›Frank, du benimmst dich, als ob du dich auf der Welt um nichts zu kümmern hättest.‹

›Habe ich auch nicht‹, habe ich zu ihr gesagt, ›das stimmt, ich habe nichts auf der Welt, worum ich mich zu kümmern habe.‹ Als Kind, als Schuljunge, bis zu der Zeit, als es passiert ist, ich bin immer unbeschwert gewesen, das ist das Wort, das ich für mich selbst benutzen würde. Ich erinnere mich, daß ich nie über irgend etwas traurig gewesen bin. Vielleicht hätte ich das sein sollen, vielleicht war es das, was mich hier reingebracht hat. Wenn ich trauriger gewesen wäre, würde ich vielleicht nicht dort geendet sein, wo ich jetzt bin. Doch das kannst du nie so genau sagen, oder?

Ich erinnere mich, vor zwei Jahren ist meine Mutter mal hergekommen, um mich zu besuchen, kurz bevor sie krank geworden ist. Wir haben geredet, es war im Besucherraum, und bis dahin war's ein wirklich schöner Besuch: und dann, ganz plötzlich ist sie in Tränen ausgebrochen. Ich habe gesagt: ›Was is'n los, ist was nicht in Ordnung mit dir? Warum weinst du denn, alle starren dich an.› Sie hat gesagt: ›Es tut mir leid, ich kann nicht anders, Frank, ab und zu holt es mich ein, ich fühle mich so schlecht, daß ich es bei dir nicht richtig gemacht habe.‹ – ›Es bei mir nicht richtig gemacht?‹ Ich habe gesagt: ›Wovon sprichst du eigentlich? Ich habe eine sehr glückliche Kindheit gehabt, ja, niemand könnte etwas anderes behaupten.‹

Als ich hinterher darüber nachgedacht habe, da habe ich doch gesehen, daß auch sie ein etwas unglückliches Leben gehabt hat. Mein Vater war in einer Kohlengrube um's Leben gekommen, sie hat arbeiten müssen, um mich großziehen zu können, dann habe ich damit angefangen, in Schwierigkeiten hereinzuschlittern, dann bin ich losgezogen, und sie hat zwei Jahre lang oder länger nichts von mir gehört und nicht gewußt, wo ich gewesen bin. Dann die ganze Geschichte, und jetzt hat sie mich gar nicht mehr, dann die Sache, wie nennt man das gleich, multiple Sklerose, und sie kann nicht mehr kommen, um mich zu besuchen. Das ist viel für einen Menschen, das alles, oder? Ich glaube, ihre glücklichste Zeit ist wahrscheinlich die mit Peggy und den Kindern gewesen, sie hat's immer gern gehabt, wenn die am Sonntag zum Tee gekommen sind.

Wen, Sie meinen Peggy, wie ich die getroffen habe? Na ja, genau wie das eben so ist, wissen Sie; eines Tages an der Bushaltestelle. Es hat geregnet, und da war so eine Art von verglastem Wartehäuschen, und ich habe da drin gesessen, und sie ist hereingekommen, um auf den Bus zu warten. Ich hatte ganz schön was getrunken an dem Tag, und ich habe irgendwie dagesessen mit zurückgelehntem Kopf und habe gedöst. Sie hat angefangen, sich über mich lustig zu machen, sie hat gesagt: ›Also, du bist ja gerade in der richtigen Verfassung, du hast viel zu viel getrunken, nicht wahr, wie willst du denn wissen, ob's der richtige Bus ist, wenn einer kommt?‹ Ich habe gesagt, daß ich eigentlich gar nicht richtig auf einen Bus warte, mir würde es egal sein, ob einer kommt oder nicht. Gerade da ist einer gekommen, und so hat sie gesagt: ›Komm schon‹, sagte sie, ›du solltest lieber mit mir mitkommen, wir können eine Tasse Kaffee zusammen trinken oder sonst etwas, versuche, nüchtern zu werden.‹ Und so packte sie mich am Arm und zog mich mit sich in den Bus.

Sie war ein gutes Mädchen, die Peggy: Damals ist sie neunzehn gewesen, genauso alt wie ich. Ich glaube, daß sie gedacht hat, daß sie mich irgendwie zurechtbiegt, daß sie mich auf den richtigen Weg bringen könnte. Frauen können das manchmal, oder? Sie ist Friseuse gewesen, und ich bin immer mit ihr zu den Vorführ-Dingen mitgegangen, die sie da hatten, Friseusen veranstalten Wettbewerbe, um zu sehen, welche diejenige ist, die den besten neuen Stil bringt. Sie hat an einigen von denen teilgenommen: Blackpool, Morecambe, Scarborough, Rotherham, alles von ihrem Geschäft aus. Sie hat auch einige davon gewonnen. Sie hat mich immer einen Anzug anziehen und mich versprechen lassen, daß ich nicht trinken werde, bevor's zu Ende ist, und ich habe das immer gehalten. Sie hat mich ihr Glücksmaskottchen genannt. Sie hat gutes Geld verdient, wir waren in gutklassigen Hotels: Die Leute, für die sie gearbeitet hat, haben ihr alle Auslagen bezahlt, und sie hat meine bezahlt, und so bin ich glücklich gewesen.

Dann haben wir mitgekriegt, daß Sarah unterwegs war, und so mußten wir anfangen, darüber nachzudenken, was für uns am besten zu tun wäre. Ich habe gesagt, daß wir heiraten und daß ich einen Job annehmen werde. Die erste Sache ist in Ordnung gegangen, aber nicht die zweite. Wir sind zu ihrer Mutter gezogen, um bei ihr zu wohnen, und ich habe gelegentlich anfallende Arbeiten gemacht, wie Malern und Tapezieren. Aber ich bin nicht sehr verläßlich gewesen, und zwar darin, daß ich am Zahltag mit meiner Lohntüte nach Hause gegangen bin. Ich bin vielmehr mit den Jungs unten in der Kneipe gewesen. Ihre Mutter ist deswegen immer verrückt geworden, und meine auch, aber nicht Peggy, die nicht, die hatte immer viel Verständnis dafür. Ich habe sie auch ein bißchen verprügelt, wie ich schon sagte, ich war gewalttätig. Aber hinterher habe ich mich nicht mehr daran erinnern können. Sie hat gesagt, daß ich ein Problem habe, sie wollte, daß ich zu jemand hingehe, um deswegen Hilfe zu kriegen. Sie hat immer zu ihrer Mutter gesagt, daß es sinnlos wäre, mich anzuschreien, sie solle versuchen, mir zu helfen.

In den Zeiten zwischendurch habe ich tatsächlich einige Jobs gehabt, das kann ich mir zugute halten. Aber es war anscheindend so, daß, sobald ich etwas Geld in die Hand bekommen habe, konnte ich nicht widerstehen, in die Kneipe zu gehen. Peggy kam manchmal, um mich dort herauszuholen, bevor das ganze Haushaltsgeld weg war. Als Sarah geboren war, haben wir uns hingesetzt und miteinander geredet, und Peggy hat gesagt, daß sie also in wenigen Monaten wieder in ihrem Beruf als Friseuse arbeiten wird, ihre Mutter wird sich um das Baby kümmern, und ich kann dann weitermachen und versuchen, ins richtige Gleis zu kommen. Doch wir haben beschlossen, daß es in der Zwischenzeit besser wäre, weil's anscheinend nicht soviel Arbeit in der Umgebung gab, wo wir gelebt haben, wenn ich für eine Weile wegziehen und Arbeit unterwegs finden würde. Gelegenheitsarbeit auf Baustellen, Straßen asphaltieren und solche Dinge. Mit ihrer Mutter bin ich nicht allzu glücklich gewesen, sie und ich, wir sind nie so richtig miteinander ausgekommen, und so ist es das Beste gewesen, daß ich gegangen bin.

Die machen doch einen ganz schönen Lärm, ja, diese Seemöwen, die wir die ganze Zeit schreien hören. Ist denn demnach das Gefängnis an der See, ja? Nein, ich habe keine Ahnung, wo es ist, nicht nah an der See, absolut nicht? Komisch, daß das dann mit den Seemöwen so ist, nicht wahr?

Gut, Peggy und ich, soll ich noch ein bißchen weitermachen? Die Idee, daß ich weggehen soll, um Arbeit zu suchen, ich glaube, ein anderer Gedanke, den sie dabei vielleicht im Sinn gehabt hat, war, mich von meinen Saufkumpanen wegzukriegen. Doch ich bin nicht von denen weggekommen; wo du auch hingehst, du kannst immer Saufkumpane finden, oder? Vor allem wenn du ein paar Shilling in der Tasche hast. Erstmal weiter, ich habe ein paar Aushilfsjobs gefunden, und ein bißchen Arbeit im Hotel, Küchenhilfe und so etwas. Ich bin auch hin und wieder mit etwas Geld in der Tasche nach Hause gegangen, sagen wir mal aller vierzehn Tage. Als Sarah so um die drei oder vier Monate gewesen ist, ist Peggy wieder in ihren Friseurladen gegangen, und so hat sie auch keine Sorgen mehr gehabt, daß kein Geld hereingekommen ist. Jedesmal, wenn ich zurückgekommen bin, ist sie nett und freundlich gewesen. Aber ich glaube, daß sie mich aufgegeben hatte, wirklich. Manchmal denke ich daran zurück, und wissen Sie, was ich denke? Ich glaube, ich habe einen von denen, die man Nervenzusammenbruch nennt, gehabt, sehr lange verschleppt. Trinken, Rumwandern, schlecht Schlafen, nicht wissen, wo ich gewesen bin. Ich glaube, es muß etwas in dieser Art gewesen sein, würden Sie nicht auch sagen? Na ja, ich meine, ein schönes Zuhause, wo du hingehen kannst, eine liebe Frau, die sogar glücklich wäre, wenn ich nicht versuchen würde wegzugehen, um zu arbeiten, ein schmuckes Kindchen. Doch, wann immer ich zurückgekommen bin, ich konnte es nicht länger als ein paar Tage aushalten, eine Woche, das war das Äußerste, dann mußte ich weg.

Ich habe über ein Jahr lang so weitergemacht. Als mir Peggy sagte, daß sie noch ein Baby bekommen wird, da habe ich alles wieder kommen sehen, daß ich zu Hause leben und versuchen muß, sie wieder zu unterstützen. Und so bin ich wieder weg, und diesmal bin ich für nahezu zwei Jahre nicht nach Hause gegangen. Also, ich sage, daß ich für zwei Jahre nicht nach Hause gegangen bin, was ich aber meine, ist, daß ich überhaupt nicht mehr zurückgegangen bin. Es waren zwei Jahre, und dann bin ich deswegen eingesperrt worden.

Ich versuche gerade auf Ihre Uhr zu sehen, ist es schon vier? Ich gehe dann am besten, der diensthabende Aufseher hat gesagt, wenn ich das Video sehen will, muß ich um vier vor seinem Zimmer sein. Es ist eins, daß er für mich und ein paar andere Dreiundvierziger mitgebracht hat, das Rugby-Spiel am letzten Sonnabend, das er aufgezeichnet hat.

Bis morgen dann. Morgen wird's schlimm, morgen wird's wirklich ganz schlimm werden. Doch es muß so sein, entweder alles oder nichts, nicht wahr?

Paragraph 43 ermöglicht die Gefängnisbehörden, einen Häftling ›aus Gründen der Wahrung von Ordnung und Disziplin‹ in Einzelhaft zu nehmen. Manchmal wird diese Form auch dazu benutzt, einem aufsässigen und gewalttätigen Mann die Möglichkeit einer Abkühlungsphase, wie es genannt wird, zu geben. Häftlinge machen geltend, daß sie zwischen dem und einer Bestrafung nicht zu differenzieren vermögen; vor allem, wenn damit Verdienstverlust, der Verlust des Strafnachlasses und der Verlust von Privilegien wie soziale Kontakte zu Mithäftlingen verbunden sind.

Wie dem auch sei, ›die Wahrung von Ordnung und Disziplin‹ muß sich nicht nur auf das eigene Verhalten des Häftlings beziehen. Es kann auch, und meist wird es so ausgelegt, das mögliche Verhalten anderer Häftlinge ihm gegenüber betreffen, wenn er sich mit ihnen im freien Kontakt befindet: Er könnte sehr wohl Ziel gewaltsamer und lasterhafter körperlicher Angriffe sein. Ein Mann mit Paragraph 43 in ständiger Einzelhaft, befindet sich dort normalerweise zu seiner eigenen Sicherheit. Frank Jones fällt seit dem Tag seiner Verhaftung unter Paragraph 43.

Bis jetzt hat er vier Jahre seiner zweimal lebenslänglichen Freiheitsstrafe verbüßt, wegen Mord an einem achtjährigen Jungen, und, drei Monate später, an einem dreijährigen Mädchen. Beide hatte er nicht gekannt: Er hat den Jungen zufällig getroffen, als dieser allein in einem Wald gespielt hat, und er hat das Mädchen spät abends aus dem Schlafraum eines Wohnmobils in einem Abrißviertel entführt, während sich die Eltern ganz in der Nähe in einem Caravan bei Nachbarn aufgehalten haben. Beide Tötungsverbrechen gingen einher mit Schlagen, Würgen und schwerer Notzucht. Die Leiche des einen Kindes wurde in einem Graben gefunden, die des anderen auf einer Müllkippe. Bei der

Urteilsverkündung hat der Richter die Empfehlung ausgesprochen, daß die Möglichkeit einer Entlassung aus der Haft keinesfalls eher als in fünfundzwanzig Jahren erwogen werden sollte.

Die Ampeln sind das, woran ich mich noch am deutlichsten erinnere, Ampeln entlang der Straße, weit entfernt, oben auf der Spitze einen Berg. Ich konnte nicht richtig sehen, was das im einzelnen gewesen ist, ich konnte es nicht erkennen. Es war stockdunkel, zwei oder drei Uhr am Morgen, keine Straßenlampen, nichts, es ist auf dem Land gewesen. Als ich darauf zugegangen bin, konnte ich in der Ferne dieses rote Licht sehen, es ist immer wieder verschwunden, und dann ist an seine Stelle ein anderes Licht getreten. Rot, dann gelb, dann sind sie verschwunden, und da war ein grünes. Ich konnte nicht erkennen, was sich da abgespielt hat. Im Himmel hängende Lichter sind das gewesen, hoch oben, denn sie waren auf dem Berg.

Das andere, an das ich mich erinnere, ist der Gestank und das Öl an mir, an meinen Händen und in meinem Gesicht und in den Haaren. Je mehr ich versucht habe, das abzuwischen, um so mehr hatte ich das überall an meinen Sachen. Im Dunkeln auf die Ampellichter zugehen, bin ich immer näher an die herangekommen, bis sie hell genug waren, so daß ich etwas erkennen konnte, und überall konnte ich das stinkende Zeug an mir sehen, das hat erst rot, dann gelb und dann grün ausgesehen. Es war, als ob ich bei einem Autounfall überfahren worden bin, das habe ich zuerst auch gedacht. Dein Gedächtnis ist leer, als ob du bewußtlos geschlagen worden bist oder so etwas. Dann kommst du plötzlich wieder zu dir, und es fängt an, wieder zurückzukehren: Und du weißt, daß du etwas Furchtbares, ganz Furchtbares gemacht hast. Und du denkst: ›Oh Gott, was habe ich bloß getan?‹

Irgendwo bin ich in ein Feld gerannt, dort habe ich mich

zusammengerollt und bin eingeschlafen. Am nächsten Morgen ist es sehr kalt gewesen, neblich, wie es im Sommer sein kann, bevor es ein heißer Tag wird. Ich bin eine Meile oder auch zwei gelaufen, dann war da ein Park: Es gab dort öffentliche Toiletten am Eingangstor, und so bin ich reingegangen, um zu sehen, ob ich mich da waschen kann. Es gab nur kaltes Wasser, aber ich habe das meiste Öl runtergekriegt. In der Nacht vorher mußte ich mich an einem Wassertank, der irgendwo draußen gestanden hat, gewaschen haben, nur daß es dunkel gewesen ist und ich nicht sehen konnte, daß es eine Art Abwassertank war, mit lauter Öl darin.

Nachdem ich mich in den Toiletten ein bißchen sauber gemacht hatte, bin ich die Straße noch weitergegangen, bis hinter einen Golfplatz. Dann ist ein Lastwagen vorbeigekommen, ich glaube, es war ein Milchtanker, und der Fahrer hat mich mitgenommen. Der hat gesagt: ›Du siehst ja ganz schön mitgenommen aus, Kumpel, was ist denn mit dir passiert?‹ Ich habe ihm geantwortet, daß ich in eine Schlägerei verwickelt war, und ich habe ihn gebeten, daß er mich absetzt, bevor wir in die nächste Stadt kommen. Ich habe auf eine Gelegenheit gewartet, um in eine andere Richtung fahren zu können, ich habe fast den ganzen Weg bis Birmingham dazu gebraucht, glaube ich. Die nächste Nacht wieder in einem Feld geschlafen; ich war hungrig, aber ich habe mich nicht getraut, irgendwo reinzugehen, und so bin ich die ganze Nacht draußen geblieben. Ich brauchte dringend einen Drink, aber ich konnte es nicht riskieren, irgendwohin auf einen Drink zu gehen.

Es war am nächsten Tag so um die Mittagszeit, irgendwo dort, als ich die Landstraße entlanggelaufen bin, da hat ein Polizeiauto gehalten. Sie haben mich aufgelesen und ins Auto gesetzt und gesagt, daß ich auf eine andere Polizeistreife zu warten habe, die wegen mir unten aus dem Süden kommen wird. Die haben mir etwas zu essen gegeben, und ich habe geschlafen. Die sind nicht schlecht zu mir gewesen. Dann ist die andere Streife gekommen, und die haben mich runter in den Süden, nach Luton gebracht. Als wir dort angekommen sind, haben sie angefangen, mich zu befragen, mehrere von ihnen haben mir Fragen gestellt, sie haben es die Reihe herum gemacht. Sie sagten: ›Erzähle uns davon, Frankie, wir wissen, daß du es warst, Frankie, na komm schon Frankie, erzähl uns davon, oder wir werden den ganzen Mist aus dir herausprügeln.‹ Ich sagte: ›Nein.‹ Ich habe gesagt: ›Nein, ich weiß wirklich nichts davon, nicht ich, nein, das hat nichts mit mir zu tun.‹ Sie haben einfach immer weitergemacht; die ganze Nacht und den ganzen nächsten Tag. Ich habe gesagt: ›Ich war's nicht, nein, von einem kleinen Mädchen weiß ich überhaupt nichts.‹ Sie sagten: ›Woher weißt du denn, daß es ein kleines Mädchen ist, nach dem wir fragen. Frankie, wie kannst du das wissen, woher weißt du, daß wir dich nicht nach einem kleinen Jungen fragen?‹ – ›Nein, ich bin's nicht gewesen. Nein. Es muß jemand anderes gewesen sein. Ich war's nicht, nein, nein.‹

Wie kannst du dich auch zu so einer Sache bekennen? Du erinnerst dich nicht. Dein Gedächtnis läßt es nicht zu: das kann es einfach nicht. Niemals.

Ich war ganze elf Monate in Untersuchungshaft, um auf meinen Prozeß zu warten. Die haben mich unter Paragraph 43 geführt, Einzelhaft zur eigenen Sicherheit, aber ich habe immer noch eine schwere Zeit gehabt, wie das eben so ist. Da gibt es alle möglichen Leute in so einem großen Untersuchungsgefängnis, Bankräuber, Terroristen, Leute, die wegen Gewaltverbrechen einsitzen, sie grübeln alle darüber nach, wie sie an dich herankommen können, soweit das möglich ist. Die Bullen sind kaltschnäuzig zu dir, sagen dir, daß du nur noch eine Eintagsfliege bist, ein Triebtäter, ein Häufchen Scheiße, nicht die Luft wert, die du atmest, und solches Zeug. Aber ich bin nie körperlich angegangen worden von einem Bullen. Das haben die gar nicht nötig, die lassen einfach deine Zellentür offen, wenn sie eigentlich geschlossen sein müßte, oder sie sehen oft im Flur einfach in eine andere Richtung, wenn zwei oder drei über dich herfallen. In Untersuchungshaft bin ich einige Male übel zusammengeschlagen worden. Sechsmal, siebenmal. Doch seitdem nicht mehr so oft, nur ein paar Mal. Dabei sind auch einige von den Zähnen hier auf der Strecke geblieben.

Während ich auf meinen Prozeß gewartet habe, habe ich nur einmal Besuch gehabt, und das ist meine Mutter gewesen. Sie war gekommen, um mich zu besuchen, aber sie hat nur so dagesessen und mich angestarrt, es war, als ob sie nicht sprechen konnte. Sie hatten ihr gesagt, daß es da noch eine weitere Anklage gibt, der Junge, drei Monate vorher. Ich habe mich daran nicht mehr erinnern können, absolut nichts davon. Vielleicht bin ich es auch gar nicht gewesen. Sie sagten, daß ich zu der Zeit in jener Stadt gewesen bin, sie können es beweisen, also muß es so gewesen sein. Und so habe ich dann am Ende gesagt, na gut dann, was macht das noch für einen Unterschied, ich werde ja sowieso wegen dem kleinen Mädchen eingelocht. Doch ich glaube immer noch nicht, daß ich es gewesen bin, nicht der kleine Junge.

Nachdem ich verurteilt worden war, hat mir meine Mutter drei Mal geschrieben, aber sie hat mich dann einfach aus dem Gedächtnis gestrichen. Sie hatte mir einen Zettel geschrieben, und alles, was darauf stand, war: ›Bitte, Frank, schreib mir nicht mehr.‹ Da ist auch noch ein anderer Brief dabei gewesen, der an den Direktor gerichtet war; er hat ihn mir vorgelesen. Er ist von Peggy gewesen: Inzwischen waren wir geschieden. Darin ist ihm mitgeteilt worden, er solle mir bitte sagen, daß alle Vorbereitungen getroffen sind; sie ist wieder verheiratet, und der Typ und sie werden in der nächsten Woche abreisen, sie werden die Kinder mitnehmen, um ein neues Leben in Südafrika anzufangen. Sie hat keine Nachsendeadresse angegeben. So ist es nun mal, man kann's ja verstehen, oder doch nicht? Doch.

Voriges Jahr oder so ging es meiner Mutter wieder etwas besser: Einmal ist sie mich besuchen gekommen: Sie sagte, daß es nicht viel geben würde, was sie für mich tun könnte, doch wenn es ihr ein bißchen besser geht und sie sich mehr der Sache gewachsen fühlt, würde sie mich besuchen kommen. Doch es hat sich bei ihr nicht gebessert, die Wohlfahrt sagt, daß es ihr schlechter geht, und so rechne ich nicht damit, daß ich sie noch einmal wiedersehen werde.

Was soll nun mit mir werden? Tja, ich habe keine Ahnung. Das Gefängnis soll dir ja eine Lektion erteilen, oder? Die können mich nie rauslassen, oder? Weil ich eben solche Dinge mache. Behalten die auch Leute für immer im Gefängnis? Über diese Seite der Angelegenheit denke ich nicht viel nach, ehrlich, das hat keinen Sinn. Ich habe vier Jahre abgesessen, gehe jetzt auf das fünfte zu, und der Richter hat gesagt, mindestens fünfundzwanzig Jahre. Mindestens: Das heißt, bevor die überhaupt daran denken, mich in Betracht zu ziehen. Sehen wir mal, jetzt bin ich einunddreißig, das bedeutet also, daß ich dann gut und gern sechzig bin, oder?

Ich bin am besten hinter meiner Türe aufgehoben und mache Modelle aus Streichhölzern für sie. Aber ich möchte gern mit dem Rennen und dem Ganzen weitermachen. Gut, daß das möglich ist, es macht mir Spaß. Ich werde ja sehen, welche Zeit ich in diesem Jahr schaffe, dann, im nächsten Jahr, werde ich versuchen, es ein bißchen höherzuschrauben, mache eine Art Ziel daraus. So nennen die mich hier, wissen Sie, die Wächter machen das: Die nennen mich ›Marathonmann‹.

Der gutmütige, große Oberaufseher langte unter seinen Schreibtisch und brachte eine hübsche Plastiktragetasche mit dem renommierten Namen eines örtlichen Kaufhauses darauf zum Vorschein. Er nahm ein paar robuste grüne Gummistiefel, die in Seidenpapier eingewickelt waren, heraus und stellte sie vor sich auf die Schreibtischunterlage.

›Weihnachtsgeschenk für die Frau zum nächsten Fest‹, sagte er. ›Ich weiß ja, daß es März ist, als ich sie aber in der Mittagspause im Schuhgeschäft gesehen habe, habe ich mir gedacht, also wenn du im November oder Dezember kommst, werden sie alle weg sein. Ich weiß, daß sie schon immer welche haben wollte. Entenfüße heißen die, ich frage mich, warum die so genannt werden.‹

Er betrachtete sie, wiegte ein wenig den Kopf von einer Seite zur anderen, sichtlich zufrieden.

›Seltsamer Bursche, unser Frankie, nicht wahr?‹ sagte er dann. ›Was halten Sie denn von ihm?‹

INHALT

William L. Shirer: Berliner Tagebuch
Aufzeichnungen 1934–1941
17 Abbildungen, 576 Seiten, Hardcover mit SU,
DM 39,80
ISBN 3-378-00475-4

Ein internationaler, in achtzehn Sprachen übersetzter Bestseller wird erstmals dem deutschen Lesepublikum zugänglich gemacht – das ungekürzte Tagebuch des bekannten Autors von ›Aufstieg und Fall des Dritten Reiches‹ über seine Erfahrungen mit dem offiziellen und alltäglichen Nationalsozialismus.

Gilles Perrault: Unser Freund der König von Marokko
Abgründe einer modernen Despotie
432 Seiten, Klappenbroschur, DM 39,80
ISBN 3-378-00506-8

Ein Buch über das Werden und den gegenwärtigen Zustand des ›Königreichs der Sonne‹, Marokko, ist wie der Blick zurück in das barbarische 19. Jahrhundert, aus dem wir kommen und das uns noch immer umgibt. Wir – ob Franzosen oder Deutsche – wirken daran kräftig weiter mit. Und während wir uns über die ungelösten Fragen der Zukunft die Köpfe erhitzen, vergessen wir, das noch die Vergangenheit unsere moderne Demokratie samt ihrer Zivilisation bestimmt. Sie ist in uns.

